普通高等院校经济管理类"十三五"应用型规划教材
【工商管理系列】

大学生创新创业基础

THE FOUNDATION OF COLLEGE STUDENTS' INNOVATION AND ENTREPRENEURSHIP

主编 李国强 刘君
副主编 杨如意 耿合江 仝鑫 杨伟鸽

U0367104

机械工业出版社
China Machine Press

图书在版编目（CIP）数据

大学生创新创业基础 / 李国强，刘君主编 . —北京 : 机械工业出版社, 2019.1（2021.7 重印）

（普通高等院校经济管理类"十三五"应用型规划教材·工商管理系列）

ISBN 978-7-111-61501-9

I. 大⋯　II. ①李⋯　②刘⋯　III. 大学生 – 创业 – 高等学校 – 教材　IV. G647.38

中国版本图书馆 CIP 数据核字（2018）第 275045 号

　　本书将创新与创业的教学内容融为一体，创新理论与创业实践相结合，在内容安排上以简明、通俗、实用为原则，力求具有指导性、实用性和新颖性，主要包括放飞创业梦想、培养创新能力、组建创业团队、发现创业机会、防范创业风险、整合创业资源、创设商业模式、论证创业计划、创办新企业。

　　本书着力培养大学生创新创业意识与精神，强化大学生创新创业的实践能力，适合作为应用型本科或高职高专学生创业通识课程和实践的教材。

出版发行：机械工业出版社（北京市西城区百万庄大街 22 号　邮政编码：100037）

责任编辑：邵啊敏　　　　　　　　　　　　　　　　责任校对：李秋荣

印　　刷：北京建宏印刷有限公司　　　　　　　　版　　次：2021 年 7 月第 1 版第 5 次印刷

开　　本：185mm×260mm　1/16　　　　　　　　印　　张：16

书　　号：ISBN 978-7-111-61501-9　　　　　　　定　　价：39.00 元

Preface 前　言

　　创新精神与创业能力在当今社会竞争中十分重要。在全球新一轮的科技革命和产业革命的推动下，我国经济发展已经进入调结构、稳增长、上层次的关键时期。出于经济转型和全球化竞争的迫切需要，很多国家都加强了对本国创新创业水平的关注力，创新创业也成为我国经济持续发展的原动力和国家竞争力的主要源泉。

　　自1947年哈佛大学商学院开设创业课程以来，欧美等创新型国家的高校已经普及创新创业教育，为本国经济社会发展培养了大量的创新创业型人才。我国高校的创业教育始于20世纪80年代，随着国有企业改革和大学生分配制度改革的不断推进，1998年教育部首先在9所高校开展创业教育的实践探索。

　　2007年10月，党的十七大报告提出"以创业带动就业"，将创业纳入国家发展战略。2013年11月，党的十八届三中全会进一步强调，"完善扶持创业的优惠政策，形成政府激励创业、社会支持创业、劳动者勇于创业新机制"。2015年国务院办公厅印发《关于深化高等学校创新创业教育改革的实施意见》，为我国高校创新创业教育的开展做出了全面部署，也将高校创新创业教育的开展推向了新的高度。

　　为贯彻落实《教育部关于大力推进高等学校创新创业教育和大学生自主创业工作的意见》和《普通本科学校创业教育教学基本要求（试行）》的文件精神，满足高校创新创业教育面向全体学生开展的需要，我们在当前高校创新创业教育教学、科研与实践的基础上，结合高校创新创业教育实际，组织具有丰富教学与实践经验的专家学者和一线教师编写了这本书。

　　本书以创新创业的过程为主线，将创新知识与创业知识有机地结合在一起，内容包括放飞创业梦想、培养创新能力、组建创业团队、发现创业机会、防范创业风险、整合创业资源、创设商业模式、论证创业计划、创办新企业九个章节。每章的开始部分设置有"本章概要、重点难点、学习要求、案例导入"，便于指导学生的学习思路与激发他们的学习兴趣；中间部分设置"创业名言、课堂练习、创业案例、延伸阅读"，便于学生补充创业知识、拓宽创业视野、理清创业思路；末尾部分设置"问题思考、实训活动"，便于学生掌握学习内容、增强创业实践能力。

　　本书各章编写情况如下：刘君编写了第1章，杨如意编写了第2章和第8章，仝鑫编写了第3章，李国强编写了第4章和第7章，耿合江编写了第5章和第9章，杨伟鸽编写了第 6 章，李国强负责全书的统稿和修改。另外，安鑫丽、刘晓静参与编写了本书，安鑫丽协助部分案例的整理，刘晓静协助全书的统稿。

本书在编写过程中借鉴、参考了创业教育专家李家华教授主编的《创业基础》，黄河科技学院的杨雪梅教授、河南农业大学的王文亮教授主编的《大学生创新创业教程》，南京财经大学的李时椿教授、常建坤教授主编的《创业学：理论、过程与实务》等大量创业指导与创业教育研究方面的文献资料，并得到了中青创想教育科技（北京）有限公司的徐俊祥老师，安阳高新技术创业服务中心的靳冬、张谊静两位老师的大力支持。书中引用的案例与材料部分来自期刊、网络，在此一并表示感谢！

由于编者水平有限，书中难免有疏漏、不当之处，敬请读者指正。

编者

Suggestion　教学建议

　　本书是关于学生创新精神与意识、创业素质与能力培养的教材，通过传授创新思维与原理，讲解创业理论与实务，提高学生的创新精神与创业能力，使其掌握创新的思维与方法，了解创业的基本规律，能够在将来的工作中实现岗位创新或者在适当的时候把握机会、开办企业。

教学方式建议

　　创业基础课作为通识课，面向多个学科与专业的学生。许多学生缺乏商科的基础知识和创业的兴趣，为提高学生学习兴趣，达到预期的教学效果，建议在课堂上以"讲授＋讨论＋游戏"的形式为主。利用书中设置的"重点难点、创业案例、延伸阅读、课堂练习、实训活动"等，教师先讲授理论，再辅以课堂讨论与课下实训，让学生在互动与实践中学习。通过体验组建创业团队、发现创业机会、整合创业资源、制订创业计划、进行商业路演、注册新企业等一系列创业过程，锻炼学生的协调沟通能力、商机识别能力、问题解决能力，起到全面掌握创新创业基本理论和实务知识的效果。

学时分配建议（供参考）

章号	教学内容	学习要点	学时安排
第1章	放飞创业梦想	（1）创业基本知识	2
		（2）创业精神的培育	
第2章	培养创新能力	（1）创新的概念	6
		（2）创新思维训练	
		（3）创新原理和创新方法的应用	
第3章	组建创业团队	（1）创业者及特征	4
		（2）创业团队的构成	
		（3）创业团队的类型	
		（4）组建创业团队的程序和方法	
第4章	发现创业机会	（1）创业机会的特征与来源	4
		（2）识别创业机会的方法	
		（3）创业机会评估的准则	
		（4）开发创业机会的流程	

章号	教学内容	学习要点	学时安排
第 5 章	防范创业风险	（1）创业风险的含义与特征	2
		（2）创业风险的来源	
		（3）识别创业风险的方法	
		（4）创业风险控制与防范	
第 6 章	整合创业资源	（1）创业资源的类型及作用	2
		（2）创业融资的渠道和方法	
		（3）创业资源的整合方法	
第 7 章	创设商业模式	（1）商业模式的定义与类型	4
		（2）成功商业模式的特征	
		（3）设计商业模式的思路	
		（4）商业模式的检验与评价	
		（5）商业模式创新的思路及趋势	
第 8 章	论证创业计划	（1）创业计划的作用和意义	4
		（2）创业计划的论证	
		（3）创业计划书的撰写方法	
		（4）创业路演的技巧	
第 9 章	创办新企业	（1）创办新企业的条件与常识	4
		（2）公司设立的前期准备	
		（3）选择企业的组织形式	
		（4）企业起名与选址	
		（5）企业注册流程及注意事项	
合计			32

Contents 目　　录

第 1 章

放飞创业梦想

本章概要

本章主要介绍创业基本知识与创业精神的培育，包括创业的内涵，创业涉及的机会、团队、资源三要素，创业的个人意义与社会意义，创业的类型与过程，以及如何认知创业精神，创业精神来源于哪里，具备创业精神会有什么作用，如何培育个人与社会的创业精神。

重点难点

1. 重点：创业的内涵，创业的要素，创业的类型，创业的意义与过程。
2. 难点：创业精神的本质，创业精神的来源，创业精神的作用，创业精神的培育。

学习要求

1. 知识目标：了解创业的内涵与意义，掌握创业的要素与类型。
2. 能力目标：具备分析创业、认识自我的能力。
3. 素质目标：理解创业精神的本质，培育自身的创业精神。

案例导入

Facebook 的创富神话

他在高中时放弃了百万美元年薪，毅然进入哈佛；他读大学时是个宅男，但他创办的社交网络有 8.5 亿用户；他荣登全球《福布斯》富豪排行榜第八位，却一直住在租来的房子里；雅虎出 10 亿美元购买他的公司，可他说，Facebook 是我的孩子，拒绝出售；28 岁的他曾和乔布斯、比尔·盖茨从容对话；他曾说："我的理想是接管世界。"他，就是马克·扎克伯格。

马克·扎克伯格出生于 1984 年，2004 年从哈佛大学计算机和心理学专业辍学，是目前全球最年轻的自行创业的亿万富豪,净资产超过 180 亿美元。

创建于 2004 年的 Facebook 从一个哈佛校内网站,到全美人气最高的大学生社交网站,再发展为全球性的社交网站,仅仅用了 4 年时间。

2012 年 5 月 18 日,全球最大社交网络公司 Facebook 在纳斯达克上市,此次 IPO 发行价为 38 美元/股,估值达 1 040 亿美元,当时是美国有史以来上市时市值最大的企业。据资本智商公司数据分析,按市值计算,Facebook 将成为第 23 大美国企业,超过在线购物网站亚马逊和思科系统公司。

Facebook 显然已经成为互联网市场又一块重要的财富掘金地,Facebook 的上市已经造就多名亿万富翁以及上千名百万富翁。

资料来源:根据"姜得祺,张鸥.现在,我们接管世界:马克·扎克伯格传 [M].南京:江苏人民出版社,2012.",有删改。

【课堂练习 1-1】请说出一条扎克伯格创业成功的原因。

1.1 推开创业之窗

【创业名言】

创业是一种思考、推理和行动的方式,它为机会所驱动、需要在方法上全盘考虑并拥有统筹平衡的领导能力。

——蒂蒙斯

创业不是魔法,也不神秘。它和基因没有关系。创业是一种训练,而就像任何一种训练一样,人们可以通过学习掌握它。

——彼得·德鲁克

每个人都想得到社会的认同,得到别人的尊重,都想展现自我价值,那么创业无疑是一条最好的道路。

——张瑞敏

创业不一定是自己真的去搞一个什么企业或者公司。创业是一种人生,是一种态度,是一种经历,是一种精神。只要你有了这样一种精神,在任何环境条件状况下,通过众多可能的形式或方式,你总能在这个世界上闯出一片展现你独特个性、人格、能力和魅力的新事物、新空间和新天地。

——陈宇

1.1.1 创业的内涵

"创业"一词最早出现于《孟子·梁惠王下》:"君子创业垂统,为可继也。"《现代汉语词典》对"创业"的解释是:创办事业。而"事业"是指人所从事的,具有一定目标、规模和系统而对社会发展有影响的经济活动。《辞海》对"创业"的解释是：创立基业。"基业"是指事业的基础。由此可见，创办事业是创业的本质。"创业"从字面上理解由"创"和"业"两个字组成，所谓"创"就是创造，也可以理解为创建、创新、创立、创始，"业"则可以是基业、事业、家业等。

创业有两个特点：一是开创或创造，二是事业或事情。创业在英文中有多种表述方式，常见的有两种：一种是"Entrepreneurship"；另一种是"Start（Found）a Business（an Undertaking）"。前者主要用于表示静态的创业状态或活动，是指企业家、创业者眼中的创业；后者是指创办或建立新的企业或事业。相应地，创业有广义和狭义之分，狭义的创业特指个人或团队自主创办企业，广义的创业是指创办家业、创立事业与基业 [1]2。

由于创业是一个跨学科、多层面的复杂现象，在过去几十年里，创业领域引起了国内外许多学者的关注，不同学科都从特定的研究视角，运用本领域的概念和术语对其进行观察与研究，因而创业被不断赋予全新的内容。最早对创业进行解释的是奈特（Knight，1921），他认为创业是一种成功地预测未来的能力。纽约大学著名经济学教授柯兹纳（Kirzner，1973）进一步发展了奈特的观点，指出创业是正确地预测下一个不完全市场和不均衡现象在何处发生的套利行为与能力。创新理论的鼻祖熊彼特（Schumpeter，1934）认为，创业就是实现创新的过程，创业者的创新活动是使用和执行生产要素的新组合。美国克莱姆森大学教授加特纳（Gartner，1985）认为，创业是建立新组织。我国学者大多数倾向于哈佛大学著名创业学教授史蒂文森（Stevenson）的观点：创业是不拘泥于当前资源约束，寻求机会进行价值创造的行为过程 [2]25。

因此，创业的内涵可总结为以下几点：一是创业的主体是个人或小规模团队。二是创业者的身份是资源（知识、能力、社会资本等）所有者和资源（资金、技术、人员、机会等）配置者。三是创业的关键是商业机会的发掘与把握。四是创业的前提是要打破规则和资源的约束，创业是一个创造性的过程，具有创新性，即创业的本质是创新。五是创业需要创立新的社会经济单元。六是创业的价值实现有赖于将所提供的产品和服务在市场上转化为商品。七是创业具有明确的目的性：创业过程必然要求创造价值、转移价值和获取价值。比如增加财富，包括个人和社会的物质与精神财富 [3]84。

【课堂练习 1-2】请谈谈你对创业的认识。

1.1.2　创业的要素

美国百森商学院创业学教授蒂蒙斯认为，创业的关键要素主要包括机会、团队和资源。这三个要素是创业活动中不可或缺的，如果没有机会，创业活动就是盲目行动，难以创造真正的价值。而机会又具有客观性与隐蔽性，如果没有创业者及其创业团队有效识别和开发机会，创业活动是不可能发生的；创业者及其创业团队把握住合适的机会后，还需要有相应的资金和设备等资源。如果没有必要的资源，机会也就难以被开发和实现。

1. 创业机会

创业机会是创业者可以利用的商业机会，也是创业过程的核心驱动力与起点。创业过程就是围绕机会进行识别、开发和利用的过程。一般来说，创业机会来自一定的市场需求和变化，当某种创意能够将人们潜在的需求转化为现实的、可以操作的需求，或使得某种未能满足的需求得到满足时，这种有价值的创意往往就意味着创业机会。创业机会具有明显的时间性，当创业处于机会窗口时，创业过程往往比较顺利，会有事半功倍的效果；当先于或迟于该时间窗口时，有可能会事与愿违；创业机会需要合适的创业者来发现，在资源、能力方面与机会相匹配的创业者比较容易获得创业成功。

2. 创业团队

创业团队是指在创业初期，由一群才能互补、责任共担、愿为共同的创业目标而奋斗的人所组成的特殊群体。在知识经济时代，创业所要求的素质与技能往往涵盖经济、管理、技术、研发、营销、财务等多个方面，远远不是单个创业者凭一己之力所能企及的，单打独斗式的个体创业已经很难取得成功。与个体创业相比，团队创业具有团结协作、优势互补、成果共享、责任共担等多方面优势，这些对于创业成功起着举足轻重的作用。因而，创业团队是创业过程的主导者。

3. 创业资源

创业资源是指与创业活动直接相关的特定资产，包括有形资产与无形资产。创业资源是新创企业创立和运营的必要条件，不同的创业活动具有不同的资源需求，任何一个创业者都不可能在创业之初就把所有创业资源备齐，创业者往往通过创造性地整合资源来获得创业成功。

创业过程始于创业机会，而不是资金、战略、网络、团队或商业计划。开始创业时，创业机会比其他创业要素更重要。在创业过程中，机会、资源与团队之间经历着一个适应—差距—适应的动态过程。创业要能将机会、团队、资源三者做出动态的调整以达到相互间的匹配和平衡。因此，创业现象也被认为是团队、机会和资源三者之间的有效连接。其中，团队是创业的核心，是使机会识别利用与资源获取组合得以实现的驱动者。创业计划是沟通团队、机会和资源三个要素间相互匹配和平衡的语言和规则 [2]32-33。

【课堂练习1-3】如何理解创业三要素之间的关系？

1.1.3 创业的类型

创业从不同的角度、根据不同的标准可以做出不同的分类：根据创业动机，可分为机会型创业与生存型创业；根据创业者数量，可分为独立创业与合伙创业；根据创业项目性质，可分为传统技能型创业、高新技术型创业和知识服务型创业；根据创业方向或风险，可分为依附型创业、尾随型创业、独创型创业和对抗型创业。

1. 机会型创业与生存型创业

（1）机会型创业。机会型创业意味着创业的出发点不是为了谋生，而是为了抓住并利用市场机遇。它瞄准市场机会，创造新的需求，或者满足潜在的需求。因此，它将推动新行业的发展，而不是加剧市场竞争。一般以政府公务人员、职业经理人、高校教师、科研人员、专利技术发明者的创业为典型。如比尔·盖茨、戴尔的退学创业，张茵、马云的辞职创业、雷军的转型创业都是典型的机会型创业。

特点：机会型创业以创造新的需求或满足市场潜在需求为目标，往往引发新产业的产生与发展，就业倍增效应强；能为目标客户创造新的价值，创新度高、发展潜力大，往往属于高成长型企业。

（2）生存型创业。生存型创业指的是创业以谋生为目的。迫于生存压力，这类创业是在现有市场中寻找创业机会，没有创造新的需求，往往属于跟随型和模仿型，所以通常是小富即安，很难做大做强。社会上绝大多数下岗人员的创业就属于生存型创业。

特点：创业者属于被动创业，创业只为谋生，以获得必要的生活来源；一般可维持创业者及家人的生计，但因进入门槛低，缺乏科技含量，难以成为高成长型企业，通常无太大发展空间；主要解决创业者就业问题，一般不会雇用过多的劳动力，就业倍增效应弱。

2. 独立创业与合伙创业

（1）独立创业。独立创业是指创业者独立创办自己的企业。其优点是：产权对企业家来说是独有的，经营决策由创业者自己掌控，决策效率高。其缺点是：受个人才能的局限，决策的科学性有时会较低；创业资源相对比较匮乏，不利于项目的运作；风险无法分散，由创业者独自承担。

（2）合伙创业。合伙创业是指与他人共同创办企业。其优点是资源准备相对容易，风险分摊，决策制衡，充分发挥集体智慧。但缺点在于权力多头，决策层级多，响应速度慢。合伙创业的优势与劣势与独立创业正好相反。

3. 传统技能型创业、高新技术型创业与知识服务型创业

（1）传统技能型创业。传统技能型创业指使用传统技术、工艺的创业项目，它们具有永恒的生命力。特别是在酿酒、中药、手工艺品、食品加工等传统行业中，独特的传统工艺技术显示出持久的竞争力。无论是在国内还是国外，这种现象普遍存在。

（2）高新技术型创业。高新技术创业指以高新技术为依托进行的创业。它的特点是知识密集、技术先进。创业所需要的关键技术极难开发，且资金投入较大，但只要开发成功，就具有较高的经济效益与社会效益。

（3）知识服务型创业。知识服务型创业指的是为人们提供知识和信息的创业项目。当今社会，信息量与日俱增，知识更新越来越快，各类知识性咨询服务机构将会不断细化和增加，如律师事务所、会计师事务所、管理咨询公司、广告公司、培训机构等。这

类项目一般具有投资少、见效快、周期短的特点。

4. 依附型创业、尾随型创业、独创型创业和对抗型创业

（1）依附型创业。依附型创业可分为两种情况：一种是依附于大企业或产业链，为大型企业提供配套服务。如专门为一种或某种类型的企业生产零部件或生产和印刷包装材料。另一种是特许经营的使用。如利用快餐连锁店、服饰专卖店的品牌效应和成熟的管理模式来降低运营风险。

（2）尾随型创业。尾随型创业即模仿他人创业，创业项目没有任何创新，只是在地域、名称等方面有所变化，基本上是"新瓶装旧酒，换汤不换药"。它的特点一是先在短期内维持生存，随着市场经验的积累，然后逐渐进入强者行列；二是在市场上拾遗补阙，不求独揽全部业务，只求在细分市场上取得一席之地。

（3）独创型创业。独创型创业指提供的产品或服务能够填补市场空白，在商品或某种技术上具有独创性。独创产品是指生产工艺、配方、原材料、核心技术具有独特性并且市场长期有需求的产品。根据排他性原则，掌握该技术的公司将获得相当高的利润。比如家传秘方、技术壁垒很高的新产品等。但它也有一定的风险，因为消费者接受新事物需要一个过程。独创型创业也可以说是对旧内容赋予新形式，"旧瓶装新酒"，如送货上门，经营的商品并无变化，但在服务方式上改变了，从而更具竞争力。

（4）对抗型创业。对抗型创业指的是进入某个或某些企业已形成垄断地位的市场并与之对抗。这种创业风险最高，必须在了解自己的优劣势、科学决策、把握市场机遇的前提下，充分利用潜力，充分发挥自己的优势，如针对百度搜索出现了360搜索等。

此外，依据创业主体可将创业分为大学生创业、失业者创业和兼职者创业；根据创业的融资形式，可分为独资创业、合资创业、融资创业等；根据创业周期，可分为初始创业、二次创业与连续创业[4]10-11；根据创业机遇的选择，可分为先学习后创业、先就业后创业、边学习边创业、休学创业等；根据创业的行业领域，又可以分为餐饮、娱乐、批发零售、广告艺术设计、装饰装潢、信息咨询、法律服务、电子信息技术、金融衍生服务等各行业领域的创业。大学生在实际创业时，应根据自身的情况，综合考虑各种因素，选择合适的创业领域和创业类型。

📥 延伸阅读

世界工业革命演变史

工业化及其随同的变化提升了世界多数人的生活标准，改变了世界。人们常说的工业1.0、工业2.0、工业3.0、工业4.0，就是指第一次工业革命、第二次工业革命、第三次工业革命及第四次工业革命。

第一次工业革命：机械化

时间：18世纪60年代至19世纪中期

特点：瓦特改良了蒸汽机，从而开创了以机器代替人工的工业浪潮。第一次工业革命使用的机器都是以蒸汽或者水力作为动力驱动，首次用机器代替人工，具有非常重要的划时代的意义。

事件：1765 年，织工哈格里夫斯发明"珍妮纺织机"，揭开了工业革命的序幕。1785 年，瓦特制成的改良型蒸汽机投入使用，提供了更加便利的动力，推动了机器的普及和发展。人类社会由此进入了"蒸汽时代"。工厂成为工业化生产的最主要组织形式，发挥着日益重要的作用。1807 年，美国人富尔顿制成以蒸汽为动力的汽船试航成功。1814 年，英国人史蒂芬逊发明了"蒸汽机车"。1825 年，史蒂芬逊亲自驾驶着一列拖有 34 节小车厢的火车试车成功。从此，人类的交通运输业进入一个以蒸汽为动力的时代。1840 年，英国成为世界上第一个工业国家。

第二次工业革命：电气化

时间：19 世纪 70 年代至 20 世纪初

特点：第一次工业革命中，使用蒸汽和水力的机器满足不了人类社会高速发展的需求，新的能源动力和机器引导了第二次工业革命的发生。得益于内燃机的发明和电的应用，电器得到了广泛的使用。此时的机器有着足够的动力，汽车、轮船、飞机等交通工具得到了飞速发展，机器的功能也变得更加多样化。由于电话机的发展，人类之间的通信变得简单快捷，信息在人类之间的传播为第三次工业革命奠定了基础。

事件：1866 年，德国人西门子制成了发电机，到 19 世纪 70 年代，实际可用的发电机问世。19 世纪七八十年代，进入电气时代，三轮汽车、四轮汽车、电灯、自动电报记录机、电话、电影放映机等相继出现。内燃机的发明，推动了石油开采业的发展和石油化工工业的生产。1870 ～ 1900 年，作为新能源的石油，产量从 80 万吨大幅增长至 2 000 万吨。

第三次工业革命：自动化

时间：20 世纪 50 年代至今

特点：第三次工业革命相对于第二次工业革命发生了更加巨大的变化。不再局限于简单机械，原子能、航天技术、电子计算机、人工材料、遗传工程等具有高度科技含量的产品和技术得到了日益精进的发展。以互联网为信息技术的发展和应用几乎把地球上的每个人都联系了起来，工业中的生产出现了各种各样的机器人。人类在这个时代的"野心"不再局限于放眼所及的地球，而是宇宙星辰，并且在航天技术的高速发展下得到了实现。

事件：1957 年，苏联发射了世界上第一颗人造地球卫星，开创了空间技术发展的新纪元。1958 年，美国发射了人造地球卫星。1959 年，苏联发射的"月球"2 号卫星成为最先把物体送上月球的卫星。1961 年，苏联宇航员加加林乘坐飞船率先进入太空。1969 年，美国人尼尔·阿姆斯特朗实现了人类登月的梦想。20 世纪 70 年代以来，空间活动由近地空间为主转向飞出太阳系。1970 年，中国发射第一颗人造卫星。中国宇航空间技术迅速发展，现已跻身于世界宇航大国之列。1981 年，美国第一个可以连续使用的哥伦比亚航天飞机试飞成功，并于 2 天后安全降落。它身兼火箭、飞船、飞机 3 种特性，是宇航事业的重大突破。在核技术发展方面，1945 年，美国成功试制原子弹。1954 年，苏联建成第一个原子能电站。在计算机发展方面，1946 年，出现的第一代计算机为电子管计算机。1959 年，出现的第二代计算机为晶体管计算机。1964 年，出现的第三代计算机为集成电路计算机。1970 年，出现的第四代计算机为大规模集成电路计算机。

第四次工业革命：智能化

时间：第四次工业革命的时间比较模糊，2010 年 7 月，德国政府通过了《高技术战略 2020》，把工业确定为十大未来项目之一，到今日，第四次工业革命的成就并没有覆盖第三次工业革命的规模。我们现如今应处于第三次工业革命到第四次工业革命的过渡期。

特点：在《高技术战略 2020》中，德国政府希望在未来 10 ～ 15 年的时间里，最大限度地实现生产的自动化。物联网技术和大数据在第四次工业革命中承担核心技术支持，越来越多的机器人会代替人工，甚至是完全替代，实现"无人工厂"。虽然第四次工业革命对人工的解放做到了极致，但是有关于高度智能的机器人在具有"思维"后会对人类产生不利企图的担忧也随之而来。

事件：智能工厂、智能生产、智能家电、人机交互、3D 技术、网络通信技术、物联网、资源整合、移动互联网、数字化制造、大数据革命、机器自组织、云计算、高度数字化等技术的大发展。

资料来源：引自 http://baijiahao.baidu.com/s?id=1598879774263520325&wfr，有删改。

1.1.4 创业的意义

改革开放特别是 21 世纪以来，一些新的行业应运而生，飞速发展，如个人电脑、生物技术、智能电视、计算机软件、办公自动化、移动服务、电子商务、移动互联网、虚拟技术、人工智能等。这些行业的兴起和发展与创业者密不可分，创业活动极大地改变了世界的发展进程和人们的生活、工作和学习方式。

1. 创业可以提供就业岗位，缓解社会就业压力

作为人口第一大国，我国有着世界上最庞大的就业人群。随着城镇化的加快、经济结构的调整与高等教育的发展，大量农业劳动力流入城镇，传统行业出现大批下岗失业人员，高校毕业生人数持续增长，而一些新兴产业、技术性职业对劳动力的吸纳又不够明显。相关数据表明，近几年城镇每年需要就业的人数保持在 2 400 万人以上，而在现有经济结构下，每年大概只能提供 1 100 万个就业岗位，全社会劳动力供求矛盾突出，就业形势十分严峻[5]。一个创业能力很强的大学毕业生不但不会成为社会的就业压力，相反还能通过自主创业活动来增加就业岗位，以缓解社会的就业压力。据统计，在我国 1 个人创业平均可以带动 2 到 3 人就业，创办一家私营企业平均可以带动 13 人就业。伯

奇研究所调查显示，为美国提供大量就业机会的，不是大型公司和个体作坊式公司，而是中小企业[6]5。培育大学生创业精神与创业技能，提倡和鼓励大学生自主创业，在社会上形成创业的良好氛围，有利于缓解全社会的就业压力。

2. 创业可以主宰自己，更好地体现人生价值

许多上班族之所以感到倦怠，没有积极性，其中一个重要原因是给别人"打工"，个人的想法得不到肯定，没有办法做自己喜欢的事情，不能充分发挥才能，个人受到约束，没有成就感，没有更好地体现个人价值。而创业可以完全摆脱原有的束缚，不再受制于人，充分发挥自己的才能，发挥最大潜能，更好地体现自己的人生价值。

人生价值可以从三个方面体现：一是创业成功的成就感。创业充满挑战和风险，同时也充满克服种种挑战的无穷乐趣。在创业过程中，创业者可以感受到无穷的变化、挑战和机遇，成功创办一个企业，并使其不断发展，这是一个令人兴奋的过程。创业者可以通过征服重重困难来体验创业过程中的成就感。二是经济自由的优越感。工薪阶层的收入有高有低，但都是有限的，没有太多提升的空间。而摆脱这些烦恼的最佳途径就是，开创一份完全属于自己的事业，它提供的利润是没有极限的，可任你想象。根据统计资料，在美国《福布斯》富人榜前 400 名富人中，有 75% 是第一代的创业者。在中国富豪榜中，以创业起家的也不在少数。三是回馈社会的责任感。创业者创建的企业为社会提供优质的产品或服务，满足了消费者的需求，为社会提供了就业岗位。同时创业企业融入了社会再生产的大循环，从多个环节参与国家和社会经济发展，这种担当与参与赋予了创业者巨大的责任感。

3. 创业可以增加社会财富，促进经济发展和社会繁荣

创业过程是增加社会财富的过程，企业在生产经营的过程中，为社会创造了财富，满足了人民生活的需要，加快了经济结构的调整，促进了社会经济繁荣。在创业过程中，社会资源进一步优化，市场体系不断完善，市场竞争活力得到保持。

美国新经济的兴起与发展离不开 20 世纪 80 年代硅谷创业企业的大批创立。这些创业企业的成功为美国经济的发展做出了举足轻重的贡献，直到现在，硅谷依旧是美国经济保持增长的重要支柱。中国改革开放以来取得了前所未有的成就，人民生活水平逐年改善，综合国力稳步提高。其中创业企业的迅速发展发挥了非常重要的作用。创业企业是我国创造社会财富的主体之一，是推动我国经济平稳快速发展的重要力量。纵观世界，创业精神与创新浪潮是任何国家经济快速发展的重要特征，创业活动不断创造出更大、更多的财富和价值，创业者和创新者正在不断地改变这个世界。

4. 创业可以实现技术转化，促进生产力提高和科技创新

创新是创业的主要驱动力量。创业是新理论、新技术、新知识、新制度的孵化器，也是新理论、新技术、新知识、新制度形成现实生产力的转化器。

我国技术创新总体水平不高，市场开发还不够充分，在国际分工中优势不大，要改

变这种被动状态，就要建设创新型社会，培育创新创业人才，发展创业型经济。创业往往伴随着新技术、新产品、新工艺与新方法进入市场，伴随着大量科研成果转化型企业的诞生。1995年杨致远放弃即将取得的博士学位成立了雅虎公司，1999年马云创立阿里巴巴，这些公司的创新推动了互联网行业的发展。因此，创业可以较快促进社会科技进步，促进我国整体科技水平提高和综合国力提升[6]5-6。

📚 创业案例

独具创新力的苹果

史蒂夫·乔布斯1955年出生于美国旧金山。

乔布斯的个人经历富有传奇色彩，他在大学只读了一个学期便选择退学，用他自己的话说是转而"沉溺于自己想学的课程"。

1976年，21岁的乔布斯在自家车库里创立苹果公司。

创办苹果公司后，当与领导团队发生分歧时，他坚持自己的理念不放弃，1985年，30岁的乔布斯曾被公司扫地出门。

1997年，乔布斯返回苹果团队并任CEO，他力排众议，毅然砍掉没有竞争力的产品，使苹果产品从350多种减少到10余种。正是这种独树一帜的创新风格，带领苹果公司起死回生，2012年还一度超越埃克森美孚公司，成为全球市值最高的企业。

创业以来，为了能在市场中生存并确保苹果公司的核心竞争优势，乔布斯孜孜以求，不懈创新创优，追求卓越，成就斐然。他一手开创了PC（苹果电脑）、数字电影（皮克斯动画）、数字音乐（iTunes）、移动商业体系（App Store）、流行科技产品（iPod、iMac、iPod Touch、iPhone、iPad）五大工业，缔造了一个前所未有的IT帝国。

乔布斯的才华、激情和精力是无穷无尽的创新源泉，这些创新丰富和改善了人类的生活。自2006年至今，在以波士顿咨询顾问集团的问卷调查为基础评选出的"年度全球最具创新力的25家公司"中，苹果公司一直位列排行榜榜首。

资料来源：根据"艾萨克森.史蒂夫·乔布斯传[M].魏群，等译.北京：中信出版社：2014."，有删改。

【课堂练习1-4】请结合案例说一说创新与创业的关系。

1.1.5　创业的过程

创业过程包括创业者从产生创业想法到创建新企业或开创新事业并获取回报的过程，涉及识别机会、组建团队、寻求融资等活动。创业过程大致经历产生创业动机、识别创业机会、整合有效资源、创办新企业、管理创业企业五个主要阶段。

1. 产生创业动机

创业动机是创业过程的起点，也是创业的内在原动力。创业者在创业动机的驱使下寻找创业机会，开始创业活动。创业动机在每个人的身上或多或少、或强或弱都有存在，当创业动机足够强烈时，便会引发创业行为。一般来说，创业动机的产生或激发受以下三方面因素的影响。

一是个体的特质。人人都有创业精神，但是创业精神的强度因人而异，受遗传基因、成长环境的影响，有的人生来就有强烈的创业意愿，如我国的温州人与福建人，受当地地理条件与自然资源的约束，历来就有下南洋的传统。

二是创业机会与利得。创业机会越多，利得越明显。在利益驱动、示范效应的作用下，越多的人会尝试创业。社会经济转型、技术进步等因素会增加潜在的创业机会、降低创业的门槛，促使较多的人尝试创业，进而促成全社会的创业热潮。

三是创业的机会成本。选择创业意味着对原有生活方式的放弃，一个原本有高经济收入与高工作满足的人，其创业意愿会很低。科学家独立创业的少，是因为科学家已经谋得了一份收入相对丰厚而且稳定的工作，其较少愿意去冒创业的风险。

2. 识别创业机会

识别创业机会是创业过程的关键环节，是创业过程中最困难、最无规律的一个环节。识别创业机会包括发现创业机会和评价机会价值。一般包括以下三个基本问题。

一是如何找到机会？就是说，创业者应该到哪里去寻找创业机会，创业机会的来源都有哪些方面。找到创业机会是评估与选择机会的必要前提。

二是如何评价机会？就是说，创业者能够评价所发现的创业机会是不是真正的创业机会，不同的创业机会之间的差异有哪些，创业机会的价值是什么。科学合理地评价机会既要考虑创业机会的风险与回报、适应性与时效性，还要考虑创业者自身的能力匹配度。

三是如何实现机会？就是说，创业者应该知道能利用哪些资源、通过什么途径、采取什么办法使创业机会变成实际价值。围绕这些问题，创业者在识别创业机会阶段需要多观察、多交流、多思考，最终抓住创业机会[1]7-8。

3. 整合有效资源

整合资源是创业者掌控创业机会的重要手段。在一般情况下，创业者可以直接控制的可用资源往往很少，创业几乎都会经历白手起家、从无到有的过程。对创业者来说，整合资源往往意味着需要借船出海，要善于通过盘活外部资源来帮助和实现自己的创业起步。人才、资金、场地、技术、设备、材料等都是开展创业活动所必需的基本要素资源。

整合资源有以下思路：首先是要吸引和凝聚志同道合者，组建优势互补的创业团队，单打独斗很难成就大业。其次是要能进行有效的创业融资，创业是在创业者面对资源约束的情况下开展的具有创造性的工作，一定会面临很大的不确定性，所以在创业初期乃至新企业成长的很长一段时间里，创业者要把主要精力放在资源的获取上，以解决公司和企业的生存问题。要尽可能多接触各种信息与资源渠道，诸如专业协会及团体、政府部门、银行和担保机构等，这些渠道与机构不仅拥有你所需要的资源，而且可以帮助你评估自己的创业机会与潜力。最后是要围绕创业机会设计出切实可行的商业模式，向潜在的资源提供者陈述清晰且有吸引力的盈利模式或创业计划，以获取更多的资源支持。

4. 创办新企业

创办新企业，首先，创业者必须考虑选择适合创业大计的法定组织架构，比如，是独资还是合伙创业，是有限责任公司还是股份有限公司，公司的起始资本额如何筹集与分配等，以完成公司的制度设计。其次，最重要的就是选择经营地址。专家的看法是，不论创立何类企业，地点的选择都是决定成败的要素之一，尤其是以门市为主的零售、餐饮等服务业，店面的选择往往是成败的关键，可以说，好的选址等于成功了一半。据香港工业总会和香港总商会的统计，在众多开业不到两年就关门的企业中，由于选址不当所导致的企业失败数量占总数的 50% 以上。新企业的注册与选址要考虑所在地区的经济、技术、文化、政治等宏观因素以及具体的交通、资源、消费群体、社区环境、商业环境等微观因素。最后，设计好品牌和公司名称，确定进入市场的途径与时机，按照法定的程序完成公司注册登记，就可正式建立企业了。值得注意的是，许多创业者在创业初期迫于生存的压力，以及对未来缺乏准确预期，往往容易忽视这部分工作，结果给以后的发展留下了隐患 [6]18。

5. 管理创业企业

企业建立并不代表创业完成或已经成功，打江山易，守江山难，管理一个企业要比创建一个企业困难得多。新企业关键的生存期为 2 ~ 3 年。在这 2 ~ 3 年里，新企业容易遭遇资金不足、团队分裂、员工流失等多种风险，要想方设法降低和化解创业初期阶段的风险，创业者需要时刻关注经营环境的变化，谨慎把握企业的发展方向，不断地开发新的机会，实现企业的健康可持续发展。在新企业的成长阶段，需要重点做好企业融资、战略管理、营销管理、人才管理等方面的管理工作。当然，创业者的最终目标是使创业的市场价值得到充分实现，不断地让客户受益，从而获得企业的长期利润，逐步把企业做活做好、做大做强，进而实现自己的梦想与价值 [2]38。

延伸阅读

当代中国的创业热潮

当代中国的创业是从改革开放开始的。1978 年召开的党的十一届三中全会，开创了我国社会主义建设的新时期，把党和国家的工作重心转移到经济建设上。从那时起，中国人便迈开了拓荒者的步伐，进入创业时代。回顾自改革开放以来的历次创业潮，从农村到城市，从体制内到体制外，从计划经济到市场经济，从互联网到移动互联，时代的变迁，一波又一波的弄潮儿前赴后继，迸发出惊人的创造力。

1. 创办"个体户"阶段：1979～1984 年

中国的创业大潮最早是从温州兴起的。1979 年，在"让一部分人先富起来"的政策感召下，一些贫困农民率先以家庭为单位办起了手工小作坊。他们的行为和高出农业生产几倍的经济收入令人惊讶和羡慕，人们争相效法。于是，这种家庭小作坊得以迅速推广，遍及温州。这便是后来被经济学家称为"温州模式"的创业道路。1980 年温州章华妹成为全国第一个拿到个体工商户营业执照的人，她以卖纽扣为生。几乎在同一时期，生活在长江南岸的江苏人以更加稳妥的方式，创办了带有公有制性质的自负盈亏的乡镇企业，造就了江苏乡镇企业的"异军突起"，这便是后来被经济学家津津乐道的"苏南模式"。紧接着，1980 年，随着深圳经济特区的建立，位于珠江三角洲的顺德、中山、三水等地的农民也大受改革开放之风的鼓舞，纷纷走上创业之路，成为先富起来的一部分人。

这个阶段的主要特点是创业人数不多，并且多是农村人口和城镇无业人员，一般他们的文化素质不高，经营方式为个体户，经营行业一般都是传统劳动密集型产业，如餐饮业、小型零售业、加工业、长途运输业等。这一时期由于"文革"结束不久，百废待兴，社会经济生活中形成了多方面、多层次的需求，为缓解就业压力，解决温饱问题。党和国家出台了一系列鼓励发展个体经济的富民政策，为个体户的成长提供了良好的机会。城市绝大多数人受计划经济的影响，仍抱着"铁饭碗"不放，认为下海经商没面子，不愿辞职创业。而农村普遍实行家庭联产承包责任制，破除了人民公社旧体制，出现了大量富余劳动力。这些人自然抓住机会投身创业，从而率先成为"暴发户"。典型的创业者如温州的南存辉和胡成中、顺德的何享健和梁庆德、张家港的沈文荣、四川的刘永好、安徽的年广久、大连的姜维、黑龙江的张宏伟等人，都是从个体起步。由于市场刚发育，竞争不激烈，钱也好赚，他们大多很快积累了财富。

2. 扔掉"铁饭碗"阶段：1984～1992 年

自个体经济为人们打开新天地后，市场经济迅速席卷全国，创业致富日渐成为全民理想。

1984 年 10 月党的十二届三中全会通过《中共中央关于经济体制改革的决定》，突破了过去将计划经济同商品经济对立起来的传统观念。1988 年 4 月，第七届全国人民代表大会通过的宪法修正案增加了"国家允许私营经济在法律规定的范围内存在和发展"的内容。随之而来的学术界关于"劳动力商品""技术商品化"的讨论和劳务市场、技术市场的建立，使许多人看清了社会发展趋势。他们从个体户身上看到了创业的光辉前景，纷纷"下海"经商创办企业，掀起了中国创业的第二波大潮。其中最为典型的是"国企员工下海"，很多公职人员以"停薪留职或请长假的方式"下海经商。1987 年潘石屹放弃石油部管道局"铁饭碗"，揣 80 元钱南下广东创业。冯仑辞去国家体改委的工作，在海南与潘石屹等合作伙伴成立公司一起创业。在这一阶段因经济波动个人创业虽曾受到影响，但"沧海横流，方显英雄本色"，依然有不少创业者痴心不改，坚持不懈。如万通集团的冯仑、苏宁电器的张近东、"打工皇帝"段永平、打不倒的"巨人"史玉柱等都是在这一时期开始创业，并最终取得成功的。

这个阶段的主要特点是：一是创业人员除了第一阶段中的"万元户"外，还加入了大批敢为人先的知识分子、政府官员和高干子弟；二是创业经商人数大增，形成"全民经商"之势，甚至大学校园中也出现"练摊"的学生业主。创业者所从事的主要是第三产业、科技产业等，现今的许多大企业家如联想集团的柳传志、华为集团的任正非、娃哈哈集团的宗庆后、三一重工的梁稳根、万科集团的王石、四通集团的段永基、北大方正的王选、王码集团的王永民等也都是在这一时期开始创业的。

3. 流行"办公司"阶段：1992～1997 年

1992 年年初，中国改革开放总设计师邓小平在南方谈话时指出计划和市场都是经济手段，明确提出"三个有利于"标准。南方谈话再次为私营经济的发展鸣锣开道，犹如一股春风驱散了笼罩在人们心头的疑云，大大解放了人们的思想，激发人们跳出体制，投身市场经济之海的热情。据国家人社部数据显示，1992 年，有 12 万名公务员辞职下海，1 000 多万名公务员停薪留职。

1992 年，国家体改委颁布《有限责任公司暂行条例》与《股份有限公司暂行条例》；1992 年 10 月，党的十四大确立了社会主义市场经济体制的改革目标，进一步推动了创业活动的高速增长。伴随改革的东风，1992 年、1994 年、1996 年全国私营企业户数的增长率分别达到 28.8%、81.7%、25.2%。一度沉寂的创业热潮再次高涨，深圳成为创业的前沿阵地，"深圳速度"成为当时的流行语，中国第三波创业高潮随之到来。

这个时期的主要特点是：从创业人员来说，政府机构、科研院所的"下海"人员猛增，下岗人员通过创业实现再就业的数量有所增加，所创办企业规模较大；从创业的行业领域看，除涉及金融、房地产、教育等第三产业外，创业者看到了互联网蕴藏的巨大商机，不少人选择互联网创业。这一阶段著名的创业者有比亚迪的王传福、泰康人寿的陈东升、新东方的俞敏洪、中坤集团的黄怒波等。

4. 拥抱"互联网"阶段：1997～2008 年

1999 年 8 月，第九届全国人民代表大会常务委员会第十一次会议通过了《中华人民共和国个人独资企业法》（简称《个人独资企业法》），这部法律为民间创业亮起一盏明灯。它的最大突破是降低了做老板的门槛，取消了开办企业注册资金的规定，改变了过去只有"富人"才能创办企业的陈规，意味着 1 元钱也可以注册企业。这部法律的公布与实施，为民间投资创业开了绿灯，中国出现了第四次创业高潮。2002 年 11 月，党的十六大报告鼓励创业：必须形成与社会主义初级阶段基本经济制度相适应的思想观念和创业机制，营造鼓励人们干事业、支持人们干成事业的社会氛围；必须放手让一切劳动、知识、技术、管理和资本的活力竞相迸发，让一切创造社会财富的源泉充分涌流。

1997 年 6 月，丁磊创办网易公司，写出了第一个中文个人主页服务系统和免费邮箱系统；1998 年 2 月，张朝阳"克隆"雅虎，推出中文网页目录搜索的软件"搜狐"；1998 年 11 月，马化腾成立了深圳腾讯计算机系统有限公司，后来推出一款名叫 QQ 的社交软件。1999 年，马云在经历两次创业失败后，确定要成立一家为中国中小企业服务的电子商务公司，域名就叫阿里巴巴。同样在 1999 年，邢明把 1996 年从股市赚来的钱投资在 3 个网站项目上，其中一个叫"天涯社区"。

以互联网为主导的新经济催生了一批财富英雄，这些财富英雄依靠个人和市场的力量催生并带动了新的产业，为社会提供了更多的就业选择和足够的虚拟空间，通过高科技和互联网经济实现了真正的产业革命，使整个国家更具有创新活力和创业动力。尽管经历了 2000 年互联网泡沫的惨烈溃败，互联网时代的步伐并未减缓。百度、腾讯、阿里巴巴正是在这一时期迅速崛起，成为中国新兴经济的代表。而其所代表的互联网企业，将在未来以"颠覆一切"的形象，改变着整个中国的经济结构。在这一阶段高科技领域成为创业的热点，大批海外留学人员归国创业成为引人注目的亮点。国内成为海内外投资兴业的热土、各类人才施展才华的广阔天地，创业在更大范围、更广阔空间展开，中国进入全面创业的伟大时代。

5. 创业"大众化"阶段：2008 年至今

2008 年下半年，迅速蔓延的国际金融危机导致我国经济增速趋缓，出口下滑，相当数量的中小企业接不到订单，经营困难，不少农民工被迫返乡；相当多的企业尤其是房地产、金融证券、进出口企业削减或放缓了招聘计划，大学生等新增就业人口的就业形势更加严峻。在这样的形势下，政府出台了一系列保增长、促就业、鼓励创业的政策措施。

2008 年，国家人力资源和社会保障部等 11 部门起草了《关于促进以创业带动就业工作的指导意见》，其中对创业企业提供的政策支持空前强大。2008 年，首届全球创业型经济论坛在北京举行，我国学者在论坛上正式提出，中国应当发展创业型经济。"创业型经济"的概念最早由彼得·德鲁克于 1985 年提出，是指以大量新创的成长型中小企业为支撑的经济形态。中国发展的创业型经济应当是以知识和企业家为核心生产要素，以创意和创新为主要手段，以中小企业为微观经济基础，通过创业机制持续推动经济发展的经济形态。这是中国转变经济发展方式的必由之路。

2013 年 11 月，党的十八届三中全会进一步强调指出："健全促进就业创业体制机制。……完善扶持创业的优惠政策，形成政府激励创业、社会支持创业、劳动者勇于创业新机制。"2013 年 12 月 28 日，第十二届全国人民代表大会常务委员会第六次会议审议通过了关于修改《中华人民共和国公司法》（简称《公司法》）的决定。此次共进行了12 处修订，主要涉及三方面改革：一是将注册资本实缴登记制改为认缴登记制；二是放宽注册资本登记条件；三是进一步简化登记事项和登记文件。修订后的《公司法》简化了企业注册流程，降低了创业门槛，营造了宽松的创业环境，极大地推进我国创业型经济的发展，刺激创业活力持续迸发。

正如李克强总理在 2014 夏季达沃斯论坛开幕式致辞中指出的那样，我们要借改革创新的"东风"，在中国 960 万平方公里土地上掀起"大众创业""草根创业"的新浪潮。新《公司法》实施以来，整个社会备受鼓舞，创业热潮持续"井喷式增长"，一个以移动互联网创业为特色、以大众创业为标志的全新创业时代——中国第五次创业高潮正在到来。这轮创业潮涵盖社会各个阶层，年龄分布较广，85 后创业者更多。随社会演化而形态多变，创业者从个体户到合伙人，从小商贩到创客，从来是推动中国经济发展的主要动力。

资料来源：根据"李时椿.创业管理 [M]. 3 版. 北京：清华大学出版社，2015."，有删改。

【课堂练习 1-5】结合当今创业热潮，谈谈你的感触。

1.2 培育创业精神

【创业名言】

企业家精神至少应该包含五个子精神：大胜靠德的和谐精神，敢为人先的创业精神，不屈不挠的耐挫精神，心明眼亮的市场精神，纳善如流的整合精神。

——牛根生

创业之初，无法给职工像样的待遇，设备又差，也没有什么得意的技术。在这样一种什么物质条件都不具备的条件下，要让大家一起去拼命地干活，必须以创业时的"血盟"精神作为企业经营的基础。

——稻盛和夫

出身贫苦，不可骄傲；创业艰难，不可奢华；努力不懈，不可安逸。

——车耀先

一个真正的企业家，不能只靠胆大妄为东奔西撞，也不可能是在学院的课堂里说教出来的。他必须在市场经济的大潮中摸爬滚打，在风雨的锤炼中长大。

——王均瑶

创业起始就像从几乎无路可通的丛莽中披荆斩棘，寻觅一处可能发现金沙的所在，然后淘尽了数千斤沙石，希望至少找到几粒金屑。

——斯坦尼斯拉夫斯基

延伸阅读

什么是创业精神

美国安利公司董事会主席史提夫·温安洛先生曾讲过两个故事，阐述了他对创业精神的理解。

创业需要团结和分享

这个故事发生在格陵兰。"在零下 40℃ 的气温里，总有一群群的狩猎者去捕猎海象，让人吃惊的是猎人之间的关系。他们会在一间小木屋里扎营，把海象肉分给伙伴和猎狗带回家中，但每一次他们都会留下一些肉，给下一次进驻的猎人。""懂得分享，在乎集体的成功，而绝不是独自拥有。"温安洛道出创业精神的精髓："只有分享成果，彼此扶持，团结在一起，才可以发挥最大的力量。"

创业要勇于冒险

温安洛 12 岁那年，父亲带着他们一家六口人到美国西部寻找机会，"当时坐的车是一部有 10 吨重、铁皮打造的小巴"。在前进的路上，一座摇摇欲坠的桥横跨在陡峭的峡谷上。"父亲是工程师，我们很信任他，但那座桥破旧得似乎能被一只停在上面的苍蝇压垮。"父亲停下车，查看地形，他将车倒退了 100 米，然后加足马力，全力以赴地飞跃了那座破桥，"我当时坐在父亲旁边，今天我能站在这里，就是告诉大家我是达标的。"温安洛风趣而自信地说，"创业是要冒风险的，当然前提是盘算清楚，一旦决定，就要加快速度，勇往直前。"

资料来源：引自 http://www.795.com.cn/cy/cyzn/1714.html，有删改。

创业精神是创业的动力，也是创业的支柱。没有创业精神就不会有创业行动，也就无从谈起创业成功。因此，创业精神对创业至关重要。

1.2.1　创业精神的本质

创业精神的概念最早出现于 18 世纪，其含义一直在不断演化。经济学家约瑟夫·熊彼特将创业精神看作一股"创造性的破坏"力量。哈佛大学教授霍华德·史蒂文森将创业精神解释为突破资源限制、追寻发展机遇的态度。目前多数学者都认为，创业精神是创业的动力和源泉，是创业者的精神支柱，是创业者在创业过程中重要行为特征的高度凝练，主要表现为富有激情、勇于创新、敢当风险、团结合作、坚持不懈等。

1. 富有激情

创业精神首先体现为一种创业干事的激情，这种激情既有"敢教日月换新天"的豪迈，也有"飞流直下三千尺"的气势。没有人能比维珍集团创始人理查德·布兰森更理解"激情"一词的含义。布兰森的激情，从他对创建公司的强烈欲望中可窥一斑。始建于 1970 年的维珍集团，旗下拥有超过 200 家公司，业务范围涵盖音乐、出版、移动电话，甚至太空旅行。布兰森曾打过一个比方，"生意就好像公共汽车，总会有下一班车过来"。激情也会给创业者带来很强的个人魅力和感召力，格力集团董明珠的霸气与激情带领格力突破一个个困难一路走来，阿里巴巴马云的睿智与沉稳率领阿里战胜一个个对手笑傲江湖，胸怀激情壮志的褚时健老当益壮以褚橙称雄商海。

2. 勇于创新

创业的前提是创新，创业者具有创新精神，才可能创建新颖独特的企业，并保持一个企业的特色和可持续发展。创业活动中的创新包括从产品创新到技术创新、市场创新、组织形式创新等。产品创新，比如苹果手机；技术创新，比如英特尔的芯片；商业模式创新，比如亚马逊的网络图书销售。管理学大师彼得·德鲁克认为创业就是要标新立异，打破已有的秩序，按照新的要求重新组织。创业精神是一种善于捕捉和利用机会，为创造某种新的价值竭尽智慧勇往直前的心理特征。如果忽视创业背后所蕴藏的开拓创新、社会责任等精神实质，将追逐金钱作为创业的全部，那么这种创业很可能会沦为个体户或者暴发户式的创业，显而易见，这样的企业难以成长壮大 [1]11。

3. 敢当风险

冒险是创业精神的天性，创业者同样也是冒险家。没有甘冒风险和承担风险的魄力，就不能成为创业者。创业者要有一种舍我其谁、"虽千万人，吾往矣"、粉身碎骨浑不怕的英雄般的品质。市场经济的不确定性和企业间的激烈竞争，使得创业过程必然面临多种风险，没有敢当风险的胆识，创业无从起步。无数创业者的经历证明，创业者虽然生长环境、成长背景和创业机缘各不相同，但无一例外都是在诸多不确定性因素下敢为人先、勇于创新的实践者。甘冒风险并不是说创业者必须主动寻找风险、主动拥抱风险，而是指要有敢于承担风险的胆识、善于降低乃至规避风险的能力，以确保新企业的生存和发展。

4. 团结合作

团结合作是创业精神的精华。创业者需要团队的相互协作，才能完成所有创业活动需要完成的事情。真正的创业者善于合作，能在创业伙伴间倡导团结合作的精神。一个没有合作精神的团队是无法完成创业使命的，一个成功的创业企业必定有一支团结合作的团队。生活中有不少合伙创业的企业，在事业兴旺发达之际，创业者分道扬镳自立门户，最后纷纷关门垮台。这说明依靠合作能创业，没有团结事难成。团结合作的根本是为人要讲诚信，言必信、行必果；精诚所至，金石为开。彼此以诚相待，信守承诺，才能实现真诚的合作。团结合作要求为人宽容，顾全大局，不求全责备，不斤斤计较，严于律己、宽以待人，对别人的缺点与错误要包容谅解。

5. 坚持不懈

创业带有很大的不确定性，创业的道路上布满荆棘，创业的过程必然伴随着各种艰辛和曲折，只有具备坚强的意志才能笑到最后。创业需要愚公移山、精卫填海般坚持不懈的意志才会成功。如愚公般的坚持执着，才是创业精神的本色。"锲而舍之，朽木不折；锲而不舍，金石可镂"，任何事业的成功都不可能一蹴而就、坐享其成，只有坚韧不拔、卧薪尝胆、千锤百炼，才能有所创造。创业者必须坚持不懈、咬定青山不放松。创业实践表明，往往只有偏执者才能在创业中生存下来。创业就是一个"成功—失败—成功"的循环过程，周而复始，如水滴石上，假以时日方见穿石之功 [2]39-40。

【课堂练习1-6】你对创业精神的本质是怎么认识的？

延伸阅读

马云创业精神解读

1. 百折不挠的创业者

1992年，马云是杭州电子工业学院的青年教师，28岁，工作才4年，每个月的工资还不到100元。当时杭州有很多外贸公司，需要大量专职或兼职的外语翻译人才，马云自己的订单太多，实在忙不过来，而当时杭州还没有一家专业的翻译机构，所以马云决定创办翻译社。但他当时没钱，就找了几个合作伙伴凑钱创业，风风火火地创建了杭州第一家专业翻译机构——海博翻译社。

创业初始，举步维艰，翻译社第一个月的全部收入才700元，而当时每个月的房租为2 400元。为了维持翻译社的生存，马云开始贩卖内衣、礼品、医药等小商品，跟许多业务员一样四处推销，受尽了屈辱，看够了白眼。整整三年，翻译社就靠着马云推销这些杂货来维持生存。1995年，翻译社开始实现盈利。现在，海博翻译社已经成为杭州最大的专业翻译机构，虽然不能与如今的阿里巴巴相提并论，但是海博翻译社在马云的创业经历中写下了浓重的一笔。

1995年9月，马云被杭州市政府邀请赴美担任商业谈判的翻译人员，一次偶然的机会接触了互联网，当时在美国互联网方兴未艾，而在中国触网的人还寥寥无几，他从中看到了网络改变世界的巨大能量，从美国带回了创业梦想。回国后，马云便决定辞职创办中国第一家互联网商业网站——中国黄页。

创业时，马云所有的家当只有6 000元。于是他变卖了海博翻译社的办公家具，跟亲戚朋友四处借钱，凑够了8万元，再加上两个朋友的投资，一共才10万元。对于一家网络公司来说，区区10万元实在是太寒酸了。由于开支大，业务又少，最凄惨的时候，公司银行账户上只有200元现金。但是马云以他不屈不挠的精神，克服了种种困难，把营业额从零做到了几百万元。后来，中国黄页被杭州电信以60万元收购。

2. 激情四射的"造梦人"

1999年2月21日，阿里巴巴第一次员工大会在马云位于湖畔花园的家中召开。马云为自己的梦想所激励，用美好的梦想激励大家在未来的三五年内，阿里巴巴一旦成为上市公司，他们每个人所付出的所有代价都会得到回报。当时有人问马云阿里巴巴的前景，马云说，以50万元起步的阿里巴巴将来市值将达到50亿美元。许多人都笑了，认为这是幻想，几乎无人相信。

但马云就像一个神奇的造梦者，每个当初看似不可能实现的梦想都变成了现实。后来，当马云提出打造能活102年的企业、创造100万个就业机会、10年内把阿里巴巴打造成为世界三大互联网公司之一和世界500强企业之一、淘宝网交易总额超过沃尔玛等梦想时，已很少有人再感到吃惊或者怀疑了。

梦想会成为一个人成功的动力，"心有多大，舞台就有多大"。

3. 大义大气的"现代侠"

马云的侠肝义胆体现在他对企业共建共享、对财富共同拥有的看法上。马云侠客式"财散人聚"的做法，既让员工分享了他的成功，也让公司得到了更大的发展。根据招股说明书，马云个人在上市公司的持股比例不到 5%，有 4 900 余名员工持有阿里巴巴股票，数百名员工因此成为千万富翁，数千名员工因此成为百万富翁。阿里巴巴上市不造首富造群富，马云不追求个人巨富而追求员工共富，坚持团队集体控股和公司全员持股，有福同享，有难同担，实现了个人创业和整体发展的和谐，体现了马云的胸怀和境界。

马云的侠肝义胆也体现在他对企业家使命和责任的理解上。他曾说，办企业的目的在于承担社会责任，为社会创造价值。他为各个公司分别定下了使命：阿里巴巴要让天下没有难做的生意，淘宝网要让天下没有淘不到的宝贝，支付宝要让"天下无贼"，阿里软件要让天下没有难管的生意，阿里妈妈要让天下没有难做的广告。

4. 外柔内刚的"杭铁头"

马云外表瘦弱，一副顽童模样，内心却无比刚毅，蕴藏着巨大的能量。

1995 年，马云投身互联网创立中国黄页，只有一间房、一台电脑，一元钱一元钱数着开销，一家企业一家企业上门推销，无数次被当作"骗子"赶出门。

创立阿里巴巴时，困难依旧。为了节约费用，公司就安在他家里，员工每月只拿 500 元的工资，大家没日没夜地工作，地上有一个睡袋，谁累了就钻进去睡一会儿。2002 年网络泡沫破灭，互联网遭遇寒冬。马云将阿里巴巴当年的发展主题定位为"活着"。当许多网站纷纷转向短信、网络游戏业务时，马云仍然坚守在电子商务领域。马云常说："只要不把我打死，我还会再来。"美国时间 2014 年 9 月 19 日，阿里巴巴敲响上市的钟声。其 IPO 发行价为 68 美元 / 股，计划发行 3.20 亿股，融资 218 亿美元，一举打破尘封 6 年半之久的美国 IPO 融资额纪录。阿里巴巴股票上市首日收盘价为 93.89 美元，上涨 38.07%，市值达 2 314 亿美元，超越 Facebook，成为继苹果、谷歌、微软之后的全球第四大市值科技公司，是仅次于谷歌的全球第二大市值互联网公司，超过腾讯及百度两家公司的市值总和。

马云也是个普通人。马云回忆，20 年前他刚刚大学毕业，创业之前应聘过 30 份工作，全部被拒绝；想当警察，和 5 个同学一起去面试，其他 4 人录取，他没有被录取；杭州第一家五星级宾馆开业时他想应聘服务员，排了两个多小时的队，没有被录取；24 人一起应聘杭州肯德基，有 23 人被录取，他没有被录取。

一个优秀创业者的事业成功，与他的经历、学历和专业并不一定正相关，创业者的品质、能力和创业精神才是决定创业成功的根本因素。成大业者应当目光远大、志存高远，但也必须脚踏实地、百折不挠。

资料来源：根据"李时椿，常建坤.创业学：理论、过程与实务 [M].2 版.北京：中国人民大学出版社，2016：22-24."，有删改。

📚 创业案例

成功并不像你想象的那么难

1965 年，一位韩国学生到剑桥大学主修心理学。在喝下午茶的时候，他常到学校的咖啡厅或茶座听一些成功人士聊天。这些成功人士包括诺贝尔奖获得者，某些领域的学术权威和一些创造了经济神话的人。他们幽默风趣，举重若轻，把自己的成功都看得非常顺理成章。时间长了，他发现，在国内时，他被一些所谓成功人士欺骗了。那些人为了让正在创业的人知难而退，普遍把自己的创业艰辛夸大了，也就是说，他们在用自己的成功经历吓唬那些还没有取得成功的人。

作为心理系的学生，他认为很有必要对韩国成功人士的心态加以研究。1970 年，他把《成功并不像你想象的那么难》作为毕业论文，提交给现代经济心理学的创始人威尔·布雷登教授。布雷登教授读后，大为惊喜，他认为这是一个新发现，这种现象虽然在东方甚至在世界各地普遍存在，但此前还没有一个人大胆地提出来并加以研究。惊喜之余，他写信给他的剑桥校友、当时正坐在韩国政坛第一把交椅上的人——朴正熙。他在信中说："我不敢说这部著作对你有多大的帮助，但我敢肯定它比你的任何一个政令都能产生震动。"

后来这本书果然伴随着韩国的经济起飞了。这本书鼓舞了许多人，因为它从一个新的角度告诉人们，尽管成功需要一些条件，但这些条件并非苛刻到常人无法接受。只要你对某一事业感兴趣，长久地坚持下去就会成功，你的时间和智慧够你圆满做完一件事情。后来，这位青年也获得了成功，他成了韩国泛业汽车公司的总裁。人世间的许多事，只要想做便有机会做到。只要一个人还在朴实而饶有兴趣地生活着，他终究会发现，有些安排是水到渠成的。虽然创业过程伴随着各种困难，但这些困难并非不能克服。成功并不像你想象的那么难！

资料来源：根据"李家华.创业基础 [M]. 北京：清华大学出版社，2015."，有删改。

1.2.2　创业精神的来源

创业精神来源于多个方面，主要是在学习和实践中逐步培育、发展和形成的。就个体而言，创业精神的形成和发展与创业者的个性特质、创业者所处的社会环境、创业者所拥有的资源禀赋密切相关。

1. 个性特质

个性特质主要由创业者素质和创业者能力两方面因素所决定。创业者素质一般包括政治素质、品德素质、知识素质、心理素质、身体素质等，创业者能力一般包括经营决策能力、沟通协调能力、专业技术能力、开拓创新能力等。创业者个体特质差异对创业精神的培育发展有重要的内在影响。麦克利兰（1961）对创业者和其他群体的比较研究表明，创业家的出现和成就需要之间存在高度相关性。创业型个性特质的形成受地理环境的影响。穷则思变，变则亨通。资源贫乏、条件恶劣的地区往往能激发人的斗志，锻炼人的能力。在资源贫乏的地方，人们更会为了改善生存状况产生创业念头，进而寻求创业机会，整合外部资源，激发出源源不断的创业精神。

2. 社会环境

创业精神的形成和发展与创业者所处的社会环境密不可分，主要包括生存环境、文化环境、产业环境、机制体制环境等。个人身上都或多或少具有潜在的创业精神，但这种精神有时需要环境因素的刺激才能迸发出来。例如，西方社会的新教伦理所提倡的创新、追求获利和吃苦耐劳的价值观，就为创业精神的形成和资本主义的蓬勃发展奠定了思想基础。我国涌现出大量创业者和创业企业，这显然与改革开放以来的社会环境、鼓励创业的制度设计密不可分。在一个商业文化氛围浓厚的地方，潜在的创业者容易培养创业精神。以温州为例，温州十分发达的商业文化传统孕育了当今温州商人的创业精神。产业环境同样影响创业精神的形成，对于垄断行业而言，企业缺少竞争，就容易抑制创业精神的产生。而在一个完全竞争的市场环境中，由于企业间优胜劣汰、竞争激烈，更有可能激发创业精神。

3. 资源禀赋

资源禀赋是创业精神得以形成的资源保障，创业者的资源禀赋包括创业者所能拥有或能够筹集到的物质资本、社会资本和人力资本。丰富的物质资本是创业精神得以形成的物质保障，多样化的社会资本是创业精神得以形成的重要社会保障，先进的人力资本则是创业精神得以形成的智力保障。企业资源是创业精神得以萌生、形成、提升的水分和营养。物质资本可以通过内部融资与外部融资来获取，社会资本的积累需要创业者的长期努力，人力资本要靠教育培训、艰苦学习才能形成。有调查证实，创业教育能有效提高大学毕业生的创业能力、创富能力，拓展其职业生涯的发展空间。创业者的创造力与思维能力会有效提升业务能力，积累工作经验，并有助于创业者进行创业决策 [2]41。

📚 创业案例

思路创新决定创业成败

两个青年一同开山，一个把石块砸碎成石子运到路边，卖给建房人，另一个直接把石块运到码头，卖给杭州的花鸟商人。因为这里的石头总是奇形怪状，他认为卖重量不如卖造型。三年后，卖怪石的青年成为村里第一个盖起瓦房的人。

后来，不许开山，只许种树，于是这里成了果园。每到秋天，漫山遍野的鸭梨招来八方商客。他把堆积如山的梨子一筐筐地运往北京、上海，然后发往韩国和日本。因为这里的梨汁浓肉脆、香甜无比，就在村上的人为鸭梨带来的小康日子欢呼雀跃时，曾卖过怪石的青年人卖掉果树，开始种柳。因为他发现，来这里的客商不愁挑不到好梨，只愁买不到装梨的筐。五年后，他成为第一个在城里买房的人。

再后来，一条铁路从这里贯穿南北，北到北京，南抵九龙。小村对外开放，果农也由单一的卖果开始发展为果品加工及市场开发。就在一些人开始集资办厂的时候，那个人又在他的地头砌了一道 3 米高百米长的墙。这道墙面向铁路，背依翠柳，两旁是一望无际的万亩梨园。坐火车经过这里的人，在欣赏盛开的梨花时，会醒目地看到四个大字可口可乐。据说这是五百里山川唯一的一则广告，那道墙的主人仅凭这座墙，每年就有 4 万元的额外收入。

20 世纪 90 年代末，日本一著名公司的人士来华考察，当他坐火车经过这个小山村的时候，听到这个故事，马上为此人惊人的商业头脑所震撼，当即决定下车寻找此人。当日本人找到这个人时，他正在自己的店门口与对面的店主吵架。原来，他店里的西装标价 800 元一套，对方就把同样的西装标价 750 元，他标价 750 元，对方就标价 700 元。一个月下来，他仅批发出 8 套，而对门的客户却越来越多，一下子批发出了 800 套。日本人一看这情形，对此人失望不已。但当他弄清真相后，又惊喜万分，当即决定以百万年薪聘请他。原来，对面那家店也是他的。

资料来源：引自 https://www.xzbu.com/3/view-1430734.htm，有删改。

1.2.3　创业精神的作用

1. 促使个人实现人生价值

创业精神能够激发人们进行创业实践，去追求自己的梦想。人活着应该有梦想和追求，自我实现是人生追求的最高境界。马云认为，人可以 10 天不喝水，七八天不吃饭，两分钟不呼吸，但不能失去梦想 1 分钟。没有梦想比贫穷更可怕，因为这代表着对未来没有希望。一个人最可怕的是不知道自己干什么，有梦想就不在乎别人骂，知道自己要什么，最后才会坚持下去。

在创业精神的内在激励下，创业者从事自己愿意做的事。创业虽苦但很快乐，创业过程尽管艰辛，但能给创业者带来乐趣。当自己的创业想法得到实施，亲手创办的企业天天成长，个人财富慢慢地积累，产品与服务逐渐得到社会的认可，成就感、满足感和自豪感就会油然而生，人生的最大快乐莫过于此。梦想成真，夫复何求？创业者的人生价值由此得以在创业中实现。

延伸阅读
职业生涯规划 5 个 "What" 的思考模式

职业生涯规划的制订，可参考采用 5 个 "What" 的思考模式，它构成了制订职业生涯规划的前提性步骤。

第一，What are you？要求一个人对自己做一个深刻反思与认识，对自身的优势与弱点都要加以深入细致的剖析。

第二，What do you want？要求一个人对自己未来职业发展的目标和前景做出一种愿望定位、心理预期和取向审视。

第三，What can you do？要求一个人对自己的素质尤其是自身的潜能和实力进行全面的测试和把握。

第四，What can support you？要求一个人对自己所处的环境状况和所拥有的各种资源状况有一个客观、准确的认识和把握。

第五，What can you be in the end？要求一个人对自己所提出的职业目标以及实现方案做出一个具体明确的说明。

一般而言，清晰全面地回答了以上5个问题，有助于系统地制订出一份专属个人的职业生涯规划。

资料来源：根据"李家华. 创业基础 [M]. 北京：清华大学出版社，2015."，有删改。

2. 推进社会经济快速发展

世界上经济发达的国家，其国民的创业精神也很值得敬佩。欧洲新教徒迁移美国后，焕发出空前的创业热情，使美国的市场经济得以确立。私营创业企业遍地开花，大大促进了近代资本主义经济的繁荣和发展。创业者的激情引发创新热潮，创业精神是美国爆发第二次、第三次技术革命的思想基础和精神动力。创业精神与高新技术相结合，更是美国保持世界经济领先地位的"秘密武器"。

以色列是全世界创业公司密度最大的国家，人均创业投资是美国的2.5倍、欧洲的30倍、中国的80倍、印度的350倍。更令人惊讶的是，该国在纳斯达克上市的新兴企业总数，超过全欧洲在纳斯达克上市的新兴企业数量的总和。当前，世界产业结构正经历着彻底转变，创业精神在我国将发挥更大的作用，它有利于加快转变经济发展方式，促进经济社会又好又快发展，能够帮助我们在21世纪的竞争中走向成功和繁荣。

【课堂练习1-7】为什么创业精神有助于个人实现人生价值？

1.2.4　创业精神的培育

培育当代大学生的创业精神是建设创新型国家和人力资源强国的战略举措，是深化高等教育教学改革、提高人才素质、促进大学生全面发展的重要途径。

1. 弘扬创业文化

培育创业精神，需要弘扬创业文化，营造社会创业氛围。在我国几千年悠久历史和灿烂文化中，英雄辈出，人杰地灵，历来不乏创业名人的事迹。比如，商鞅、王安石变革图强的创业精神，范蠡、管仲励精图治的创富精神，至今仍是我们极其宝贵的精神财富资源。充分利用和开发这些积淀深厚的历史文化资源，繁荣发展先进创业文化，加快创新精神培育，对于全社会进一步凝聚和弘扬创业精神、推动创新型国家建设，具有十分重要的作用。

弘扬创业文化重在培育人的创业人格，人格塑造和创业精神相辅相成。校园创业文化是学生成长的外部环境，在创业人格塑造方面具有陶冶、激励与导向的功能。高校应将创业精神有机地融入学科活动、科技活动等活动中去，以培养学生的创业精神。可经常邀请成功的企业家或校友来学校做报告，增强大学生的创业信心，利用他们的创业激情感染学生，成为激励学生创业的榜样。

根据《全球创业观察 2010 中国报告》，与美国的创业环境相比，中国最大的不足是商务环境不够成熟、文化与社会规范不够匹配、政府项目不够完善。因此，地方政府需要培育积极向上的创业文化和商务环境，营造人人追寻商机、处处推崇创业的文化氛围，形成个人家业殷实、企业生意兴旺、国家经济发达的局面。

2. 构建创业体系

创业精神产生于特定的经济和政治体系与环境中，世界历史上每一次工业革命都引发了创业热潮，从单个国家的发展来看，重大的经济变革往往也会激起创业热潮。创业精神的集中迸发需要特定的经济与政治环境，成熟的创业环境生成创业型经济。创业型经济是以中小型创新创业企业大量涌现为代表的一种经济形态，它从制度结构、政策和战略上支持并保证创新创业，从而促进中小企业的不断创新与发展。

政府应当以发展创业型经济为目的深化体制机制改革，并以此激发人们的创业精神，改善创新创业软环境，加快政府职能的转变，为创业者和企业营造高效运营、公平竞争的市场环境。通过优化创业经济环境，从体制层面到政策层面全面构建并完善创业型经济体系，充分释放和激发民众的创业热情，合理配置稀缺的创业资源，以创造最大的经济价值和社会价值。

3. 培养创业能力

应当从中小学开始重视创新意识和创业能力的培养，同时在全社会开展多层次的创业知识培训，在高校实施系统、正规的创业教育，实行课堂教学、创业导师辅导、实战案例研究和企业实地考察相结合的教学机制。

创新是创业精神的核心，高校必须突出对学生创新能力的培养。要尊重学生的个性发展，爱护和培养学生的好奇心、求知欲，为学生的禀赋和潜能的充分开发创造一种宽松的环境。鼓励学生勇于突破，有意识地突破前人，突破书本，突破老师。通过开设创新创业类课程、举办主题竞赛让学生感受、理解知识的产生和发展过程，培养学生的科学精神和创新思维。

鼓励学生利用课余时间参加一定的创业模拟和社会实践活动，增强学生对企业的了解和对社会的适应能力。如在校内外开展创业竞赛活动，与社会企业联合开展学生的实习见习等。"纸上得来终觉浅，绝知此事要躬行"，让学生在实践中磨炼自己，形成正确的创业认知，孕育创业精神并提升解决问题的能力。

同时，要更加注重强化创业实践环节，建立多种风险投资基金、创业实践基地、创业孵化基地和科技园区，强化创业实践和创业能力的培养，通过校内外创业计划竞赛和多种形式的创业实习实训、市场调研、企业考察等活动，努力培育大学生的创业意识和创业能力，促进创业精神的培育和发展。

延伸阅读

学习创业知识的途径

1. 大学课堂、大学图书馆与大学社团

创业者通过课堂学习能拥有一门过硬的专业知识，在创业过程中将受益无穷；大学图书馆通常能找到创业指导方面的报刊和图书，广泛阅读能增加对创业市场的认识；大学社团活动能锻炼各种综合能力，是创业者积累经验必不可少的实践过程。

2. 媒体资讯

一是纸质媒体，人才类、经济类媒体是首要选择。例如比较出名的《21世纪人才报》《21世纪经济报道》《IT经理人世界》等。

二是网络媒体，管理类、人才类、专业创业类网站是必要选择。例如比较出名的中国营销传播网、中华英才网、中华创业网等。

此外，各地创业中心、创新服务中心、大学生科技园、留学生创业园、科技信息中心、先导创业企业的网站等都可以学到创业知识。

3. 与商界人士广泛交流

商业活动无处不在。创业者可以在自己生活的周围，与有创业经验的亲戚、朋友、同学、老师交流。在他们那里，创业者将得到最直接的创业技巧与经验。更多的时候这比看书本收获更多。创业者甚至还可以通过E-mail和电话拜访自己所崇拜的商界人士，或咨询与自己的创业项目有密切联系的商业团体，保持谦逊，得到他们的支持。

4. 创业实践

真正的创业实践开始于创业意识萌发之时。大学生的创业实践是学习创业知识的最好途径。间接的创业实践学习主要借助学校某些课程的角色性、情景性模拟参与来完成。例如，积极参加校内外举办的各类大学生创业大赛、创业计划书大赛、发明专利大赛、工业设计大赛等。

直接的创业实践学习主要可通过课余、假期在外的兼职打工、求职体验、参与策划、参与市场调研、试办公司、试申请专利（知识产权局）、试办著作权登记（版权局）、试办商标申请（工商局）、业余参加某些职业知识与证书班培训等事项来完成；也可通过举办创意项目活动、参加或参观高交会、创建电子商务网站、谋划书刊出版事宜、尝试做自由撰稿人等多种方式来完成。

资料来源：引自 http://chuangye.yjbys.com/news/539097.html，有删改。

问题思考

1. 你怎么理解创业的内涵？
2. 创业的三要素是什么？
3. 创业的意义与价值何在？
4. 创业有哪些分类？
5. 创业的基本过程是什么？
6. 创业精神的主要表现是什么？
7. 结合创业精神的来源，谈谈如何培育创业精神。
8. 请从担当角色、技能要求、风险收益、成功因素四个方面阐述大学生创业与就业的差别。

实训活动

实训 1：六味面馆创业失败案例分析

成都市一所高校食品科学系 6 名研究生声称自筹资金 20 万元，在成都著名景观——"琴台故径"的旁边开起了"六味面馆"。

第一家店还未开张，六位股东已经把目光放到了 5 年之后，一说到今后的打算，他们六位异口同声地说：当然是开分店啦！今年先把第一家店搞好，积累经验，再谈发展。我们准备两年内在成都开 20 家连锁店，到时候跟肯德基、麦当劳较量一番。

原本想以"研究生"之名来制造广告轰动效应，但事情的发展却出人预料。一番豪华装修后，6 位研究生就各自回到学校，忙于功课，店堂内经常无人管理。附近居民表示："味道不好，分量不足，吃不饱。"

不久，由于面馆长时间处于无人管理和经营欠佳的状况，投资人已准备公开转让。这家当初在成都号称"第一研究生面馆"的餐馆仅仅经营了 4 个多月，就不得不草草收场。

问题： 从创业三要素角度分析此案例创业失败的原因。

实训 2：测试你的创业精神

请你根据自己的第一印象，从下面的题目中选出符合自己情况的答案。

1. 假设你面前有一瓶能预测未来的魔法药水，喝掉一整瓶就会知道自己一生所有的事情，你会如何对待这瓶药水？

A. 一饮而尽　　　　　B. 只喝一点儿

C. 喝一半　　　　　　D. 不喝

2. 你听到"创业的定义是什么"这一问题时的第一反应是什么？

A. 马上翻书或看讲义

B. 马上思考和回忆之前讲的概念

C. 马上闪现某个熟悉的案例或创业领袖

D. 马上想到身边的某个人、某件事、某个场景……

3. 假如自己所在的小组因某人违规被罚，你会：

A. 觉得无所谓，罚不罚与我无关

B. 觉得这人太可恶，连累我们小组整体成绩

C. 觉得没关系，我们还可以共同努力

D. 我一定要把被罚的赢回来

4. 现在，有以下 4 个创业机会，你会优先选择哪一个？

A. 学校门前开网吧，利润丰厚

B. 开办一家培训学校

C. 开网店或微店

D. 成立一家帮助贫困生就业的公司

分数统计：按以下选项的得分进行计分。

第 1 题：A=2　B=3　C=1　D=0

第 2 题：A=0　B=1　C=2　D=3

第 3 题：A=0　B=1　C=3　D=2

第 4 题：A=0　B=2　C=1　D=3

结果说明：得分在 6 分以上，说明同学们具备基本的创业精神，可以通过学习和历练，开启自己的创业之旅。

第 2 章

培养创新能力

本章概要

本章讲授创新的概念，创新的基本属性，创新素质的培养和创新意识的激发，介绍八大创新原理，头脑风暴法、奥斯本检核表法、六顶思考帽三种创新方法，通过创新理论的学习，进一步提升大学生创新创业能力。

重点难点

1. 重点：创新思维的训练。
2. 难点：创新原理和创新方法的应用。

学习要求

1. 知识目标：了解创新有关知识和创新原理。
2. 能力目标：掌握创新原理，灵活运用创新方法，提升创新创业能力。
3. 素质目标：具备创新意识与创新思维。

案例导入

清华博士发明了国内独家空气洗手装置

项目名称：空气洗手装置

项目提炼：以雾化式洗手代替水流量较大的洗手装置

痛点：解决了节水排污的难题痛点，相比传统清洗方式，空气洗手节水 90% 以上，且能带来很好的清洗效果和清洗体验。

壁垒：公司拥有国内独家从 0 到 1 的压力立体雾化技术，已申请实用新型专利 7 项，发明专利 5 项。

李启章团队成员通过实验数据得出在洗手过程中，只有不到 5% 的水是用于溶解手上的污渍，而超过 95% 的水其实都是用于冲走这些污渍。从原理上来说，用空气代替水流来完成洗手的这个想法完全有可能实现。经过检测不同工况下不同污渍的清洗效果，团队验证了这个方向的可行性。最终，经历了无数次的反复、彷徨、失败，实验团队历经将近两年的辛苦研发，第一台空气洗手装置终于在学校实验室研发成功。

该装置通过雾化效果的优化——高速气流代替水发挥清洗过程的机械作用带走污渍，细密的水雾发挥溶解作用，两者协同完成高效清洗，实现 90% 的平均节水率。一个普通红外感应水龙头正常出水量在 6 升 / 分钟左右，按照大多数公共场所一天的洗手时间约为 1 个小时计算，单个水龙头用水量约为 130 吨 / 年。而空气洗手装置的水流量为 0.35 升 / 分钟，仅 1 台空气洗手装置即可实现每年节约用水约 120 吨，同时还能减少等量的污水排放。产品先后斩获了由中国工程院、美国国家工程院、英国皇家工程院联合主办的第二届全球重大挑战峰会唯一金奖，以及第 44 届日内瓦国际发明展最高金奖与特别大奖。

国内外专家对这款高节水率洗手装置的商业价值和社会价值的肯定，让团队成员进一步思考，既然这款装置真的有价值，为什么不将它做成实实在在的产品，让它真正走进人们的生活中去呢？

李启章团队在 2016 年 1 月正式开始了创业之路，注册了公司——沐羽科技。在第一代产品重力驱动空气洗手装置的基础上，团队进一步研发出了更具市场普适性的第二代产品——电力驱动空气洗手装置，其耗电功率从 300 瓦降低到了 80 瓦。简单来说，如果传统的洗手过程消耗 10 元水费，使用电力驱动空气洗手装置则只需消耗 1 元水费和 0.7 元电费。对于绝大多数公共场所而言，都可以在装置投入使用后的半年内收回所有成本，经济效益十分突出。同时，在使用方面，产品的使用过程与传统红外感应水龙头完全一致，不需要培训用户新的使用习惯。在安装方面，装置的外形与普通的洗手水龙头没有什么差别，无须进行任何加工改造就可以完美适配目前市场上几乎所有的洗手台。

资料来源：引自 http://m.sohu.com/a/240612086_465604，有删改。

2.1　创新概述

【创业名言】

做出重大发明创造的年轻人，大多是敢于向千年不变的戒规、定律挑战的人，他们做出了大师们认为不可能的事情来，让世人大吃一惊。

——费尔马

创新能力 = 个体的潜在创造力 ×（创造性人格 + 创造性思维 + 批判性思维 + 创新方法）× 知识量^2。

——佚名

2.1.1 创新概念

1. 创新的概念

中文"创新"一词，最早见于《魏书》："革弊创新者，先皇之志也。"(《魏书》卷六十二)后世古籍中又数次出现"创新"一词，都大抵与"革新"同义，主要是指改革制度。《辞海》里讲"创"是"始造之也"，首创、创始之义；"新"是"初次出现，与旧相对"，有"才、刚"之义。

创新是指以现有的思维模式提出有别于常规或常人思路的见解为导向，利用现有的知识和物质，在特定的环境中，本着理想化需要或为满足社会需求，而改进或创造新的事物、方法、元素、路径、环境，并能获得一定有益效果的行为。"创新"有三层含义，一是舍弃旧的、创造新的；二是在现有的基础上改进更新；三是创造性的新想法。

2. 熊彼特创新理论

美国经济学家熊彼特于 1912 年最先在德文版《经济发展理论》一书中提出了"创新理论"，成为创新理论研究的鼻祖。他认为所谓创新就是要"建立一种新的生产函数"，即"生产要素的重新组合"，把一种从来没有的关于生产要素和生产条件的"新组合"引进生产体系中去，以实现对生产要素或生产条件的"新组合"。熊彼特创新理论的最大特色，就是强调生产技术的革新和生产方法的变革在经济发展过程中至高无上的作用。

熊彼特进一步明确指出"创新"的五种情况。

(1)采用一种新的产品。新的产品也就是消费者还不熟悉的产品或一种产品的新的特性。

(2)采用一种新的生产方法。新的生产方法也就是在相关制造部门中尚未通过经验检定的方法，这种新的方法绝不需要建立在科学新发现的基础之上，并且可以存在于商业上处理一种产品的新的方式之中。

(3)开辟一个新的市场。新的市场也就是有关国家的某一制造部门以前不曾进入的市场，不管这个市场以前是否存在过。

(4)新的供应来源。掠取或控制原材料或半制成品的一种新的供应来源，不问这种来源是已经存在的，还是第一次创造出来的。

(5)新的组织形式。实现任何一种工业的新的组织，比如造成一种垄断地位，或打破一种垄断地位。

【课堂练习 2-1】创新举例：根据熊彼特创新理论，从产品创新、技术创新、市场创新、资源配置创新、组织创新五个方面进行举例。

2.1.2 创新的基本属性

1. 创新的自然属性——与生俱来

比尔·盖茨说："人与人之间的区别，主要是脖子以上的区别——大脑决定一切。"

由此可见，脑力劳动是人类社会的主要劳动形式，一切知识均来自人脑的认知、创新与驾驭。大脑是创新的发动机。人的一切心理现象或者创新意识、创新精神等都是人脑的一种基本功能，是人类自身进化过程中自然形成的客观禀赋。创新的过程也是人类脑力劳动的过程。

2. 创新的本质属性——人人皆有

创新是人的本性，是人类与自然交互影响中形成的一种自然禀赋。人们都以为成绩良好、聪明伶俐、有天赋的人才能成为创新人才，而那些学习成绩一般的人不可能成为杰出的发明家。事实是，创新是不分智力、学历、成绩、时间、地点等的，只要想创新，有创新思维，并能认真去探索、实践，人人都可以进行创新。创新思维是可以通过后天培养形成的，从这一点说，人人都能拥有创新思维，都可以进行创造、创新。"天生其人必有才，天生其才必有用；人乏全才，扬长避短，人人成材。"

3. 创新的潜能属性——潜力巨大

创新能力是每个正常人所具有的自然属性与内在潜能，普通人与天才在创新上没有太大的差距。创新并非高深莫测、高不可攀，创新能力与其他能力一样，是可以通过教育、训练而激发出来的，人人都有创新的潜能，人的创新潜能一旦被某种因素激活或被教育引导，都可能爆发巨大的创新能量，发挥惊人的创造力量。人的创新能力在实践中不断提高发展，成为人类共有的可开发的财富，是取之不竭、用之不尽的"能源"。

2.2　创新素质与创新意识

【创业名言】

人可以老而益壮，也可以未老先衰，关键不在岁数，而在于创造力的大小。

——卢尔卡尔斯基

如果你要成功，你应该朝新的道路前进，不要跟随被踩烂了的成功之路。

——洛克菲勒

发表自己的不正确的意见，要比叙述别人的一个真理更有意义；在第一种情况下，你才是一个人，而在第二种情况下，你不过是只鹦鹉。

——陀思妥耶夫斯基

2.2.1　创新对大学生的意义

创新是成为高新人才应具备的基础素质，也是新时代的一张通行证。大学生缺乏创新就会缺乏竞争力，更谈不上自身价值的提升。因此，创新的重要性是每位大学生都不可忽视的。

创新对大学生个体品格的养成起着重要作用，因为它激发的是一个人最具价值的能力和向人生更高层次发展的直接动力。创新素质教育不仅仅是大学生个体成长的内在与长远需要，更是我国各项事业得以迅猛发展的前提和保障。

1. 创新是大学生获取知识的关键

在知识经济时代，如何对知识进行选择、整合、转化、运作，这比单纯的知识学习显得更为重要。大学生最需要掌握的是那些涉及学科交叉、概括程度高、迁移程度高的"核心"知识，而这些知识的学习不能仅仅靠教师的言语讲授获得，还需通过学生发挥主观能动性，提升创新能力，通过自身"构建"和"再创造"获得。

2. 创新是大学生终身学习的保证

随着招生人数的增多，高等教育正在由精英教育向素质教育、阶段教育向终身教育转变，学习将成为人类生存、竞争、发展、完善的基础和需要。随着知识信息丰富和知识更新周期的缩短，大学生的社会职业呈现多元化趋势。大学毕业生要根据自身和外部条件，运用创新思维，不断完善知识和能力结构，提升自己的学习能力，完善自我，为终身教育积攒能力。

3. 创新决定大学生的未来

创新能体现一个人的综合能力，它是以丰富的文化沉淀、高度综合化的知识、个性化的思维和奋斗的精神状态为基础的。是否具备创新思维，将影响人的职业和人生发展；创新能力的高与低，将影响人的事业成就。古往今来，那些取得成就、获得成功的人，都具有很强的创新思维能力。他们凭借聪明才智、创新能力、奋斗精神取得了事业上的成功。创新思维的水平决定着一个人的勇气、胆识以及谋略水平。大学生准确了解、把握自己创新思维能力的高低，有助于更好地进行职业定位及人生目标的设计。

2.2.2　大学生创新素质的培养

在现代人才的规格和素质要求中，创新能力被认为是一个人的知识、能力的最高水平，是未来人才素质的重要组成部分。创新能力将很快成为适应信息社会快速变化和高度竞争性的可行能力。

在知识经济时代，大学生成为加速中国知识经济发展的支柱。由教育部制订的《面向 21 世纪教育振兴行动计划》中，把在教育教学中培养学生的创新意识和创新能力放在重要位置，客观上为提高大学生创新能力提供了一个有力的支持。但从根本上讲，培养和提高大学生的创新能力，除了要有良好的教育环境支持外，更重要的是要让学生自己从以下几个主观方面入手。

1. 培养创造性人格

人格是指一个人在后天的活动中逐渐形成的习惯和行为，包括一个人的处事原则、态度和活动方式三个基本要素。创造性人格是一个人对事物的态度，具有创新活动所必需的正常、健康的心理，其特征主要表现如下。

（1）有高度的自主性和独立性，不守旧；

（2）充满幻想，敢于大胆的假设，敢于冒险，善于抓住机遇；

（3）思维灵活、敏捷；

（4）对知识有强烈的渴望和好奇心，兴趣广泛；

（5）具有坚韧不拔的毅力和科学的探索精神。

2. 培养探索问题的敏感性

大学生具有对新事物的好奇心和敏锐的观察力，勤于动脑，善于思考，多问一些"为什么"，能及时发现新事物的发展方向，并抓住创新的机会。

（1）养成独立思考问题、解决问题的习惯。缺乏独立思考能力的大学生是很难有创新意识和创新作为的。爱因斯坦曾说："发展独立思考和独立判断能力，应当始终放在首位，而不应当把获得专业知识放在首位。"由此可见，独立思考能力对于创新具有重要的意义。假如没有独立思考，爱因斯坦就不会发明"相对论"。

（2）保持良好的竞争心态。大学生应该在日常的学习生活中积极参与竞争，在竞争中发现自己的不足，找到差距，促进自我提升。

3. 消除主观障碍

大学生创新思维发展的障碍包括传统观念的束缚、批判性学习的缺失和自我主见过于突出，这些都是大学生需要克服和消除的。

人们的思维常常被传统的理论、思想和方法束缚。大学生在思考问题时总是过于依赖教科书，迷信学术权威的观点，不能有效辨别意见，这阻碍了他们的创造性思维。因此，在探索活动中，大学生应该突破传统观念的束缚，反思传统的学术观点。

任何创新都是基于继承，源于继承。虽然拥有丰富的知识基础可以促进人们的创新思维活动，然而在学习过程中，如果只是机械地复制别人的知识，就会极大地阻碍创造性思维的发展。因此，大学生应该保持批判性思维，批判性地继承前人的知识，这也就意味着创新活动的真正开始。

大学生应克服固执、偏见、过分依赖、过分谨慎、过分谦虚等。这些因素在一定程度上会阻碍大学生创造性思维的发展。

4. 努力学习，奠定知识基础

（1）努力学习和掌握丰富的基础理论知识，学会融会贯通、化知为创、知为创用。

（2）努力拓宽知识面的同时，强化知识的系统性和整体效应。大学生除了要学好专业知识，还应对社会、经济、政治等方面的知识有所了解，掌握与专业相关的学科知识和技术要领，并注重各学科知识间的交叉、渗透与综合。

（3）保持大量的新知识储备。大学生应关注最新的理论、技术和信息，不断探索新知识，努力掌握社会、文化、科学技术的前沿动向。

5. 掌握创新方法

培养并提高大学生创新能力的关键是学习和掌握科学创新理论与方法。科学家经过长期科学创新实践探索，研发的科学创新理论对培养大学生创新能力具有重要的指导意义。大学生一方面要把握辩证唯物主义世界观和方法论，遵循辩证唯物主义的认识路径，正确地用认识论指导实践，有效提升创新活动的成功率；另一方面，要了解创新的原则、内部机制、基本过程、发展方向和内容，掌握如何进行跨学科研究及其规律，提高科研能力。此外，大学生还应学会运用发散思维、收敛思维、逆向思维、联想思维和类比思维等创新思维方法。最后，大学生必须学会掌握科学的创新技术，如奥斯本检验表法、5W1H 方法等。

2.2.3 训练创新思维

1. 转换思维视角，突破思维障碍

在创新过程中，应特别注意思维定式的消极影响，尽量防止或减少已有的思维定式可能产生的束缚作用。为了更好地克服习惯性思维，主要方法有如下四种。

（1）排除"以往经验"的束缚。以往的经验有时会阻碍解决问题的思路。凭以往的经验办事，有时甚至会导致错误。因为有些经验在某种情况下，会在同学们的心理上形成一个"盲点"，使人们对事物产生错误的判断。例如，由于发现青霉素而获得 1945 年诺贝尔医学奖的英国细菌学家弗莱明，他之所以成功就是因为研究事物能摆脱经验的束缚，把熟悉的事物有意识地看作是陌生的，并不轻易放过它，结果发现了青霉素，为人类做出了伟大贡献。

【课堂练习 2-2】你有哪些计算方法？

如果你能把一张正方形的纸反复对折 50 次，那么厚度是多少？

（2）不要受学术权威"结论"的束缚。同学们在日常学习生活中，如果发现其中某个问题已有专家的定论，往往就会终止探讨，而以专家的结论为准。然而，这样做是不严格和不科学的。因为专家的有些结论不一定正确。这时，大学生应该针对问题深入研究下去，得出自己的研究结果，然后再和专家的定论相比较。如果自己的研究结果与专家的定论有出入或者相悖，这时切不可盲目迷信权威，而放弃自己的研究成果。正确的做法应该是严格地、仔细地检查自己的研究过程，看是否有哪个环节或步骤出现了错误。如果没发现错误，重复研究考证仍然与自己的结论相一致时，就决不能被专家的"结论"束缚住，必须树立勇气，敢于质疑权威。

【课堂练习2-3】你如何回答？

爱因斯坦创建相对论后，1930年德国出版了一本批判相对论的书《100位教授出面证明爱因斯坦错了》，请你回答爱因斯坦是怎样对待的？

（3）摆脱从众思维定式的束缚。在实际生活中，大多数人都可能因为从众心理而陷入盲目性，明明经过稍加独立思考就能正确决策的事，偏偏跟着大家走弯路，这就是从众型的思维定式。形成从众思维的原因，一部分是思想懒惰、肤浅的结果，但在很大程度上是意志力薄弱的结果。正是这种思维定式，使我们胆小怕事，不敢为天下先，抑制了创新的敏感和勇气。

【课堂练习2-4】只要爬楼梯就会损伤膝盖是真的吗？

我们经常听说爬楼梯是一种简便的运动方式，所以不少白领都会放弃电梯，就为了爬楼梯减肥。但近期网上有传言称：只要爬楼梯就会损伤膝盖。这是真的吗？

（4）弱化书本型思维定式。有的人认为，书本上写的就都是正确的，遇到难题先查书，如果自己发现的情况与书本上不一样，那就是自己错了。在这些错误认识的指导下，有的人书上没有说的不敢做，书上说不能做的更不敢做；对读书比自己多的人说的话完全相信，一点也不敢怀疑。这就极大地阻碍了人们去纠正前人的失误，开展新的探索。

【课堂练习2-5】你被书误导过吗？

请大家谈谈自己死读书出错的经历。

2. 相对收敛思维，拓展发散思维

收敛思维又称"聚合思维""求同思维""辐集思维"或"集中思维"，是指在解决问题的过程中，尽可能利用已有的知识和经验，把众多的信息和解题的可能性逐步引导到条理化的逻辑序列中去，最终得出一个合乎逻辑规范的结论。收敛思维的特点是使思维始终集中于同一方向，使思维条理化、简明化、逻辑化、规律化。收敛思维也是创新思维的一种形式，与发散思维不同。发散思维是为了解决某个问题，从这一问题出发，想的办法、途径越多越好，总是追求还有没有更多的办法。而收敛思维也是为了解决某一问题，在众多的现象、线索、信息中，朝着问题的一个方向去思考，根据已有的经验、知识或发散思维中针对问题的最好办法去得出最好的结论和最好的解决办法。

【课堂练习2-6】成语比赛：请在5分钟内尽可能多地写出带有数字一至十的词汇如"一心一意"等，写得最多又无错误的为优胜。

3. 相对正向思维，开发逆向思维

逆向思维是指与一般思维方向相反的思维方式，也称反向思维，有人称"倒过来

想"。逆向是与正向比较而言的，正向是指常规的、常识的、公认的或习惯的想法与做法。逆向思维则恰恰相反，是对传统、惯例、常识的反叛，是对常规的挑战。它能够克服思维定式，破除由经验和习惯造成的僵化的认识模式。任何事物都具有多方面属性。由于受过去经验的影响，人们容易看到熟悉的一面，而对另一面却视而不见。逆向思维能克服这一障碍，利用事物的另一面，逆向思维可以获得意想不到的效果。

逆向思维的形式分为原理逆向、功能逆向、结构逆向、属性逆向、程序逆向或方向逆向、观念逆向等。

【课堂练习 2-7】如何取水？

假设有一个池塘，里面有无穷多的水。现有 2 个空水壶，容积分别为 5 升和 6 升。问题：是如何只用这 2 个水壶从池塘里取得 3 升的水。

4. 相对纵向思维，培养横向思维

横向思维是指突破问题的结构范围，从其他领域的事物中得到启发而产生新设想的思维方式。之所以称之为横向，是因为逻辑思维的思考形态是垂直纵向的，而横向思维则可以创造多点切入，甚至可以从终点返回起点式的思考。具有这种思维特点的人，思维面都不会太窄，且善于举一反三。有一个形象的比喻，这种思维就像河流一样，遇到宽广处，很自然地就会蔓延开来。

【课堂练习 2-8】如何解决游客问题：游客有时会从帕特农神庙的古老立柱上砍下一些碎片，雅典当局对此非常关心，虽然这种行为是违法的，但是这些游客仍旧把它作为纪念品带走。当局如何才能阻止这一行动呢？

5. 相对抽象思维，唤醒形象思维

形象思维主要是指人们在认识世界的过程中，对事物表象进行取舍时形成的，是只用直观形象的表象，解决问题的思维方法。形象思维是指人们在形象信息所传递的客观形象体系中进行感受、储存以后，结合个人主观的认识和情感进行审美判断和科学判断等的识别，并用一定的形式、手段和工具（包括文学语言、绘画线条色彩、音响节奏旋律及操作工具等），继而去创造和描述形象（包括艺术形象和科学形象）的一种基本思维形式。

【课堂练习 2-9】画出你的"爱"。

请你用简单的图画表达"爱情"的含义。

6. 改变海绵式思维，强化批判性思维

海绵式思维风格类似于海绵和水的相互作用：吸收。海绵式思维不能够提供一种方法来确定哪些信息和观点值得相信，哪些应该反对。如果一个人始终依赖于海绵式思维，那么他将始终相信其最后接收的信息。这意味着所做出的决定不是慎重判断的结

果，而只是一个偶然的联想。

批判性思维可以弥补海绵式思维的不足，这种思维方式可以帮助人们对于自己所做的决策进行言之有据的反省。批判性思维是自我指导、自我规范、自我检测和自我校正的思维方式。它不是一门学科，而是一门训练人们如何成为优秀思考者的教导性和技艺性的学问。好的批判性思考者应当具有批判精神和理性美德，具有好的思维品质和思维技能。

【课堂练习2-10】在过去的20年里，科幻类小说占全部小说的销售比例从1%提高到了10%。其间，对这类小说的评论也有明显的增加。一些书商认为，科幻小说销售量的上升主要得益于有促销作用的评论。

以下哪项如果为真，最能削弱题干中书商的看法？

A. 科幻小说的评论，几乎没有读者。

B. 科幻小说的读者中，几乎没有人读科幻小说的评论。

C. 科幻小说评论文章的读者，几乎都不购买科幻小说。

D. 科幻小说评论文章的作者中，包括著名的科学家。

E. 科幻小说的评论文章的作者中，包括因鼓吹伪科学而臭了名声的作家。

7. 相对逻辑思维，培养直觉思维

直觉思维是指不受某种固定的逻辑规则约束而直接领悟事物本质的一种思维形式。它是根据对事物的生动知觉印象，直接把握事物的本质和规律，是一种高度省略和减缩了的思维。

直觉思维并不按照通常的逻辑规则按部就班地进行，它既不是演绎式的推理，也不是归纳式的概括。直觉思维主要依靠想象、猜测和洞察力等非逻辑因素，直接把握事物的本质或规律。它不受形式逻辑规则的约束，常常是打破既有的逻辑规则，提出一些反逻辑的创造性思想，如爱因斯坦提出的"追光悖论"；它也可能压缩或简化既有的逻辑程序，省略中间烦琐的推理过程，直接对事物的本质或规律做出判断。

【课堂练习2-11】1.三个角剪去两个角，还剩几个角？ 2.有四盒刚买来的粉笔，两盒白的，两盒红的。如果你闭着眼睛，打开盒盖，从盒子里取出两支白色的和两支红色的粉笔，那么怎样能保证取出的粉笔正确无误？

8. 突破思维僵持，激发灵感思维

灵感思维也称顿悟。它是人们借助直觉启示所猝然迸发的一种领悟或理解的思维形式。运用灵感思维从事创新活动时，大致要经过"悬想""苦索"和"顿悟"三个阶段。"悬想"是初始准备阶段，"苦索"是研究阶段，"顿悟"是最后阶段，由此启动了灵感而恍然大悟、大获成功。

【课堂练习2-12】设计一款新笔，请从自然界、生活中寻找形象。

延伸阅读

"从 0 到 1" 和 "从 1 到 100"

在"创客峰会 & 正和岛全球创新大集"活动上，身为中国机器人产业的领军人物的曲道奎，分享了自己对于创新、创业的见解。

我们可以这样来看创新和创业的关系："从 0 到 1" 和 "从 1 到 100"。

从 0 到 1 是创新，更像是在"点"上实现了突破。从突破了一项技术，突破了一项原理，形成了自己的核心产品。从 0 到 1，就是从无到有。

以色列在这方面做得最好。由于地域的限制，资源的缺乏，国内生产要素不齐备，所以犹太民族非常重视文化与科技。从 0 到 1，以色列做得最多。一般是几个人到几十个人做小量级产品，然后整个卖给别人。现在，中国成了以色列创新产品的主要输出国。

从 1 到 100 是创业，在创新的基础上，我们有了 1，怎么到 100？这是一个系统的问题，需要大量的资源集聚和有效配置，难度更大。这时候需要的就已经不是个人的能力，而是综合竞争力。在座的各位搞创新创业，千万不要从 0 直接做到 100，那样很可能是"作死"。首先要把两个关系搞清楚，看你在从 0 到 1、从 1 到 100 的区间内选择什么，以及你自己的核心特点是什么。

还有一点，从 1 到 100 要看产业发展的驱动方式。现在的驱动已经不再靠单一要素。我们总是说创新驱动，但创新不是唯一的要素，更多的还有资金和市场的要素，当下要求创新和后两者要紧密结合起来。

资料来源：引自 http://www.cneo.com.cn/article-92215-1.html，有删改。

2.3 创新原理与创新方法

【创业名言】

我们的科学史，只写某人某人取得成功，在成功者之前探索道路的，发现"此路不通"的失败者统统不写，这是很不公平的。

——爱因斯坦

一些陈旧的、不结合实际的东西，不管那些东西是洋框框，还是土框框，都要大力地把它们打破，大胆地创造新的方法、新的理论，来解决我们的问题。

——李四光

太平之世无所尚，所最尚者工而已；太平之世无所尊，所尊贵者工之创新器而已。

——康有为

2.3.1　创新原理

1. 综合原理

综合原理就是在分析各个要素基本性质的基础上，综合其可取的部分，使综合后形成的整体具有优化的特点和创新的特征。比如，坦克的发明就是综合了拖拉机、装甲和机枪与火炮的优点，从此结束了用步兵冲锋进攻机枪堑壕阵地的习惯做法。看病时中西医结合疗效好，就是综合中医和西医的优点。

【课堂练习 2-13】举出生活中利用综合原理的例子。

2. 组合原理

组合原理是将两种或两种以上的学说、技术、产品的一部分或全部进行适当叠加和组合，用以形成新学说、新技术、新产品的创新原理。组合既可以是自然组合，也可以是人工组合。比如，碳原子的排列不同，导致金刚石和石墨的物理性质有很大差异；把橡皮和铅笔组合在一起就成了带橡皮的铅笔。

【课堂练习 2-14】举出生活中利用组合原理的例子。

3. 移植原理

移植原理是把一个研究对象的概念、原理和方法运用于另一个研究对象并取得创新成果的创新原理。移植原理的实质是借用已有的创新成果进行创新目标的再创造。比如，超导技术具有能提高强磁场、大电流、无热耗的独特功能，可以移植到许多领域：移植到计算机领域可以研制成无功耗的超导计算机，移植到交通领域可研制磁悬浮列车，移植到航海领域可制成超导轮船，移植到医疗领域可制成核磁共振扫描仪等。又如，陀螺仪稳定技术应用到机动车上就能创造出永远撞不到的汽车、摩托车等。

【课堂练习 2-15】举出生活中利用移植原理的例子。

4. 换元原理

换元原理是指创造者在创新过程中采用替换或代换的思想或手法，使创新活动内容不断展开、研究不断深入的原理。通常指在发明创新过程中，设计者可以有目的、有意义地去寻找替代物。比如，用铝制品替代木材制作家具、厨具，抗洪时用水袋替代沙袋堵洪水。

【课堂练习 2-16】举出生活中利用换元原理的例子。

5. 逆反原理

逆反原理就是打破头脑中常规思维模式的束缚，对已有的事物持怀疑态度，从相反的思维方向去分析、去思索，去探求新的发明创造。比如，变顺着想为倒着想，从事物的对立面出发去想，换位思考等。

【课堂练习 2-17】第二次世界大战期间，苏军要向德军发起偷袭，摧毁敌方防线。查看一周内的天气预报发现有一天晚上是阴雨天，非常适合进攻，于是便将偷袭定在当晚。可就在一切准备就绪时，当晚的天气却由阴转晴，此时出击，定被德军发现。如果与德军正面交火，无疑是以卵击石。如果你是苏军指挥官，你该怎么办？

6. 榨取原理

榨取原理是对在时间或空间上存在闲置现象的物品进行改进或创新，进而使该物品能得到充分利用。比如，多功能沙发，白天是沙发，晚上是床；双层床等。

【课堂练习 2-18】举出生活中利用榨取原理的例子。

7. 迂回原理

迂回原理是遇到许多暂时无法解决的问题时，另辟蹊径。暂停在某个难点上的僵持状态，不要钻牛角尖、走死胡同。有时通过解决侧面问题或外围问题以及后继问题，可能会使原来的未知问题迎刃而解。比如，把水冻成冰从而实现竹篮打水。

【课堂练习 2-19】举出生活中利用迂回原理的例子。

8. 分离原理

分离原理是把某一创新对象进行科学的分解和离散，创造出全新的概念和全新的产品。比如，红绿灯、立交桥、带拉链的鞋帮。

【课堂练习 2-20】举出生活中利用分离原理的例子。

延伸阅读

创新思维与创业

1. 突破

创新思维就是要找到解决问题的突破口，抓住问题的本质。江南春，分众传媒的创始人。一个偶然的机会，他看到电梯门上贴着小广告，从中发现楼宇电梯口这个特定地点的广告价值，想出在电梯旁安装广告视频的办法，于是成立分众传媒，创造出楼宇视频广告的新商业模式。

2. 新颖

通过独特的视角思考问题和解决问题。例如，1 毫米救活一家牙膏公司。某牙膏公司营业额连续十年递增，在第十一年出现了下滑。为救活企业，一位年轻经理给总裁递了一张纸条。纸条上只写了一句话：将牙膏管开口扩大 1 毫米。人们每天早晨习惯挤出同样长度的牙膏，牙膏管开口扩大 1 毫米，每个人就多用了 1 毫米宽的牙膏。这样，每天牙膏的消费量将多出许多！扩口后，公司的营业额增加32%。

3. 灵活

创新创业思维有法但无定法。人们可以自由想象，没有固定套路。美国艾士隆公司董事长布希耐偶然看到几个小孩在津津有味地玩一只非常丑陋的昆虫。他顿时灵机一现，联想到：丑陋玩具可以突破人们的常规审美，消除审美疲劳。于是他让公司研制一套"丑陋玩具"，并迅速将其推向市场。思路一变天地宽。"丑陋玩具"项目给公司带来了巨大收益，并在美国掀起"丑陋玩具"的热潮。

4. 求异

求异不是盲目标新立异、奇思异想，而是实事求是地寻求新的解决问题的办法和思路。王老吉的成功便是一例。它避开同百事可乐等饮料巨头的直接碰撞，在选择传统营销渠道的基础上，同时进入了餐饮店、酒吧等场所，找寻自己独立的生存空间，开辟了营销渠道的蓝海。

资料来源：根据"王文生. 简述创新创业思维的内涵及培养策略 [J]. 湖北函授大学学报，2016（9）：1-2."，有删改。

2.3.2　创新方法

1. 头脑风暴法

（1）头脑风暴法简介。头脑风暴法作为一种开发创造力的技法，是由现代创造学的创始人、美国学者亚历克斯·奥斯本于1938年首次提出，1953年正式发表的一种激发创新思维的方法，是世界上最早付诸实施的创新技法。其原意是指精神病患者头脑中短时间出现了思维紊乱现象，即患者会产生大量的胡思乱想。奥斯本借用这个概念来比喻思维高度活跃，打破常规，从而产生大量创造性设想的状况。

头脑风暴法实际上是一种集思广益的群体创新方法。其特点是让与会者敞开思想，打破常规，产生大量创造性设想，并使各种设想在相互碰撞中，激起脑海中的创造性风暴。因此头脑风暴法是针对某一特定问题，通过召开特殊专题会议的形式，使不同专业与背景的人员互相交流、互相启迪、互相激励、互相修正、互相补充、集思广益，从而产生大量新设想，并最终求得新创造、新构思的集体性发散技法。头脑风暴法经各国创造学研究者的实践和发展，已经形成了一个发明技法群。头脑风暴法被广泛地应用于各行各业。在商业上，头脑风暴法得到了成功的运用与发展，并且在许多需要创造性思维的领域中得到了拓展。在教育领域，英国"英特尔未来教育学家"通过聚集成员自发提出的观点，已产生一个新观点，使成员能够互相帮助，进行合作式学习，并且在学习的过程中取长补短、集思广益、共同进步，进而产生一种新的教学法——头脑风暴教学法。头脑风暴法是一种名副其实的集思广益法，集思广益并没有什么高深的道理，问题在于如何有效地做到集思广益。

开会是一种集思广益的办法，但并不是所有形式的会议都能达到让人敞开思想、畅所欲言的效果。奥斯本的贡献就在于找到了一种能有效地实现信息刺激和信息增值的操作规程，使每个参与者在决策的过程中思想相互冲击，迸发出火花，进而给出创造性的问题解决方案。头脑风暴法适用于解决那些比较简单、严格确定的问题，比如产品名称、广告口号、销售方法、产品的多样化研究等，以及需要大量的构思、创意的行业，如广告业。

（2）头脑风暴法的原则：臭皮匠协定。一项创新，大都先有一个创意。想法越多，创新的方式越多，成功的可能性就越大。常言道"三个臭皮匠，抵个诸葛亮""哪怕是不高明的射手，枪打多了也会有射中目标的时候"。头脑风暴是通过相互激励、相互鼓励、相互补充等，让一个团队在短时间内"激发"每个人的创造力，引起连锁反应（共振效应），产生尽可能多的创意。

以会议形式对与会者进行头脑风暴，可以创造积极的思维，激发联想，创造良好的环境，充分激发每个人的智慧，为解决这些问题提供大量新思路。同学们在使用头脑风暴法时要掌握以下基本原则。

一是自由畅想原则。头脑风暴法的基本原则体现了该方法的理论依据，此原则要求与会者敞开思想，不受任何已知条件、熟知的常识和已知真理、规律的束缚，从多个角度或相反的角度来考虑问题。坚持开放和独立的思想，畅所欲言，敢于提出看似荒诞的想法。

二是延迟评价原则。在讨论问题的过程中，过早地判断和评价是非常有害的，会使许多新的想法消失。首先，开始形成的新思想是不完整和脆弱的，要留出足够的时间来完善它们。其次，一个想法也可能引发另一个想法，若不让"母亲"存在，其后代也不复存在。有人说，过早的判断是创造力的克星，而延迟的判断可以在集体解决方案中产生 90% 的想象。延迟评价包括自歉性的表白、否定性的评论以及肯定性的赞语。

三是以量求质原则。通常，最初的假设不太可能是最好的。实验表明，想象力的后半部分的价值比前半部分高 78%。

四是综合改善原则。奥斯本曾经指出，综合就是创造，最有意思的组合大概是设想的组合。会议鼓励与会者"借题发挥"，对别人的设想补充完善成新的设想。会后对所有设想还要做综合改善的工作。此外，头脑风暴法还有限时限人的要求。

（3）头脑风暴法的实施要点。首先要有主持人，头脑风暴的主持工作，最好由对决策问题的背景比较了解且熟悉头脑风暴法的处理程序和处理方法的人担任。主持者应能激发参与者的思考"灵感"，促使参与者觉得有必要回答会议提出的问题。通常在头脑风暴开始时，主持者需要采取询问的做法，创造自由交换意见的气氛，并激起参加者踊跃发言。主持者的主持活动仅限于会议的开始，一旦参与者被鼓励，新的想法就会不断涌现。这时，主持人只需要根据头脑风暴的各项原则来进行适当的指导即可。应该指出的是，发言的数量越大，观点越多样化，问题越深越广，就越有可能出现有价值的设想。

其次就是流程：对所有提出的设想编制名称一览表；用通用术语说明每一设想的要

点；找出重复的和互为补充的设想，并在此基础上形成综合设想；提出对设想进行评价的准则；分组编制设想一览表。

最后是质疑头脑风暴法的阶段，在决策过程中，还需要对上述直接头脑风暴法进行系统的建议和假设，采用质疑头脑风暴法进行完善。这是对上述直接头脑风暴法提出的系统化的方案和设想的现实可行性进行估价的一个专门程序，该程序分为以下几个阶段。

第一阶段，是要求参与者对每一项提案提出质疑，并进行全面的评估。评论的重点是研究有碍设想实现的所有限制性因素。在质疑的过程中，可能会有一些可行的新想法。这些新想法包括提出的理由、存在的局限性以及排除限制因素的建议。其结构通常是："×× 想法不可行，因为……如果要想可行，那就必须……"

第二阶段，是对每组或每个设想，编制一个评论意见一览表，以及可行设想一览表。质疑头脑风暴法应该遵循的原则和直接头脑风暴法是一样的，只是不允许对现有的假设进行肯定，同时鼓励批评和新的可行假设。在进行质疑头脑风暴法时，主持者应首先简明介绍所讨论问题的内容，扼要说明各种系统化的设想和方案，以便把参加者的注意力集中于对所论问题进行全面评价上。质疑过程一直进行到没有问题可以质疑为止。质疑中抽出的所有评价意见和可行设想，应专门记录或进行现场录音。

第三阶段，是对质疑过程中抽出的评价意见进行估价，以便形成一个对解决所讨论问题实际可行的最终设想一览表。评估的价值与对所讨论设想质疑一样重要。因为在质疑阶段，重点是研究有碍设想实施的所有限制因素，而这些限制因素即使在设想产生阶段也是要放在重要地位上予以考虑的。

由分析组负责处理和分析质疑结果。分析组应该吸收一些有能力且对实施做出准确判断的专家。如果须在很短的时间内做出决定，那么吸收这些专家是非常重要的。

实践经验表明，头脑风暴法可以消除折中方案，通过对所讨论问题的客观和连续分析，最终找到一套可行的解决方案。正是这种优势，使得头脑风暴法在军事决策和民事决策中得到了广泛的应用。例如，在美国国防部制订长期科技规划中，曾邀请50名专家采取头脑风暴法开了两周会议。参加者的任务是对事先提出的长远规划提出异议。通过讨论，美国国防部将原规划文件变为协调一致的报告，在原规划文件中，只有25% ~ 30%的意见得到保留，此案例很好地体现出了头脑风暴法对人们的价值。此外，头脑风暴法要求参与者有较好的素质。因为这些因素决定着头脑风暴法实施的效果。

【课堂练习 2-21】参考图 2-1、图 2-2，利用头脑风暴法，产生创业想法。

2. 奥斯本检核表法

奥斯本检核表法是一种以提问的方式，对现有的产品或服务从多个角度加以审核，进而形成新创意的方法。该方法针对某种特定的要求，制定检验标准，主要用于新产品的研发。奥斯本检核表法在引导创新的过程中，对照九个方面的问题进行思考，以便启迪思路，开拓思维想象的空间，促进人们产生新设想、新方案的方法。这九个方面的问题包括能否他用、能否借用、能否改变、能否扩大、能否缩小、能否代用、能否调整、能否颠倒、能否组合。

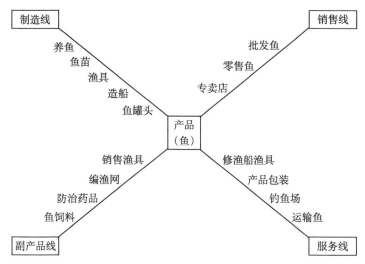

图 2-1 结构性头脑风暴法

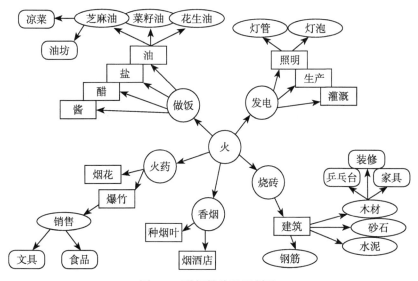

图 2-2 联想性头脑风暴法

（1）能否他用。现有的东西（如发明、材料、方法等）有无其他用途？保持原状不变能否扩大用途？稍加改变，有无别的用途？人们从事创造活动时，往往沿这样两种途径：一种是当某个目标确定后，沿着从目标到方法的途径，根据目标找出达到目标的方法；另一种则与此相反，首先发现一种事实，然后想象这一事实能起什么作用，即从方法入手将思维引向目标。后一种方法是人们最常用的，而且随着科学技术的发展，这种方法将越来越广泛地得到应用。某个东西还能有其他什么用途，还能有其他什么方法使用它？提问能使我们的想象活跃起来。当我们拥有某种材料，为扩大它的用途，打开它的市场，就必须善于进行这种思考。德国有人想出了 300 种利用花生的实用方法，仅仅用于烹调，他就想出了 100 多种方法。橡胶有什么用处？有家公司提出了成千上万种设想，如用它制成床毯、浴盆、人行道边饰、衣架、鸟笼、门扶手、棺材、墓碑等。炉渣有什么用处？废料有什么用处？边角料有什么用处？当人们将自己的想象投入这条广阔的"高速公路"上，就会以丰富的想象力产生出更多好的设想。

（2）能否借用。能否从别处得到启发？能否借用别处的经验或发明？外界有无相似的想法，能否借鉴？过去有无类似的东西，有什么东西可供模仿？谁的东西可供模仿？现有的发明能否引入其他的创造性设想之中？能否借用，就是将某些现有事物想一想能否借鉴、移植为别的用途、思路和技术等，其通常的做法是将其他发明方法用于新的发明和产品创新。发明创新面对的是新型未知的事物，仅凭自身苦思冥想，总有诸多局限与困难，那么现实世界的许多事物就是最好的老师，通过类比联想，找到可供借鉴启迪的思路与技术。通常所说的移花接木就是这个道理。

（3）能否改变。现有的东西是否可以做某些改变？改变一下会怎么样？可否改变一下形状、颜色、音响、味道？是否可改变一下意义、型号、模具、运动形式？改变之后，效果又将如何？能否改变，就是针对某些现有事物，想一想能否通过改变颜色、气味、声音、形状、结构等，达到创新的目的。以汽车为例，有时仅仅只是改变一下车身的颜色、外形，甚至是一些简单的内部结构，就会增加汽车的美感和舒适度，满足人们的个性化需求，进而增加销售量。

（4）能否扩大。现有的东西能否扩大使用范围？能不能增加一些东西？能否添加部件，拉长时间，增加长度，提高强度，延长使用寿命，提高价值，加快转速？针对某些现有事物想一想能否增加或扩大一些元素，或者使现有的元素的数值增加，比如功能、技术、寿命、部件、长度、宽度、厚度等，以实现创新。在自我发问的技巧中，研究"再多些"与"再少些"这类有关联的成分，能给想象提供大量的构思设想。使用加法和乘法，便可能使人们扩大探索的领域。

"为什么不用更大的包装呢？"——橡胶工厂大量使用的黏合剂通常装在 1 加仑⊖的马口铁桶中出售，使用后便扔掉。有位工人建议黏合剂装在 50 加仑的容器内，容器可反复使用，节省了大量马口铁。

"能使之加固吗？"——织袜厂通过加固袜头和袜跟，使袜子的销售量大增。

"能改变一下成分吗？"——牙膏中加入某种配料，成了具有某种附加功能的牙膏。

（5）能否缩小。缩小一些怎么样？现在的东西能否缩小体积，减轻重量，降低高度，压缩、变薄？能否省略，能否进一步细分？能否缩小，就是针对某一现有事物，想一想能否通过缩小或取消某些东西，甚至变小、变薄、减轻、压缩、流线化等。袖珍式收音机、微型计算机、折叠伞等就是缩小的产物。没有内胎的轮胎，尽可能删去细节的漫画，就是缩小、省略的结果。

⊖　1 英加仑 ≈ 4.546 升，1 美加仑 ≈ 3.785 升。

（6）能否代用。可否由别的东西代替，由别人代替？能否用别的材料、零件代替，用别的方法、工艺代替，用别的能源代替？可否选取其他地点？能否代用，就是寻找现有的事物代用品，以别的原理、别的能源、别的材料、别的元件、别的工艺、别的动力、别的方法、别的符号、别的声音等来代替。如在气体中用液压传动来替代金属齿轮，又如用充氩的办法来代替电灯泡中的真空，使钨丝灯泡提高亮度。通过取代、替换的途径也可以为想象提供广阔的探索领域。

（7）能否调整。从调换的角度思考问题。能否更换一下先后顺序？可否调换元件、部件？是否可用其他型号，可否改成另一种安排方式？原因与结果能否对换位置？能否变换一下日程？更换一下，会怎么样？如飞机诞生的初期，螺旋桨安排在头部，后来，将它装到了顶部，成了直升机，喷气式飞机则把它安放在尾部。这说明通过重新安排可以产生种种创造性设想。商店柜台的重新安排，营业时间的合理调整，电视节目的顺序安排，机器设备的布局调整……都有可能导致更好的结果。

（8）能否颠倒。从相反方向思考问题，通过对比也能产生创新想法，可以启发人的思路。倒过来会怎么样？上下是否可以倒过来？左右、前后是否可以对换位置？里外可否倒换？正反是否可以倒换？可否用否定代替肯定？这是一种反向思维的方法，也是创造活动中一种颇为常见和有用的思维方法。如第一次世界大战期间，有人就曾运用这种"颠倒"的设想建造舰船，建造速度也有了显著的加快。

（9）能否组合。从综合的角度分析问题，组合起来怎么样？能否装配成一个系统？能否把目的进行组合？能否将各种想法进行综合？能否把各种部件进行组合？例如把铅笔和橡皮组合在一起成为带橡皮的铅笔，把几种部件组合在一起变成组合机床，把几种金属组合在一起变成种种性能不同的合金，把几件材料组合在一起制成复合材料，把几个企业组合在一起构成横向联合。

简单来说，奥斯本检核表法的核心是改进，或者说通过变化来改进。其基本做法是：首先，选定一个要改进的产品或方案；然后，面对一个需要改进的产品或方案或面对一个问题，从不同角度提出一系列的假设，并由此产生大量的思路；最后，根据第二步提出的思路，进行筛选和进一步思考与完善。

奥斯本检核表是一种强制性思考过程，有利于突破不愿提问的心理障碍，在进行逐项检核时，强迫人们思维扩散，突破旧的思维框架，开拓了创新的思路，有利于提高创新的成功率，但在使用奥斯本检核表时需要注意以下几点。

1）要联系实际一条一条地进行核检，不要有遗漏。

2）要多检核几遍，效果会更好，或许会更准确地选择出所需创新、发明的方面。

3）在检核每项内容时，要尽可能地发挥自己的想象力和联想力，产生更多的创造性设想。进行检索思考时，可以将每大类问题作为一种单独的创新方法来运用。

4）检核方式没有人数限制，1 人检核也可以，3 到 8 人共同检核也可以。集体检核可以互相激励，产生头脑风暴，更有希望创新。

5）运用检核表法时要仔细、重复、深刻、不走过场。

6）运用检核表法时不必每问必答，也无须每答必用。

【课堂练习 2-22】使用表 2-1 练习，想一想奥斯本检核表法如何应用在创业上。

表 2-1 奥斯本检核表

序号	项目	新设想名称	新设想概述
1	能否他用		
2	能否借用		
3	能否改变		
4	能否扩大		
5	能否缩小		
6	能否代用		
7	能否调整		
8	能否颠倒		
9	能否组合		

3. 六顶思考帽

（1）六顶思考帽简介。六顶思考帽是爱德华·德·博诺博士开发的一种思维训练工具，它是目前全球最有影响力的创新思维训练课程之一。

六顶思考帽把思考过程分为六个重要的模式和角色。每个角色与一顶特别颜色的"思考帽子"相对应，"戴上帽子"意味着聚焦在一种思考模式，"转换不同"的帽子意味着转换不同的思考模式。这种方法提供了"平行思维"的工具，可以清晰地界定思考过程中的不同方面，它全面思考问题的模型，使群体讨论和对话主题清晰而且富有成效，避免将时间浪费在互相争执上，并且显著地提高所有类型复杂沟通的效果。它运用于会议管理、团队沟通、流程改进、产品研发/设计、制定决策、解决问题和领导力提升等领域。大部分世界 500 强企业学习使用过六顶思考帽后，都认为六顶思考帽帮助其大大提高了工作效率，并且使会议时间减少了 50%。

（2）六顶思考帽的使用。

第一步：白色思考帽

白色是中立而客观的，代表着事实和资讯。

运用：陈述问题事实。

思考、搜集各环节的信息，收取各个部门存在的问题，找到基础数据。

第二步：绿色思考帽

绿色是春天的色彩，代表创意的颜色。

运用：提出解决问题的建议。

各层管理人员都用创新的思维去思考，并提出各自的办法、建议、措施。也许不对，无法实施。但是，运用创新的思考方式就是要跳出一般的思考模式。

第三步：黄色思考帽

乐观的帽子，代表与逻辑符合的正面观点。

运用：评估建议的优点。

对所有的想法从正面角度进行逐个分析。

第四步：黑色思考帽

黑色是阴沉的颜色，意味着警示与批判。

运用：评估建议的缺点。

对每种想法的危险性和隐患进行分析，找出最佳契合点。

第五步：红色思考帽

红色是情感的色彩，代表感觉、自觉和预感。

运用：对各种方案进行直觉判断。

完成前四步之后，再戴上"红色思考帽"，从经验、直觉上对已经过滤的问题进行分析、筛选，做出决定。

第六步：蓝色思考帽

蓝色是天空的颜色，笼罩四野，意味着控制事务的整个过程。

运用：总结陈述，得出方案。

对思考顺序进行调整和控制，有时还要刹车。因为观点可能正确，也可能进入死胡同，所以应随时调换思考帽，进行不同角度的分析和讨论。

（3）六项思考帽的使用原则。一是问题就是思维的转换器。人的思维是通过提问来引导的，一个人是积极还是消极，取决于他是否常给自己提问。二是人不能同时戴两顶帽子。人不可能同时朝两个不同的方向思考问题，别把自己的脑袋弄大了。三是发问要讲究灵活性。你的发问很关键，如果你的问题让别人有压力，那对不起，你永远达不到沟通的目的，建议你先去学习沟通的基本知识和技巧。

（4）六项思考帽的作用。六项思考帽是平行思维工具、创新思维工具，也是人际沟通的操作框架，更是提高团队智商的有效方法。

六项思考帽是一个操作简单、经过反复验证的思维工具，它给人以热情，勇气和创造力，让每次会议、每次讨论、每份报告、每个决策都充满新意和生命力。这个工具能够帮助人们提出建设性的观点，聆听别人的观点，从不同角度思考同一个问题，从而创造高效能的解决方案；用"平行思维"取代批判式思维和垂直思维；提高团队成员的集思广益能力，为统合增效提供操作工具。

【**课堂练习 2-23**】解决问题：年轻人有钱了，是应该买房还是买车？

用六项思考帽解决问题的步骤方法：

1. 陈述问题事实（白帽）。

2. 提出如何解决问题的建议（绿帽）。

3. 评估建议的优缺点：列举优点（黄帽）、列举缺点（黑帽）。

4. 对各项选择方案进行直觉判断（红帽）。

5. 总结陈述，得出方案（蓝帽）。

【**课堂练习 2-24**】六项思考帽各是什么帽？

以下六种说法，先试一试，请说出各戴上了哪种颜色的帽子。

1. 这辆车能在 6 秒钟之内加速到每小时 60 英里[⊖]。运行中的燃料消耗是每 25 英里 1 加仑。

2. 我认为，提高汽油价格并不能使人们更小心地驾驶车辆。

3. 如果没有邀请我参加他的生日聚会，那我就不必花钱购买礼品了。

4. 为什么我们不把工厂卖掉，然后再把它租回来呢？

5. 我不喜欢他，我不想同他一起工作。

6. 我们应该把我们在这方面所持的观点罗列出来。

延伸阅读

创新创业，从 1 到 N

蒂尔（Peter Thiel）的书《从 0 到 1》提到，从 0 到 1 有双重含义：一是创业从 0 到 1，二是创新从 0 到 1。他讲的更重要的是后者，就是创新从 0 到 1。当然，在他看来，创业是基于创新的创业，而非一般的创业，因为他认为，如果没有创新的从 0 到 1，也谈不上创业的从 0 到 1 了。

蒂尔本科在斯坦福大学学习，专业是哲学。蒂尔的提示是：多数人相信真理是 x，但真理却是 x 的反面。这就是书中说的"逆向思维"。他自己举的一个例子是：多数人相信未来是由全球化决定的，但是他认为未来技术进步比全球化更重要。他强调的"逆向思维"，正是我们的创新创业者要认真思考的。我发现蒂尔的观点有一些不能被忽视的同情者。比如，针对 IBM 公司传承的理念"Think"（思考），乔布斯提出的是"Think Different"（不同的思考）。再比如，2015 年 10 月我在清华经管学院与马斯克的对话中，他说量子力学对他很有启发，因为在微观层面的物理学原理与我们熟知的宏观层面的物理学原理在直觉上相反，但却是对的，所以这种"反直觉思维"至关重要。有趣的是，之前网上流传的扎克伯格夫妻与新生女儿的一张照片就是他们在为女儿读"婴儿量子物理学"。

"逆向思维""不同思维""反直觉思维"，虽然用的是略有不同的词，但是这些顶级创新者、创业者的思路却是惊人的一致。其实，马云也有类似之处。在谈到他办的湖畔大学时，他说："商学院教的案例都是关于企业如何成功的案例，而我要教如何失败的案例。"这也是"逆向思维"。蒂尔的哲学头脑使他能够把他的观察升华。在提出"逆向思维"对创新的重要性的基础之上，他又对比了人的特征的分布曲线：通常是正态分布的"钟形"或"倒 U 形"的，即两个极端类型的人较少，中间类型的人很多。但是在他定义的"企业创始人"的特征的分布曲线中，正好是反过来的正态曲线，是"U 形"的，即中间类型的人较少，而两个极端类型的人较多，也就是可能具有"逆向思维"的人较多。这是我与创业者分享的第一个感悟：创业者和创新者的思维模式，应该与常人不同。

⊖ 1 英里 =1609.344 米。

　　我想与大家分享的第二个感悟源于我对蒂尔书中强调从 0 到 1 的重要性的"逆向思维"。他在书的序言中说："复制一个模式比创造一个新模式容易得多。做我们已经知道的事是把世界从 1 推向 n，只是增加了熟悉的事。但是每一次我们创造新东西的时候，我们是从 0 到 1。"

　　在哲学层面上他是对的。不过在现实层面上，他未必全对。什么是 0？什么是 1？什么是 n？是小 n，还是大 N？N 有多大？是技术创新本身，还是创新带来的市场价值、社会价值？这里每个问题都值得有"不同的思维"或"逆向思维"。

　　先从我们熟知的实例开始：阿里巴巴的淘宝和天猫之前有 eBay、Amazon，支付宝之前有 PayPal；腾讯的 QQ 之前有 ICQ，微信之前有 Kakao Talk、WhatsApp；百度之前有 Yahoo、Google；滴滴、快的专车之前有 Uber。所有这些都不是通常意义上的"从 0 到 1"，但是它们都非常成功，创造的价值甚至超过了它们之前的"从 0 到 1"。为什么？

　　在我看来有两个基本原因：第一是 N 的力量；第二是从 1 到 N 中的创新，因此它们都是我所说的"有创新的从 1 到 N"。首先，小 n 和大 N 是不一样的，尽管在哲学上和在数学上没有区别。在中国，$N > 13$ 亿。这里蕴藏了中国的 N 的力量。特别是在互联网时代，市场和社会效益是与 N 的平方（N^2）成正比，不是与 N 成正比。N 的平方的力量比 N 的一次方的力量大得多。谁看到了中国的 N 的力量，谁就不会轻视从 1 到 N 的作用。

　　其次，从 1 到 N 有两种可能，一种是简单的模仿，另一种是学习中的创新。两者的区别是什么？我想起乔布斯引用毕加索的一句话：好的艺术家模仿，伟大的艺术家"偷窃"。意思是伟大的艺术家都受到前人的影响，都要"偷窃"前人的思想，但不是简单地抄袭或模仿别人。学习伟大的艺术家"偷窃"，并把它用到从 1 到 N，便不是简单的模仿，而是学习中的创新。

　　从 1 到 N 的创新既有技术创新，更有结合本土文化的创新。举一个大家熟悉的例子。微信做大到今天，绝非简单地模仿 Kakao Talk，它就有学习中的许多创新。比如，2014 年春节期间引入的微信红包并形成"发红包"和"抢红包"的游戏就是一个这样的创新。从除夕到初八（2014 年 1 月 30 日到 2 月 7 日）的 9 天里，据说有 800 多万人领取 4 000 多万个红包，平均每个红包 10 元，共 4 亿多元人民币被发送和领取。通过红包使得用户绑定银行卡，发展微信支付，实现几天之内微信支付用户的急剧增长，就是基于创新，一种把中国文化传统、中国人心理与游戏相结合的创新。这是我同各位分享的第二个感悟：不要忽视从 1 到 N，不要简单模仿而要在学习中创新。我们的创业者要抓住中国市场的巨大的 N，并在 1 的基础上创新，释放 N 的力量，这是我们难得的机会。

　　资料来源：作者钱颖一，引自 http://finance.people.com.cn/n1/2016/0121/c1004-28073565.html，有删改。

问题思考

1. 创新的本质属性给我们带来的启示有哪些？

2.大学生创新的现实意义是什么?

3.大学生如何提升自身的创新素质?

4.创新原理有哪些?

5.运用头脑风暴法的注意事项有哪些?

🕐 实训活动

实训1：相识有创造力的我

（一）请用食物来向大家介绍自己

我的姓名是：＿＿＿＿＿＿＿＿＿＿＿＿＿＿＿＿＿＿＿＿＿＿

我是一名：＿＿＿＿＿＿＿＿＿＿＿＿＿＿＿＿＿＿＿＿＿＿（职业）

我利用五种食物来介绍我自己：

我看起来像：＿＿＿＿＿＿＿＿＿＿＿＿＿＿＿＿＿＿＿＿＿＿

我闻起来像：＿＿＿＿＿＿＿＿＿＿＿＿＿＿＿＿＿＿＿＿＿＿

我摸起来像：＿＿＿＿＿＿＿＿＿＿＿＿＿＿＿＿＿＿＿＿＿＿

我听起来像：＿＿＿＿＿＿＿＿＿＿＿＿＿＿＿＿＿＿＿＿＿＿

我品尝起来像：＿＿＿＿＿＿＿＿＿＿＿＿＿＿＿＿＿＿＿＿＿

我最刺激的经历是：

＿＿＿＿＿＿＿＿＿＿＿＿＿＿＿＿＿＿＿＿＿＿＿＿＿＿＿＿＿

（二）相关讨论

1.用食物介绍自己，你认为和正常的自我介绍的区别有哪些?

＿＿＿＿＿＿＿＿＿＿＿＿＿＿＿＿＿＿＿＿＿＿＿＿＿＿＿＿＿

2.询问你的三个同桌，你给他们留下最深刻印象的是哪个介绍? 为什么?

＿＿＿＿＿＿＿＿＿＿＿＿＿＿＿＿＿＿＿＿＿＿＿＿＿＿＿＿＿

（三）总结反思

＿＿＿＿＿＿＿＿＿＿＿＿＿＿＿＿＿＿＿＿＿＿＿＿＿＿＿＿＿

实训2：创新创造意识训练

训练目的：增强大学生的创新创造意识。

训练指导：重在日常生活中坚持实践和锻炼。

训练内容：

1.一创。要求自己每天都要有一个发现，或是提出一个问题，对某一问题的怀疑，对问题的假设和解释等。

2.一本。随身携带发现记录本。身边准备一个本子，观察工作与生活，争取每天记上一则新发现。

3.一节。确定自己的创新节，一周一天或一月两天。平时注意发现问题，搜集资料，在创新节集中时间进行整合、精进或完成。

4. 多问。一要学会遇事发问；二要善于请教专家；三要不迷信权威；四要多问自己，千方百计寻找答案。

请根据上述训练内容，填写自己的创新记录表（见表 2-2）。

表 2-2　创新记录表

	第一周	第二周	第三周	第四周
一创（发现哪些新问题）				
一本（记录哪些新发现）				
一节（完成哪些新创造）				
多问（发问与请教专家）				
总结与反思				

Chapter 3
第 3 章

组建创业团队

本章概要

本章主要内容包括创业者、创业团队的概念与类型、创业团队的组建及发展。创业者包括创业者、创业者特征；创业团队的概念与类型包括创业团队的概念、创业团队组成要素、创业团队的类型及优劣势；创业团队的组建及发展包括组建创业团队的程序和方法、创业团队的发展过程。

重点难点

1. 重点：创业者及特征，创业团队的构成，创业团队的类型。
2. 难点：组建创业团队的程序和方法。

学习要求

1. 知识目标：了解创业者及特征，理解创业团队的概念，了解创业团队组成要素，识别创业团队的类型及优劣势。
2. 能力目标：能够按一定的程序和方法组建团队。
3. 素质目标：具备团队意识与团队精神。

案例导入

第一团队

在美国接受教育并且工作多年的沈南鹏、梁建章，与接触过国外文化的企业家季琦、企业管理者范敏，构成了中国企业史上的一个奇妙组合。

1999 年，四人创立了携程网，2002 年，四人创立了如家。

在中国的企业家中，三年内两次把自己创办的企业送进美国纳斯达克股市，他们是纪录的创造者，所以这四个人堪称"第一团队"。

季琦——团队的实干者和推动者。从 1997 年开始，他做过很多生意。后认识梁建章，成为好友，决定共同创业。

梁建章——团队的信息者、技术者。原甲骨文中国区咨询总监，看到美国互联网发展迅速，提议做网站。

沈南鹏——团队的监督者、完美者。当时德意志银行的董事，是季琦同届的校友，与梁建章在美国相识。

范敏——团队的行业专家。当时已在旅游业工作了十年，时任大陆饭店的总经理，任职期间待遇优厚。季琦的校友，通过多人辗转找到，三顾茅庐挖来。

四人按照各自的专长组成"梦幻组合"：梁建章任首席执行官，沈南鹏任首席财务官，季琦任总裁，范敏任执行副总裁。

在"第一团队"的组合里，没有"皇帝"，也没有"大哥"；他们虽有同学之谊、朋友之情，但性格、爱好迥然不同，经历各异；他们创立的携程和如家虽然经历了多次高层人事变更，却从来没有发生过震荡，都在纳斯达克成功上市，并且一直保持着优异的业绩；他们为中国企业树立了一个高效团队的榜样，最终获得了共赢的结局。

资料来源：引自 https://www.jinchutou.com/p-53635840.html，有删改。

3.1　创业者

【创业名言】

天才并不是自生自长在深林荒野里的怪物，是由可以使天才生长的民众产生、长育出来的，所以没有这种民众，就没有天才。

——鲁迅

如果不新，就不酷，如果不酷，就不值得做。如果你没有股份，你就完了。如果一份工作你做了 2 年多，你的职业生涯就结束了。

——加里·哈梅尔

领军人物好比是阿拉伯数字中的 1，有了这个 1，带上一个 0，他就是 10，两个 0 就是 100，三个 0 是 1 000。创业团队成员选择的一种平衡方法是，在知识、技能和经验方面主要关注互补性，而在个人特征和动机方面则考虑相似性。

——柳传志

3.1.1　谁是创业者

什么样的人属于创业者？从词源来看，创业者，英文为 Entrepreneur，和"企业家"为同一词，是指在没有拥有多少资源的情况下，锐意创新，发掘并实现潜在机会的价值的个体。

创业者可以分为传统创业者和技术创业者。传统创业者是指那些对传统行业，如餐饮、房地产、服装等筹集资金投资、建立工厂、生产产品、为顾客提供产品或服务的创业者。技术创业者以突出技术为主，创办的企业一般比较小，产品的技术含量高，附加值比较高，利润空间比较大。

技术创业者又可以进一步划分为研究型技术创业者、生产型技术创业者、应用型技术创业者和机会主义创业者四种类型。研究型技术创业者，具有很强的科研知识背景，常常从事基础科研开发，掌握了某种技术，有强烈的欲望把科研成果转换成生产力，一般在高等教育机构或非商业化的实验室担任学术职位。生产型技术创业者，具有企业的生产技术或产品开发背景，常常直接从事商业化技术或者产品开发，掌握了某种先进的技术。应用型技术创业者，具有企业的外围技术背景，掌握了一定的应用技术，一般从事技术销售或支持工作，有一定的销售渠道资源。机会主义创业者，缺乏企业的技术专业背景，没有技术经验，或者只有非技术组织的职业经验，但是善于识别技术机会、有创业的点子，又有一定的资金支持的创业个体。例如，高校里部分搞科研的教授以自己的科研成果为核心，筹集资金，创办实体，属于典型的研究型创业者；而 MBA 学生具有管理知识，大多数有管理实践经验，他们捕捉到了某个机会，自主创业，属于机会主义创业者。

3.1.2　创业者的动机

创业动机是指引起和维持个体从事创业活动，并使活动朝向某些目标迈进的内部动力，它是鼓励和引导个体为实现创业成功而行动的内在力量。通俗来讲，创业动机就是有关创业的原因和目的，即关于为什么要创业、为何创业的问题。行为心理学认为："需要产生动机，进而导致行为。"创业的直接动机就是各类需要。

创业者动机可分为两大类型：事业成就型和生存需求型。其中，事业成就型包括获得成就认可、实现创业想法、扩大圈子影响、成为成功人士、控制自己的人生五个需要。生存需求型包括不满薪酬收入、提供经济保障、希望不再失业三个需要。大学生创业动机有一定的特殊性，按照需要类型，归纳出以下四种主要类型。

1. 生存的需要

由于经济的原因，许多家庭越来越难以负担高昂的学费，国家的助学贷款、奖学金制度也不能完全解决问题。在沉重的经济负担之下，为了顺利完成学业，这部分学生中的一些人只好利用课余时间打工来维持正常的学习和生活。在打工的过程中，有一部分具有创业素质的人会发现商机并且去把握它，从而走上创业的道路。

2. 积累的需要

按照美国耶鲁大学教授奥尔德弗的 ERG 理论，人的需求分为生存、相互关系和成长。这三种需求并不一定严格按照由低向高的顺序发展，可以越级。当代大学生随着年龄的增长，对于相互关系和成长的需要会逐渐强烈。一部分大学生为了增加自己的实践经验，丰富自己的社会阅历，或者为了自己以后的发展或实现自己的某个目标做好经济上的准备，在条件成熟的情况下也会利用课余时间走上创业的道路。

3. 自我实现的需要

心理学研究表明，25 ～ 29 岁是创造力最为活跃的年龄段，这个时期的青年正处于创造能力的觉醒时期，对创新充满了渴望和憧憬。他们思维活跃、创新意识强烈同时所受的约束较少，按照 ERG 理论对成长的需要也更为强烈。另外，由于大学生所处的环境，他们往往更容易接触一些新发明和学术新成果，或者他们中的一部分人本身就拥有具有自主知识产权的科研成果。为了能早日实现自己成功的目标，他们中的一部分人会改变自己的成功观念从而开始自己的创业生涯。

4. 就业的需要

当前，我国的大学生就业形势相当严峻，一方面表现为需求不足，另一方面表现为大学毕业生的工资待遇降低。在这种情况之下，如不能找到一份令自己满意的工作，一部分大学生就选择创业。

【课堂练习 3-1】请同学们谈谈自己的创业动机。

3.1.3　创业者的特征

1. 心理特征

从成就动机理论出发对成功创业者特征进行分析可以发现，那些拥有创业心理特征的人员比不具备创业心理特征的人员具有更高的实施创业行为的倾向。作为成功的创业者，一般具备以下六个心理特质：成就需要、控制欲、自信、开放的心态、风险承担倾向、创业精神。他们有明确的目标，全身心地投入事业发展中。

（1）成就需要。创业者希望把事情做好，做好主要不是为了获得社会承认或声望，而是为了达到个人内在自我实现的满足。创业者希望承担决策的个人责任，在解决问题、确立目标和通过个人的能力达到这些目标时个人负有责任；喜欢具有一定风险的决策；对决策结果感兴趣，不喜欢单调的重复性工作。

（2）控制欲。控制欲是指人们相信他们自己能够控制自己人生的程度。研究表明，创业者相信通过自己而不是他人来决定自己的命运，他们经常有很高的控制欲，对生活中的事件过程有一定的影响，总是希望把命运掌握在自己手中。和控制欲相关的是创业者的个人独立性，创业者往往喜欢独立思考和行动，渴望独立自主。

（3）自信。创业者不仅相信自己，而且相信他们正在追求的事业；不仅能在失败之后振作起来，而且还能从失败中吸取教训，以增加下一次成功的机会。创业者要坚信自己的创业团队有能力在激烈的竞争中获得胜利，并以坚韧不拔的毅力和满腔的热情去争取成功。因为新创企业在发展的过程中肯定会出现各种危机和困难，越是危急关头，就越需要他们付出更大的热情和勇气，自我勉励，坚持下去，闯过难关。成功的创业者普遍都有很强的自信心，有时表现出咄咄逼人的气势。他们相信自己的判断，相信自己的决定。创业者以积极的心态充满活力地不断创新。自信对创业者非常重要，因为他们走的是其他人不敢走或者没有走过的路，只有自信才能顶住压力，坚持自己的目标，最终取得创业的成功。

延伸阅读

搜狐 CEO 张朝阳

　　曾经有记者问搜狐的张朝阳："你在 IT 产业的成功，让中国的年轻人看到了实现从一无所有到拥有巨大财富的梦想的活生生的典范。当年，你能说服美国风险投资家把美金押在你这样一个名不见经传的'小卒'身上，你认为是你身上什么样的东西打动了他们？"张朝阳回答说："自信，对自己的成功有坚定的信念，使他们对我和我的商业计划产生了信任。"自信让张朝阳获得了美国风险投资家的资金支持，也是他以后创业一步一步走向成功的基石。

　　资料来源：根据"陈志忠. 大学生创业教育教程 [M]. 北京：现代教育出版社，2012."，有删改。

　　（4）开放的心态。创业者要能认识到自己的局限性和改进的必要性，意志坚定但不拒绝改变，意识不僵化，必要时勇于变革和敢于承担责任。现代社会新事物层出不穷，开放的心态可以使我们有更多的机会发现机遇，产生创业的冲动。

　　（5）风险承担倾向。由于创业者希望在同行业中脱颖而出，很多工作是自己以前没有经历过或者没有完全经历过的，因而创业征途中充满了各种风险。创业者要有冒险精神，要能承受风险和失败。只有敢于承担风险，创业者才能大胆创新，"铤而走险"，实现自己的创业梦想。创业需要冒险，但冒险有别于冒进。无知的冒进只会使事情变得更糟糕，而且会浪费时间和财力。

　　（6）创业精神。创业要发扬创业精神，没有创业精神的创业不会成功，也不能称之为创业。创业精神是创业团队集体的精神状态和对事业所持的态度。组织不论规模大小，归属哪个经济部门，创业精神始终与某些普遍适用的行为特性相关联。创业精神主要表现为耐心和牺牲精神、开拓和敬业精神、气度和包容精神、创新精神等。

2. 行为特征

　　创业者在行为方式上主要有勤学好问、执着、灵活应变、吃苦耐劳、脚踏实地、雷厉风行、良好的商业道德和责任感等特点。

　　（1）勤学好问。创业者不满足于现状，经常意识到他们能将事情做得更好，渴望并从不放弃学习和改进的机会。现代社会需要学习型的企业，创业团队在创业初期更需要学习行业内的领先企业、标杆企业。创业团队成员也需具备学习精神。学习是保持先进性的重要手段，学习为企业的发展提供了源源不断的智力源泉。只有不断地学习才不会落后于社会。

（2）执着。执着是指对自己的创业目标和信念坚持不懈、永不放弃。因为在创业的领域中没有捷径可走，只有专心致志、锲而不舍，才能克服在通往成功道路上的危机和障碍。著名的发明家爱迪生指出，成功等于99%的努力和1%的灵感之和。他认为，连续的失败是不断尝试错误的探索性实验，是创新成功的过程之一。

（3）灵活应变。灵活应变是指创业者对创业方法和路径的选择，要一切从实际出发，根据环境的变化对创业活动做出相应的调整。

（4）吃苦耐劳。创业的成功需要坚韧不拔的顽强毅力、吃苦耐劳的执着精神、甘于奉献的献身精神。只有具备吃苦的精神，创业者才能挺过创业的艰辛，取得创业的成功，否则就会半途而废。

（5）脚踏实地、雷厉风行。创业者有好的创业念头，只有通过实际行动才能变成现实。巴顿将军曾经说："一个好的计划现在就去执行要比下周执行一个完美的计划好得多。"[7]如果只有好的创业点子，没有行动，一切都是空中楼阁。

延伸阅读

索尼的创业

1949年的一天，井深大到日本广播公司办事，偶然看到一台美国制造的磁带录音机，当时这东西在日本还不普遍，但井深大和盛田昭夫马上意识到这种产品巨大的潜在市场，立即买下了产品专利。对他们来说，录音机的电子技术并不复杂，但磁带需要自己制造。经过他们的勤奋努力，仅仅用了一年的时间，他们就推出了自己的新产品。然而，起初的市场销售状况不好。但井深大和盛田昭夫在困难面前继续改进产品，并积极推销。他们走遍了日本的中小学校，耐心地向老师讲解录音机的使用方法和好处，最后功夫不负有心人，录音机成了人们生活中重要的一部分，井深大和盛田昭夫也获得了创业的成功。脚踏实地、雷厉风行的作风使他们获得了创业的成功。

资料来源：根据"陈德智.创业管理[M].北京：清华大学出版社，2001：39."，有删改。

（6）良好的商业道德。诚信、诚实、诚恳是一个企业生存和发展的根基。没有良好的品德，时刻只为自己的个人利益，肯定不会创立起企业；即使能够建起企业，最终也难免昙花一现，生命力不会长久。只有企业对顾客、对社会、对员工诚信，顾客、社会和员工才会为企业的发展锦上添花，企业的发展才有土壤。诚信、诚实、诚恳是创业团队的道德要求。

（7）责任感。把承诺变成行动就是责任，责任是坚定不移的信念。负责任是一种态度，态度决定一切。责任感使他们认识到他人带给企业的价值，意识到自己对他人的责任，提供给他人做好工作所需要的支持；责任感也能使他们正确地行使权力和对待金钱。虽然权力和金钱是创业的动机之一，但他们负责任地运用权力，也不仅仅为金钱所激励。他们主要从事业成功中体验快乐，而不把追逐权力和财富作为目的；他们主要受成就动机驱使，同时又实现物质财富的富裕。负责主要体现在向社会、向顾客提供满意的产品或者优质的服务，重视环境保护，重视员工的成长和发展。随着社会的进步和人类文明的发展，企业的社会价值是企业发展的高级目标，社会责任也成为企业的道德标准。重视环境保护，重视企业的发展和员工职业生涯的共同发展成为企业发展的重要目标之一。优秀的创业者应该有很强的社会责任感，在创业的同时回报社会。

3.知识特征

投资创业就是创业者想在某一行业中脱颖而出，但如果没有厚实的知识基础等于建造空中楼阁。所以，作为一个创业者，应该具备相应的基础知识和专业知识，并不断更新和完善相关知识。

（1）创业者应具备坚实的基础知识。创业者的知识素质的好坏关系到创业者分析问题、判断问题、解决问题的能力大小和将来企业的发展前途。知识贫乏的创业者，必然心胸狭窄、目光短浅。如果没有渊博的知识，就不能适应时代新潮流的长期需要；不用新知识、新观念武装自己，就不可能成为真正成功的创业者。创业者应该通晓的基础知识主要有政治学、人才学、组织学、行为科学、经济学、计算机应用学、逻辑学、法学、会计学、统计学以及心理学等。这些基本知识为创业者正确分析企业内外的环境和自己的优劣势，预测行业的发展趋势奠定了基础，是创业活动开展的必备智力条件。

（2）创业者应具备广博的专业知识。要想取得创业的成功，把企业做强做大，创业者还应具备人力资源管理、市场营销管理、财务管理、战略管理、生产管理、物资管理、技术设备管理、质量管理、经济核算、系统工程、领导科学及决策论等专业知识。如果缺乏战略管理知识，创业者在企业发展到一定规模后，就不能正确处理企业的短期目标和长期目标间的关系、核心竞争力和多元化关系，盲目进行多元化、盲目扩张，进入很多自己陌生的行业，而自身资金、人力资源等方面又缺乏支撑，使企业迷失了发展的方向。例如，掌握了人力资源管理方面的知识，创业者就知道如何有效激励员工、管理员工，帮助他们成长，并给予他们足够的舞台空间，让他们真正能有"当家做主"的责任感，使之产生与企业同命运、共呼吸的使命感，从而真正塑造出忠诚于企业的人才，让员工在实现企业发展的同时实现自我的成长和发展。现金是企业正常运转的基础。具备了财务管理知识，创业者就能正确地了解企业的现金流状况及主要的现金流来源，了解企业的盈利能力、负债情况、还债能力和融资能力，在创业过程中就能有意识、合理地贷款融资，发挥资金的财务杠杆作用，降低经营风险，同时管理好企业的资本运作。市场营销管理知识能使创业者正确分析产品的行业特征、细分市场，对产品正确定位，找到产品的目标市场，利用产品的生命周期，不断推陈出新，为企业创造现金流。

（3）创业者知识的更新与完善。当然，一个人不可能具备上面提到的所有知识，这就需要创业者通过组建优势互补的创业团队来实现。创业者还可以通过学习来弥补自己缺乏的知识。学习知识的主要途径有：一是大量阅读。书籍是先行者智慧的结晶。通过大量阅读可以迅速地扩大自己的知识面，减少摸索的时间。创业者可以通过选择阅读素材来弥补工作中欠缺的知识。二是参加学习班。目前社会上有很多种学习班，创业者可以通过参加学习班迅速弥补知识上的缺陷，特别是参加高水平的培训班。三是与成功创业人士交流。比如参加各种形式的俱乐部，从他们那里学到经验教训，以便自己少走弯路。这些成功人士在某些方面比较优秀，创业者可以从他们身上学到很多有益的东西，他们成功的事例能不断地激励创业者前进；他们的某些失误又可以为创业者提供反思案例，在以后的创业中避免犯同样的错误。四是实践。实践出真知，通过实践可以增强自己对事物的感性认识，并在实践中检验理论，提高自己的实际操作能力。在实践中，最好将自己的体会与他人交流，因为这样既可以加深印象，同时不足之处又可以得到他人的指教。

4. 能力特征

创业者要成功创业需要多种能力，主要有经营能力、管理能力及人际关系能力等。

（1）经营能力。经营能力是创业成功的关键。首先，创业者要做一个出色的经营者。其次，经营者要有浓厚的经营兴趣。对经营有兴趣不仅是做经营者的先决条件，而且是经营中始终应该具备的素质。兴趣激发工作热忱，而热忱几乎等于成功的一半。有了经营兴趣，即使再累再苦都能轻松应对。经营活动是将创业计划变成现实的手段。创业的成功在于把创新思路及计划付诸实践，最后转化为现实。经营能力是创业者实现创业梦想的手段。

（2）管理能力。管理能力主要包括战略管理能力、营销管理能力和财务管理能力等。战略管理能力指整体地考虑企业经营与环境，理解如何适应市场，如何创建竞争优势的能力。创业者需要根据企业的优劣势并结合外部环境的机会、挑战，正确地制定企业发展的战略目标。只有确定了正确的战略目标，企业才能走得更远。营销管理能力是指洞察企业提供的产品和服务及其特性，理解它们如何满足顾客的需要和如何使顾客认识其吸引力的能力。创业者需要根据行业发展状况、竞争对手的缺陷，细分市场，找到自己的产品、服务的顾客目标群，同时也可以为自己的产品创造市场。财务管理能力是指管理企业资金，能够保持对支出的跟踪和现金流的监控，以及根据其潜力和风险评价投资的能力。投资创业必须会理财，"有钱无计划，花钱如流水"不是创业者的品格。创业者必须要有基本的财务知识，懂得如何融资理财，具备资金的时间价值观和机会成本意识。很多创业者有风险意识，但是无资金的时间价值观和机会成本意识，不知道今天的1元钱比明天的1元钱更值钱。

（3）人际关系能力。一个创业中的企业需要来自组织内外，诸如员工、股东、顾客、政府、供应商和投资者等的支持，有些服务性的行业还需要所在社区的支持。为此，创业者需要在与这些利益相关者打交道中展现处理各种人际关系的能力。人际关系能力包括激励能力、沟通能力及谈判能力等。激励能力是指唤起人们的热情，使他们全身心地投入其正在进行的工作的能力；沟通能力指运用口头和书面等语言表达思想和传递信息的能力，在当今信息社会，随着电子商务的推广和信息技术的普及，网络成为沟通的重要形式；谈判能力指能够权衡利弊、随机应变，能够确认双赢方案和对方达成协议的能力。

以上是对成功的创业者的素质要求，单个的创业者难以完全具备，每个创业团队成员也不可能都具备。这表明了组成创业团队的必要性和重要性，也表明在选择创业团队成员时要考虑其是否具备这些素质，特别是团队成员具有互补性。

【课堂练习 3-2】你具备哪些创业者的特征？

3.2   创业团队概述

【创业名言】

失败的团队没有成功者，成功的团队成就每个人！凝聚团队，聚焦目标，为梦想创造无限可能！

——佚名

事实上，我们全都是些集体性人物，不管我们愿意把自己摆在什么地位。

——歌德

团队像人一样，应不断进步成长，是一个生命体。团队进步的基本条件是能持续的学习、反思、沟通，有自我批评的承受力和能力，团队中又不断找出自身不足的文化，这是团队成熟和信心的表现。

——宁高宁

3.2.1   创业团队的概念

关于团队的解释，不同的学者从不同的角度界定了团队的定义。刘易斯（Lewis，1993）认为 [8]，团队是由一群认同并致力于达成共同目标的人所组成的，这一群人相处愉快并乐于工作在一起，共同为达成高品质的结果而努力。在这个定义中，刘易斯强调了三个重点：共同目标、工作相处愉快和高品质的结果。盖兹贝克和史密斯（Katezenbach and Smith，1993）认为一个团队是由少数具有"技能互补"的人所组成的，他们认同于一个共同目标和一个能使他们彼此担负责任的程序。盖兹贝克和史密斯也提到了共同目标，并提到了成员"技能互补"和分担责任的观点，同时还指出团队是个少数人的集合，能够保证相互交流的障碍较少，比较容易达成一致，也比较容易形成凝聚力、忠诚感和相互信赖感。国内学者廖泉文认为，团队是由为数不多的、相互之间技能互补的、具有共同信念和价值观、愿意为共同的目的和业绩目标而奋斗的人们组成的群体。团队的意义在于，群体成员间通过相互的沟通、信任和责任承担，产生群体的协作效应，从而获得比个体绩效总和更大的团队绩效。此外，他还给出了优秀团队的特征，包括明确的团队目标、清晰的团队角色、强有力的团队领导、高度的团队信任、成员得到充分的授权、良好的团队学习氛围、硬激励和软激励的有机结合等。

综合上述国内外学者对团队的定义，创业团队是指技能互补、贡献互补的创业者组成的特殊群体，该群体在一个共同认同的、能使彼此担负责任的程序规范下，为达成高品质的创业结果而共同努力、相互依赖、一起担当。

3.2.2　创业团队组成要素

当创业者决定创业，并选定了创业项目后，最重要的任务就是组建团队。创业需要与志同道合的伙伴相互支持、相互信任、分工协作。比尔·盖茨曾说："我一向排斥企业家这个字眼，企业家一词对我是个抽象的概念，我自己是个软件工程师，而我决定要找一群人来一起工作，这群人经过一段时间的成长，创造出越来越多的产品。"

组建一支优秀的创业团队对创业者来说是一项至关重要的工作。优秀的创业团队需具备以下五个重要的组成要素。

1. 目标（Purpose）

创业团队应该有一个既定的共同目标，为团队成员导航，知道要向何处去，没有目标的团队就没有存在的价值。目标在创业企业的管理中以创业企业的愿景、战略的形式体现。

2. 人（People）

人是构成创业团队最核心的力量。三个及三个以上的人就形成一个群体，当群体有共同奋斗的目标就形成了团队。在一个创业团队中，人力资源是所有创业资源中最活跃、最重要的资源，应充分调动创业者的各种资源和能力，将人力资源进一步转化为人力资本。

目标是通过人员来实现的，所以人员的选择是创业团队中非常重要的一个部分。在一个团队中可能需要有人出主意，有人订计划，有人实施计划，有人协调不同的人共同工作，还有人去监督创业团队工作的进展，评价创业团队最终的贡献，不同的人通过分工来共同完成创业团队的目标。在人员选择方面，创业团队要考虑人员的能力如何，技能是否互补，人员的经验如何。下面将利用角色定位的理论进一步讨论团队成员各自承担的任务所起到的作用。

3. 定位（Place）

（1）创业团队的定位。创业团队在企业中处于什么位置，由谁选择和决定团队的成员，创业团队最终应对谁负责，创业团队采取什么方式激励下属。

（2）个体（创业者）的定位。作为成员在创业团队中扮演什么角色，是制订计划还是具体实施或评估计划。是大家共同出资，委派某个人参与管理，还是大家共同出资，共同参与管理；或是共同出资，聘请第三方（职业经理人）来管理。这体现在创业实体的组织形式上，是合伙企业或是公司制企业。

4. 权限（Power）

在创业团队中，领导者的权力大小与其团队的发展阶段和创业实体所在行业相关。一般来说，创业团队越成熟领导者所拥有的权力相应越小，在创业团队发展的初期阶段领导权相对比较集中，而高科技实体多数是实行民主的管理方式。

5. 计划（Plan）

（1）目标最终的实现，需要一系列具体的行动方案，可以把计划理解成达到目标的具体工作程序。

（2）按计划进行可以保证创业团队的顺利进度。只有在计划的操作下创业团队才会一步一步地贴近目标，从而最终实现目标。

【课堂练习 3-3】请讨论团队与群体有什么不同。

3.2.3　创业团队的类型

从不同的角度、层次和结构，可以划分为不同类型的创业团队，而依据创业团队的组成者来划分，创业团队有星状创业团队（Star Team）、网状创业团队（Net Team）和从网状创业团队中演化而来的虚拟星状创业团队（Virtual Star Team）。

1. 星状创业团队

一般在团队中有一个核心主导人物，充当了领队的角色。这种团队在形成之前，一般是核心主导人物有了创业的想法，然后根据自己的设想进行创业团队的组织。因此，在团队形成之前，核心主导人物已经就团队组成进行过仔细思考，根据自己的想法选择相应人员加入团队，这些加入创业团队的成员也许是核心主导人物以前熟悉的人，也有可能是不熟悉的人，这些团队成员在企业中更多时候是支持者角色。

这种创业团队有几个明显的特点。

（1）组织结构紧密，向心力强，核心主导人物在组织中的行为对其他个体影响巨大。

（2）决策程序相对简单，组织效率较高。

（3）容易形成权力过分集中的局面，从而使决策失误的风险加大。

（4）当其他团队成员和核心主导人物发生冲突时，因为核心主导人物的特殊权威，使其他团队成员在冲突发生时往往处于被动地位，在冲突较严重时，一般都会选择离开团队，因而对组织的影响较大。

这种组织的典型例子，如太阳微系统公司创业当初就是由维诺德·科斯拉确立了多用途开放工作站的概念，接着他找了乔伊和贝希托尔斯海姆两位分别是软件和硬件方面的专家，以及一位具有实际制造经验和人际技巧的麦克尼利，这样组成了太阳微系统公司的创业团队。

2. 网状创业团队

这种创业团队的成员一般在创业之前都有密切的关系，比如同学、亲友、同事、朋友等。一般都是在交往过程中，共同认可某一创业想法，并就创业达成了共识以后，开始共同创业。在创业团队组成时，没有明确的核心人物，大家根据各自的特点进行自发的组织角色定位。因此，在企业初创时期，各位成员基本上扮演的是协作者或者伙伴角色。

这种创业团队的特点：

（1）团队没有明显的核心，整体结构较为松散。

（2）在组织决策时，一般采取集体决策的方式，通过大量的沟通和讨论达成一致意见，因此组织的决策效率相对较低。

（3）由于团队成员在团队中的地位相似，因此容易在组织中形成多头领导的局面。

（4）当团队成员发生冲突时，一般都采取平等协商、积极解决的态度消除冲突，团队成员不会轻易离开。但是一旦团队成员间的冲突升级，使某些团队成员撤出团队，就容易导致整个团队的涣散。

这种创业团队的典型例子是微软的比尔·盖茨和童年玩伴保罗·艾伦，惠普的戴维·帕卡德和他在斯坦福大学的同学比尔·休利特等。多家知名企业的创建多是先由于关系和结识，基于一些互动激发出创业点子，然后合伙创业，此类例子比比皆是。

3. 虚拟星状创业团队

这种创业团队是由网状创业团队演化而来，基本上是前两种类型的中间形态。在团队中，有一个核心人物，但是该核心人物地位的确立是团队成员协商的结果，因此核心人物从某种意义上说是整个团队的代言人，而不是主导型人物，其在团队中的行为必须充分考虑其他团队成员的意见，不如星状创业团队中的核心主导人物那样有权威。

延伸阅读

合伙创业

李强与王汉是从小一起长大的铁哥们，踏上社会后，两人虽然走上了不同的生活道路，但仍然时常来往，友谊不减当年。李强大学毕业后在一所中学任教，虽然工资不高，但生活过得很悠闲；而王汉当年没有考上大学，近几年在几家电脑公司之间不断跳槽，虽然积累了不少社会经验和业务关系，但总觉得给别人打工没有什么出息，便有意自己开办公司。一次他在和李强聊天时透露了自己的想法，他问李强有没有兴趣一起开办公司。见李强犹豫，他列举了别人成功的事例和自己预测的未来美好前景，终于李强动心并辞去了教师的工作，两人合伙开办一家电脑公司。然而他们时运不济，遇上电脑价格大幅度下调，王汉原来的一些客户也因为实行了政府集中采购制度，而失去业务渠道，结果公司不仅没有赚到钱，反而负债累累。此时的李强后悔听信王汉的话，而王汉却认为是李强给他带来霉运，一对好友闹得不欢而散。

由此可知，亲密的朋友并不等于最理想的合作伙伴。理想的合作者不仅要求知根知底、相互信任，而且要求双方在能力上、性格上都有较好的互补性。默契的合作者有可能在长期的合作中成为知心朋友，但知心朋友并不一定都能成为最好的合作伙伴，所以在选择合伙者的时候，千万不能感情用事。

资料来源：引自 http://www.docin.com/p-679408713.html，有删改。

3.2.4　创业团队的互补

创业团队的互补是指通过组建创业团队来发挥各个创业者的优势，弥补彼此的不足，从而形成一个知识、能力、性格、人际关系资源等方面全面具备的一个优秀创业团队。

1. 创业团队互补的意义

创业团队和创业行业选择是新企业创立前的主要决策要素[9]，根据调查发现合伙形式创业的比率为 60.5%，独自创业的比率为 39.5%，这表明企业家更倾向于合伙创业。这主要是因为合伙创业有利于分散创业失败的风险；通过团队成员技能互补能提高企业家驾驭环境不确定性的能力，从而降低新企业的经营失败风险；更为重要的是，调查还发现合伙创业具有更强的资源整合能力，能同时从多个融资渠道获取创业资金。合伙创业主要采用混合融资方式融资，高出合伙创业单一融资方式 2.3%；独自创业主要采用单一融资方式，高出独自创业混合融资方式 6.9%。

另据统计数据报道，创业的成功率只有 20%，新成立的企业只有 20% 能生存 5 年或更长的时间。而 35% 的新企业在开业当年就失败了，能够生存 10 年的仅为 10%。尽管这些数字的准确程度值得商榷，但是不可否认，创业企业因为资金、技术相对弱小，不够成熟，管理方面经验缺乏，要想获得成功必须付出更大的努力。其中重要的一点，就是必须高度重视创业团队的组织设计。如何组建一个高效、优势互补的团队非常重要，它是创业取得成功的基础。

2. 创业团队互补的途径

从人力资源管理的角度来看，建立优势互补的创业团队是保持创业团队稳定的关键。创业者需要什么样的创业团队，依赖于创业机会的性质和核心创业者的创业理念。形成一个团队的关键是核心创业者对其创业战略的考量，即首先要考虑是否想把创业企业发展为一个有潜力的百年企业，其次是评价需要什么样的才能、技能、技巧、关系和资源，弄清楚创业者已经具备什么和还需要补充什么。创业团队是人力资源的核心，"主内"与"主外"的不同人才，耐心的"总管"和具有战略眼光的"领袖"，技术与市场两方面的人才都不可偏废。创业团队的组织还要注意个人的性格与看问题的角度，如果一个团队里有总能提出建设性的、可行性建议的成员，或者有一个能不断地发现问题的批判型的成员，对于创业过程将大有裨益。

研究表明，大多数创业团队在组成时，并不是考虑到成员专业能力的多样性，大多是因为有相同的技术能力或兴趣，至于管理、营销、财务等能力则较为缺乏。因此，要使创业团队能够发挥其最大的能量，在创建一个团队的时候，不仅仅要考虑成员相互之间的关系，最重要的是考虑成员的能力或技术上的互补性，包括功能性专长、管理风格、决策风格、经验、性格、个性、能力、技术以及未来的价值分配模式等特点的互补，以此来达到团队的平衡。太阳微系统公司就是一个非常值得借鉴的例子。创业初期维诺德·科斯拉找来的三个人分别是软件专家、硬件专家和管理专家，太阳微系统公司的创业团队非常稳定，稳定的团队为其带来了稳定的发展。

创业团队是由很多成员组成的，那么这些成员在团队里究竟扮演什么角色，对团队完成既定的任务起什么作用？团队缺少什么样的角色，候选人擅长什么、欠缺什么，什么样的人与团队现有成员的个人能力和经验是互补的，这些都是必须首先界定清楚的。这样，我们就可以利用角色理论挑选和配置成员，做到优势互补、用人之长。因为创业的成功不仅需要自身资源的合理配置，更要有效调动、聚集、整合各种资源。

3. 不同角色对团队的贡献

不同角色在团队中发挥着不同作用，因此团队中不能缺少任何角色。一个创业团队要想紧密团结在一起，共同奋斗，努力实现团队的愿景和目标，各种角色的人才都不能或缺。

（1）创新者提出观点。没有创新者，思维就会受到局限，点子就会匮乏。创新是创业团队生产、发展的源泉。不仅企业的产品研发要创新，管理也要创新。

（2）实干者运筹计划。没有实干者的团队会显得比较乱，因为实干者的计划性很强。"千里之行始于足下"，有了好的创意还需要靠实际行动去实践。而且实干者在企业人力资源中应该占较大的比例，他们是企业发展的基石。没有执行就没有竞争力。只有通过实干者踏实努力的工作，美好的愿景才会变成现实，团队的目标才能实现。

（3）凝聚者润滑调节各种关系。没有凝聚者的团队其人际关系会比较紧张，冲突的情形会更多一些，团队目标完成将受到很大的冲击，团队的寿命也将缩短。

（4）信息者提供支持的武器。没有信息者的团队会比较封闭，因为不知道外界发生了什么事。当今社会，信息是企业发展必备的重要资源之一。世界是开放的系统，创业团队要在社会中生存和发展，如果没有外界的信息交流，企业就成了一个自给自足的封闭小团体。当代创业团队的成功更需要正确的、及时的信息。

（5）协调者协调各方利益和关系。没有协调者的团队领导力会削弱，因为协调者除了要有权力性的领导力以外，更要有一种个性的感召力来帮助领导树立个人影响力。从某个角度说管理就是协调。各种背景的创业者凝聚在一起，经常会出现各种分歧和争执，这就需要协调者来调节。

（6）推进者促进决策的实施，没有推进者，团队工作的效率就不高。推进者是创业团队进一步发展的"助推器"。

（7）监督者监督决策实施的过程。没有监督者的团队会大起大落，做得好就大起，做得不好也没有人去挑刺，这样就会大落。监督者是创业团队健康成长的鞭策者。

（8）完美者注重细节，强调高标准。没有完美者，团队工作会略显粗糙，因为完美者更注重的是品质、标准。但在创业初期，不能过于追求完美；在企业逐渐成长的过程中，完美者要迅速地发挥作用，完善企业中的缺陷，为做大做强企业打下坚实的基础。现代管理界提出的"细节决定成功"这一观点，进一步说明完美者在企业管理和发展中的重要作用。

（9）专家则为团队提供一些指导。没有专家，企业的业务就无法向纵深方向发展，企业的发展也将受到限制。

4. 团队角色搭配

团队当中有不同的角色，角色和角色间配合的时候，也会存在若干问题。在角色搭配的时候创业者需要对以下情况加以注意。

（1）创新者碰到协调者的上司，这时他们间的关系应该没有问题，因为协调者善于整合各种不同的人一起达成目标，但如果创新者碰到实干者的上司往往就会不太理想，因为实干者喜欢按计划做事，不喜欢变化。

（2）作为同事，创新者和凝聚者之间不会有问题，因为凝聚者擅长协调人际关系，但如果一个创新者碰到另一个创新者同事，这时两人会围绕着各自的立场和观点展开争议，就可能出现内耗。

（3）创新者的领导，如果碰到一个实干者的下属会很高兴，因为有人在把他具体的工作细节往前推，正好是一种互补，但要碰到一个推进者的下属，他们之间的矛盾可能就会激化。

（4）两个完美者在一起，可能作为上司的完美者并不欣赏作为下属的完美者，因为完美者永远觉得自己的标准是最高的，很难接受别人的标准，但完美者如果碰到实干者同事，往往彼此间很欣赏；如果碰到一个信息者的上司，完美者下属与他就会有一些冲突，因为信息者对于外界的新鲜事物接受得很快，而完美者主张有120%的把握时才去做，他们围绕着要不要采取新的方式和方法存在一些疑问。

在了解不同的角色对于团队的贡献以及各种角色的配合关系后，就可以有针对性地选择合适的人才，通过不同角色的组合来达到团队的完整。而且由于团队中的每个角色都是优点和缺点相伴相生，领导者要学会用人之长、容人之短，充分尊重角色差异，发挥成员的个性特征，找到与角色特征相契合的工作，使整个团队和谐，达到优势互补。

在一个创业团队中，成员的知识结构越合理，创业的成功性越大。纯粹的技术人员所组成的公司容易形成以技术为主、以产品为导向的情况，但往往产品的研发与市场脱节；全部是由市场和销售人员组成的创业团队缺乏对技术的领悟力和敏感性，也容易迷失方向。因此，在创业团队的成员选择上，创业者必须充分注意人员的知识结构——技术、管理、市场、销售等，充分发挥个人的知识和经验优势。

3.2.5 优秀创业团队的特征

不同的创业者在共同创业愿景的鼓舞下，形成了创业团队。搭建一支优秀的创业团队对任何创业者而言，都是一项至关重要的工作，是保证创业团队沿着共同目标，求同存异，最后实现团队愿景的组织保证。团队应该注意以下问题。

1. 知己知彼

有些创业者认为，绝大多数创业团队的核心成员都很少，一般是三四个人，多的也不过十来人，如此少的团队成员从企业管理的角度来看，实在是"小儿科"，因为人数太少，几乎每个从事管理工作的人都觉得能够轻易驾驭。但实际上，这个创业团队成员虽少，但是都有自己的想法、自己的观点，特别是当团队中具备领导特质的人有两个或两个以上时，团队成员在内心有不服管的信念。因此，我们对创业团队中的每个成员都不能抱有轻视的态度。

一个优秀创业团队的所有成员都应该相互非常熟悉，知根知底。《孙子兵法》云："知己知彼，百战不殆。"在创业团队中，团队成员都非常清醒地认识到自身的优劣势，同时对其他成员的长处和短处也一清二楚，这样可以很好地避免团队成员因为相互不熟悉而造成的各种矛盾、纠纷，迅速提高团队的向心力和凝聚力。同时，团队成员的熟悉更有利于成员工作的合理分配，最大可能地发挥各自的优势。

现在，国内许多大学生选择创业，他们选择的合作伙伴也多是同学、朋友、校友，但还是很快就失败了。为什么呢？因为他们选择的合作伙伴虽然都是他们的"熟人"，但是那些"熟人"之间是缺乏交流、沟通的，说到底，团队成员还是相互陌生的。

2. 有胜任的带头人

在企业管理和市场营销中，经常谈论领导者的核心竞争力。事实上，在创业团队中，带头人的作用更加重要。带头人正如航行于大海中的巨轮的舵手，指引着创业团队的方向。

创业团队中必须有可以胜任的领导者，而这种领导者并不是单单靠资金、技术、专利来决定的，也不是谁提出什么好的点子谁就当的。这种带头人是团队成员在多年共事过程中发自内心认可的，应该在创业团队中有巨大的、无形的影响力，能够有一呼百应的气势和号召力的领导者。

许多创业团队在很短的时间内就消亡了，很重要的原因在于创业团队的带头人根本不是一个合格的领导者。而领导者的作用，就是"决定一切"！许多年轻人雄心勃勃，期望一日升天，他们敢于第一个吃"螃蟹"，但是他们不一定是合适的创业团队带头人。

3. 有正确的理念

创业者要坚信组织能够健康发展下去，相信创业团队一定能够获得成功；不要一开始就想着失败，尤其不要用那些"经典"的理论如"只能共苦，不能共甘""天下没有不散的筵席"等支配自己的思想和行动，应该树立坚定的信念，要坚信团队的事业一定能成功。

4. 有严格的规章制度

俗话说："没有规矩不成方圆。"最初创业时创业者就把该说的话说到，该立的字据一定要立到，不要碍于情面；把最基本的责权利说得明白透彻，尤其股权、利益分配更要讲清楚，包括增资、扩股、融资、撤资、人事安排及解散等。这样在企业发展壮大后，才不会出现因利益、股权等的分配分歧产生团队成员之间的矛盾，导致创业团队的分散。

【课堂练习 3-4】举一个成功团队的例子，分析其成员的互补性。

3.3　创业团队组建和发展

【创业名言】

我更喜欢拥有二流创意的一流创业者和团队，而不是拥有一流创意的二流创业团队。

——多里特

企业发展就是要发展一批狼。狼有三大特性：一是敏锐的嗅觉；二是不屈不挠、奋不顾身的进攻精神；三是群体奋斗的意识。

——任正非

3.3.1　组建创业团队的基本条件

1. 树立正确的团队理念

（1）凝聚力。拥有正确团队理念的成员相信他们处在一个命运共同体中，共享收益、共担风险。团队工作，即作为一个团队而不是靠个别的"英雄"工作，每个人的工作相互依赖和支持，依靠事业成功来激励每个人。

（2）诚实正直。这是有利于顾客、公司和价值创造的行为准则。它排斥纯粹的实用主义或利己主义，拒绝狭隘的个人利益和部门利益。

（3）为长远着想。拥有正确团队理念的成员相信他们正在为企业的长远利益工作，正在成就一番事业，而不是把企业当作一个快速致富的工具。没有人打算现在加入进来，而在困境出现之前或出现时退出而获利，他们追求的是最终的资本回报及带来的成就感，而不是当前的收入水平、地位和待遇。

（4）承诺价值创造。拥有正确团队理念的成员承诺为了每个人而使"蛋糕"更大，包括为顾客增加价值，使供应商随着团队成功而获益，为团队的所有支持者和各种利益相关者谋利。

2. 确立明确的团队发展目标

目标在团队组建过程中具有特殊的价值。首先，目标是一种有效的激励因素。如果一个人看清了团队的未来发展目标，并认为随着团队目标的实现，自己可以从中分享到很多的利益，那么他就会把这个目标当成是自己的目标，并为实现这个目标而奋斗。从这个意义上讲，共同的未来目标是创业团队克服困难、取得胜利的动力。其次，目标是一种有效的协调因素。团队中各种角色的个性、能力有所不同，但是"步调一致才能得胜利"。孙子曰："上下同欲者胜。"只有真正目标一致、齐心协力的创业团队才会得到最终的胜利与成功。

3.3.2　创业团队组建原则

创业战略是全局性、长期性、方向性、纲领性决策，贯穿这一决策需要高素质的创业团队，没有良好的创业团队无法实现战略目标。创业团队需要分析创业战略的特点，不同的战略有不同要求，需要不同的人力资源，不同的产品类别需要不同的人才，找出最佳的创业战略与创业团队的搭配方案。

1. 志趣相投的原则

创业成员之间志趣相投是创业团队建立的前提。人们愿意与自己志趣相投的人一起交往。因为这些相似者彼此更加了解，而且容易预测合作伙伴的未来发展。大学生会选择那些家族背景、教育经历、社会阅历、工作经验与自己相似的人一起工作。如果是考虑工作中的配合，知识结构也很重要，它增强了沟通的便利性，有利于形成良好的人际关系。如果核心成员之间有明显相反的目标，那么他们之间的冲突就会增多。

2. 技能互补的原则

团队成员的知识、技能、性格的同质化会造成个人贡献雷同，缺乏新的见解和资源，造成组织的发展潜力相对较小，团队效率较低。创业者应寻找那些与自己不一样的人，即和自己互补的人。他们可以有效地弥补创业者知识、经历的不足。创业团队需要广博的知识、多样化的技能和丰富的经验，而这些远非一人或相同背景的"同质资源"所能为，需要寻找"异质资源"。当一个团队成员所缺少的东西能由另一个成员补充时，团队的功能因此放大，也更能体现一加一大于二的整合功能。

团队成员有性格差异，各有所长、各有所短，相互影响、相互弥补。团队成员中有些人性格古怪，但他们会在某一方面非常优秀，能有突出成果。组织应该对其加以包容和引导，避免一棍子打死。建立技能互补的创业团队是人力资源管理的关键。创业团队应包括的基本人才有管理型人才、技术型人才及营销型人才。

3. 权责利制衡的原则

创业团队要设计制衡机制，保证创业组织自我调节、自我约束。

首先，要合理分配权利，人人都有与岗位相应的权利，为了减少高层和低层之间的权力摩擦，提高效率和员工参与意识，组织可以把必要的权力集中在公司高管，其他权力尽量下放，加强下属部门的灵活性、自主性和创造性。

其次，每个岗位必须有明确的责任，授权不授责，不管如何授权，上级对下属的行动都要负责，而具体岗位人员对其岗位负责。为了更好地完成任务，主管人员必须拥有一定的权力，同时必须承担相应责任，并应当得到与其权责对等的利益。

4. 制定创业团队管理的原则

要处理好团队成员之间的权力和利益关系，创业团队必须制定相关的管理规则。这样有利于维持管理规则的相对稳定，而规则的稳定有利于团队的稳定。

团队的管理规则大致可以分为三个方面。

（1）治理层面的规则，主要解决剩余索取权和剩余控制权的问题。治理层面的规则大致可以分为合伙关系与雇用关系。在合伙关系下大家都是老板，大家说了算；而在雇用关系下只有一个老板，一个人说了算。除了利益分配机制和争端解决机制，还必须建立进入机制和退出机制。没有出入口规则的游戏是不完整的，因此要约定以后创业者退出的条件和约束，以及股权的转让、增股等问题。

（2）文化层面的规则，主要解决企业的价值认同问题。企业章程和用工合同解决的是经济契约问题，但作为管理规则它们还是很不完备的。经济契约不完备的地方要由文化契约来弥补。它包括很多内容，但也可以用"公理"和"天条"这两个词简要地概括。所谓"公理"，就是团队内部不证自明的东西，它构成团队成员共同的终极行为依据。所谓"天条"，就是团队内部任何人都碰不得的东西，它对所有团队成员都构成约束作用。

（3）管理层面的规则，主要解决指挥管理权问题。管理层面的规则最基本的有三条：一是平等原则，制度面前人人平等，不能有例外现象；二是服从原则，下级服从上级，行动要听指挥；三是等级原则，不能随意越级指挥，也不能随意越级请示。这三条原则是秩序的源泉，而秩序是效率的源泉。当然，仅有这三条原则是不够的，但它们是最基本的原则，是建立其他管理制度的基础。

【课堂练习 3-5】阐述自己的创业想法，并组建创业团队。

3.3.3　组建创业团队的程序和方法

创业者可以采用以下方法组建创业团队。

1. 撰写创业计划书

通过撰写创业计划书，使自己的思路进一步清晰，也为后来寻找合作伙伴奠定基础。

2. 优劣势分析

分析自我，发掘自己的特长，确定自己的不足。创业者要对自己正在或即将从事的创业活动有足够清醒的认识，并使用 SWOT 法分析出自己的优点与缺点、性格与能力特征、拥有的知识、人际关系及资金等方面的情况。

3. 确定合作形式

通过第二步的分析，创业者可以根据自己的情况，选择有利于实现创业计划的合作方式，从而寻找出能与自己形成技能互补的创业合作者。

4. 寻找创业合作伙伴

创业者可以通过媒体广告、亲戚朋友同学介绍、各种招商洽谈会、互联网等形式寻找创业合作伙伴。

5. 沟通交流，达成创业协议

找到有创业意愿的合作伙伴后，双方还需要就创业计划、股权分配等具体合作事宜进行深层次、多方位的全面沟通。合作前的充分沟通与交流是创业企业其后稳定发展的保障。

6. 落实谈判，确定权责利

双方充分沟通与交流达成一致意见后，创业团队建立权责利统一的团队管理机制。创业团队内部需要妥善处理各种权力和利益关系。

3.3.4　创业团队的组织形式

创业团队投资是一种创业性投资活动。创业团队投资由于投资时机、投资对象的选择，以及资本额的大小、对投资收益的期望值等而具有较高的风险。这类投资活动采取何种组织形式，对于投资本身及其成效具有重要影响。一般而言，创业团队在创业投资时可采用的组织形式主要有公司制、合伙制两种，两种形式各有其特点。

1. 公司制

创业投资采用公司制形式，即设立有限责任公司或股份有限公司，运用公司的运作机制及形式进行创业投资。采用公司制的优势主要体现在以下几个方面。一是能有效集中资金进行投资活动；二是公司以自有资本进行投资有利于控制风险；三是对于投资收益公司可以根据自身发展，做必要扣除和提留后再进行分配；四是随着公司的快速发展，可以申请对公司进行改制上市，使投资者的股份可以公开转让以套现资金用于循环投资。

有限责任公司是由两个以上的创业投资者共同出资，每个投资者以其认缴的出资额对公司承担有限责任，公司以其全部资产对其债务承担责任的企业法人。股份有限公司是指全部资本由等额股份构成并通过发行股票筹集资本，股东以其认购的股份对公司承担责任，公司以其全部资产对公司债务承担责任的企业法人。

2. 合伙制

合伙制是指依法在中国境内设立的由各合伙人订立合伙协议，共同出资、合伙经营、共享收益、共担风险，并对合伙企业债务承担无限连带责任的营利性的经营组织。创业团队投资采取合伙制，有利于将创业投资中的激励机制与约束机制有机结合起来。

合伙人执行合伙企业事务，分为全体合伙人共同执行合伙企业事务、委托一名或数名合伙人执行合伙企业事务两种形式。全体合伙人共同执行合伙企业事务，是指按照合伙协议的约定，各个合伙人都直接参与经营，处理合伙企业的事务，对外代表合伙企业。委托一名或数名合伙人执行合伙企业事务，是指由合伙协议约定或全体合伙人决定一名或数名合伙人执行合伙企业事务，对外代表合伙企业。

在我国现阶段，主要有四种合伙形式：亲戚内合伙、家族内合伙、朋友间合伙、同事间合伙。咨询公司、律师事务所和会计师事务所多数采用合伙制形式。在我国农村，农民办的很多企业都采用了合伙制形式。在全世界90%以上的小企业中有80%是家族企业，甚至在《财富》杂志排名前500家的大企业中，就有1/3属于家庭企业。不同类型的合伙形式都有自身的优势和不足。就家族合伙制来说，创业时期，凭借创业者之间的血缘关系，能够以较低的成本迅速吸纳人才，团结奋斗，甚至不计较报酬，从而使企业能在短时间内获得竞争优势；内部信息沟通顺畅，对外部市场信息反馈及时，总代理成本比其他类型的企业低。但这种类型的企业的缺点是难以得到优秀的人才，这在某种程度上制约其迅速发展。

📚 创业案例

谁应该来做老大

阿创来信：

我叫阿创，我的创业伙伴是阿发。我手头资金有限，只能出资15万元，阿发出资30万元。

我准备辞掉手头工作全职投入创业，负责公司的销售。我手头有客户资源，已经拿到约800万元的合同订单。我会从公司领取8万元的年薪。

阿发目前在一家国企上班，在创业前两年不想加入我们合伙的创业企业，不拿工资，但会提供技术支持。另外，阿发已经说服他的朋友阿投，同意为我们公司投资200

万元。阿发说,他还可以为公司拉到后续融资。

阿发自己手头还经营着一家教育培训公司。他不想把这块业务装进我们合伙的创业企业。

我们面临的问题是,我们应该如何分配股权?阿发想当大股东,占股 50% 以上。我的想法是,公司作价 1 000 万元。投资人 200 万元占 20%,我和阿发各占 40%。

你对于我们初创企业的股权分配有什么建议?

资料来源:引自 https://www.cyzone.cn/article/104412.html,有删改。

3.3.5　创业团队的发展过程

创业团队的发展过程分成四个阶段。

1. 启动阶段

这个阶段的显著标志是团队缺乏创业的经验,并且怀有对未来高收益的憧憬。此时,团队成员在不断磨合,彼此间相互理解,愿意共担责任,逐渐形成一起工作的默契,同时也在寻找能够帮助他们的各种外部资源。

2. 成长导向阶段

这个阶段是团队以集体成长导向为标志,但创业团队成员不知道如何获得成长且不清楚企业未来的发展方向。在这个阶段,创业团队对外开始聚焦于获取资源、发展知识和技能以便在市场上有效竞争,对内共同应对各种事件,并对将来的发展和当前的业务进行扩大。

3. 愿景阶段

在这个阶段,团队已经形成了一个清晰的商业愿景。团队首先要把愿景分解成一系列可达成的目标,并且制订一系列实施方案。其次需要明确各个成员的任务与角色,界定其职责,共同发挥自己在团队里的能力,实现一加一大于二。

4. 制度化阶段

在这个阶段,创业团队成员从对创业企业的忠诚转变为对当前事业及其未来发展方向的关心。制定创业团队的管理规则,要处理好团队成员之间的权力和利益关系。团队创业管理规则的制定,要有前瞻性和可操作性,要遵循先粗后细、由近及远、逐步细化、逐次到位的原则。

问题思考

1. 创业者的特征有哪些?

2. 什么是创业团队？

3. 创业团队有哪些要素构成？

4. 创业团队的类型有哪些？

5. 结合实际情况，说明组建创业团队的程序和方法。

🕐 实训活动

实训 1：创业者特质自我评估

在下列描述中选择一个符合你的情况或接近你的情况的选项。

描述 1：

A. 不用别人告诉我开始做，我就会独立完成一些事情。

B. 如果有人让我开始做，我就会顺利完成。

C. 尽管做起来很简单，但是除非是我必须要做的，否则我是不会做的。

描述 2：

A. 我喜欢与人交往，愿意与任何人沟通。

B. 我有很多朋友——我不需要其他的人了。

C. 我发现大多数人都是麻烦。

描述 3：

A. 当我开始做事的时候，我会让很多人和我一起做。

B. 如果有人告诉我必须做，我会命令别人去做。

C. 我会让其他人去做，然后如果我喜欢我会一起去做。

描述 4：

A. 我愿意承担责任。

B. 如果必须要我做，我会负责，但是我宁愿让别人去负责。

C. 周围总有人愿意显示他们的聪明，我说就让他们去做吧。

描述 5：

A. 我喜欢在事情开始前做一个计划，我是一个经常将事情安排得井然有序的人。

B. 我会做好大多数事情，如果太困难，我就会放弃。

C. 如果有人准备就绪，然后安排和处理整个事情。我就随遇而安了。

描述 6：

A. 只要我需要我就会坚持做的，我不会介意为我想做的事而努力工作。

B. 我会努力工作一段时间，但是当我觉得做够的时候，我就不会做了。

C. 我不会为有点成就就去努力工作。

描述 7：

A. 我能很快地做出决定，并且大多数都是对的。

B. 如果我有足够多的时间，我就能够做出决定。但是如果做出决定的时间很短，我经常就会过后改变主意。

C. 我不喜欢做决定，因为我经常做出错误的决定。

描述 8：

A. 人们相信我说的，我从来不说谎话。

B. 我在大多数时间里都讲真话，但有些时候却做不到。

C. 如果人们不知道事情的真伪，我为什么要讲真话呢？

描述 9：

A. 如果我决心做什么事情，就不会让任何事情阻止我。

B. 如果不出现差错，我经常会完成我的事情。

C. 如果一些事情我不能连续做，我就会改变方向或者放弃。

描述 10：

A. 我的健康状况非常好，我从不会病倒。

B. 我有足够的精力去做我想做的事情。

C. 在我的朋友看来，我的精力很快就用完了。

解析：

第一种情况：选择 A 项有 7～10 个，表明你是个称职的创业者。

第二种情况：选择 A 项少于 7 个，或者选 B 项有 7～10 个，表明当你试图自己去经营一个企业时，你可能会遭遇很多困难。给你一个好的建议，就是找到一个或两个能够弥补你劣势的合作者。

第三种情况：选 C 项 7～10 个，表明立刻就创办和经营一个企业，目前对你来说可能不是一个可行的选择。如果你希望从事创业，那么就要努力锻炼创业者所必需的能力。

实训 2：打工者何以变成亿万富翁

讨论：你认为以下视频案例中的创业者具备哪些过人的素质？

视频地址：http://v.youku.com/v_show/id_XMTg0MjQzNjUy.html。

以上案例说明创业者需要具有怎样的素质？如何培养或改进这些素质？

实训 3：寻找你的创业英雄

选择你最想了解的 1 到 2 位创业者或企业家，他们可以是你心目中的典范或仰慕的榜样，也可以是你所知甚少但非常想了解的人，以小组为单位，撰写一篇访问的专题报告（约 1 000 字）。其内容包括访谈时间、地点，被访问者姓名、年龄、性别，创业的动机、经历，如何发现商机，成功的关键因素，创业中遇到的困难及解决对策，特有的个性和品质，获得的外部帮助，重点是创业者的经验、体会、教训等。

各组学生在进行采访时要与创业者合影，并把采访的最深感受与心得制作成 PPT，或以视频、电子杂志的形式在课堂上与大家分享。

实训 4：迷失丛林活动

形式：先以个人形式，之后再以小组形式完成。

类型：团队建设。

时间：30 分钟。

材料及场地："迷失丛林"工作表及专家意见表，教室及会议室。

适用对象：所有学生。

活动目的：通过具体活动来说明，团队的智慧高于个人智慧的平均组合，只要学会运用团队工作方法，就可以达到更好的效果。

操作程序：

1. 老师把"迷失丛林"工作表（见表 3-1）发给每位学生，然后讲下面这一段故事。

你是一名飞行员，但你驾驶的飞机在飞越非洲丛林上空时突然失事，这时你必须跳伞。与你一起落在非洲丛林中的有 14 样物品，这时你必须为生存做出一些决定。

2. 在 14 样物品中，先以个人形式把 14 样物品以重要顺序排列出来，把答案以排序数字的形式写在第一栏。

3. 当大家都完成之后，分小组进行讨论，以小组形式把 14 样物品重新按重要顺序再排列，并把答案数字写在工作表的第二栏，讨论时间为 20 分钟。

4. 当小组完成之后，老师把专家意见表发给每个小组，小组成员将专家意见转入第三栏。

5. 用第三栏减第一栏，取绝对值得出第四栏，用第三栏减第二栏取绝对值得出第五栏，把第四栏累加起来得出个人得分，第五栏累加起来得出小组得分。

6. 老师把个人与小组的分数情况记录在白板上，进行点评。

表 3-1 "迷失丛林"工作表

序号	供应品清单	第一栏 个人排序	第二栏 小组排序	第三栏 专家排序	第四栏 个人与专家比较	第五栏 小组与专家比较
A	药箱					
B	手提收音机					
C	打火机					
D	3 支高尔夫球杆					
E	7 个大的绿色垃圾袋					
F	指南针					
G	蜡烛					
H	手枪					
I	1 瓶驱虫剂					
J	大砍刀					
K	蛇咬药箱					
L	1 盆轻便食物					
M	1 张防水毛毯					
N	1 个热水瓶（空的）					
	绝对值总计					

第 4 章

发现创业机会

本章概要

本章的四节内容依次递进，分别是理解创业机会、识别创业机会、评估创业机会与开发创业机会。具体内容包括：创业机会的内涵与特征，创业机会的来源；识别创业机会的过程与影响因素，创业机会的识别方法；创业机会评估的准则与所考虑的因素，选择利己的创业机会；选择细分市场、描述最终顾客、估计市场规模、产品的可视化和寻找销售通路。

重点难点

1. 重点：创业机会的内涵与特征，创业机会的来源，识别创业机会的过程与影响因素，创业机会的识别方法，开发创业机会的流程。

2. 难点：创业机会评估的准则与所考虑的因素。

学习要求

1. 知识目标：了解创业机会的来源与特征，创业机会识别与评价的内容。

2. 能力目标：掌握识别、评价创业机会的方法，掌握创业行业选择策略和技巧，掌握开发创业机会的步骤。

3. 素质目标：基本具备发现需求的敏感性与对机会进行分析的创业潜质。

案例导入

牛仔裤的诞生

美国人李维·斯特劳斯想发财，跟许多人一样到西部淘金，但想不到路上一条大河拦住了路，别人一筹莫展的时候，他却说棒极了。大河拦住了去路，大家要过河，怎么办？他就去租了一条船，在那里摆渡，谁过河都要给钱，于是他赚了一笔钱。但好好的生意却被别人抢去了，他又说棒极了。采矿的时候天热，别人采矿他卖水，他又赚了不少钱。后来生意又被人抢走了，他还说棒极了。那时工人采矿都是跪在地上，裤子膝盖上磨得都是洞，而矿山周围到处都是丢弃的帆布帐篷，他就把别人丢弃的帐篷收集起来洗干净做成裤子，这种结实的裤子很受工人的欢迎。这种帆布做成的裤子便是第一批牛仔裤。

资料来源：引自 http://www.doc88.com/p-3374974184845.html，有删改。

【课堂练习4-1】你认为什么是创业机会？如何才能找到创业机会？

4.1　创业机会概述

【创业名言】

在一切大事业上，人在开始做事前要像千眼神那样察看时机，而且在进行时要像千手神那样抓住时机。

——培根

机不可失，时不再来。

——张九龄

来而不可失者时也，蹈而不可失者机也。

——苏轼

最明亮的欢乐火焰大概都是由意外的火花点燃的。人生道路上不时散发出芳香的花朵，也是从偶然落下的种子自然生长起来的。

——塞缪尔·约翰逊

好花盛开，就该尽先摘，慎莫待美景难再，否则一瞬间，它就要凋零萎谢，落在尘埃。

——莎士比亚

"机会"即行事的际遇与时机，指一系列有利于做事的环境条件。机会对行事非常关键，唐代诗人罗隐曾说："时来天地皆同力，运去英雄不自由。"其中的"时"与"运"指的就是做事的机会。社会学家托·富勒说："一个明智的人总是抓住机遇，把它变成美好的未来。""花开堪折直须折，莫待无花空折枝"，创业者需要善于发现并抓住创业机会，否则创业就无从谈起。

4.1.1　创业机会的内涵

关于创业机会的解释，学者卡森认为，创业机会是指在新的生产方式、新的产出或二者之间关系形成的过程中，引进新的产品、服务、原材料和组织方式，得到比生产成本更高价值的情形。经济学家科兹纳认为，创业机会的最初状态是"未精确定义的市场需求或未得到充分利用的资源和能力"。简单来说，创业机会是指有利于创业的环境条件。

从供给侧来看，创业机会指的是新的产品、新的服务、新的材料、新的生产组织方式。从需求侧来看，创业机会是指未被满足或未能被充分满足的需求。从客观资源来说，创业机会是指开发未能得到充分利用的资源与能力。

1. 新产品、新服务

新的产品与服务相比于原来的产品与服务在质量、功能等方面有很大的改进，能给客户带来更多的价值，在性价比方面有很大的优势。产品与服务的创新很容易受到消费者的欢迎，得到市场的青睐。瞄准新产品、新服务的发展趋势，进行适当的产品改进与服务创新，是创业者的首选。例如：消费电子领域不断更新换代的电脑、手机、智能穿戴设备、智能家电，移动互联网领域各种各样的 App 软件，现代服务业中持续升级的以娱乐、健康、体验为主题的各类项目。

2. 新材料、新技术

创业机会可以理解为新材料或新技术，新材料的使用或新技术的采纳能够使产品与服务的价值得到提升或使成本得到降低。价值的提升让客户的满意度有所提高，成本的降低为客户节约了资源。基于新材料或新技术的创业机会一般存在于制造业，但也可以在服务业中找到。例如可以弯曲的手机、无人超市等。

3. 新的生产组织方式

创业机会可以理解为生产组织方式的创新，生产组织方式的创新能够使产品的生产或服务的提供更快捷、更流畅，能够明显降低成本、提高效率、增进效益。例如网购、网售、众筹、众包等。

4. 未被满足的需求

创业机会可以理解为尚未被满足的需求，有需求就有市场，有需求就是创业机会，特别是普遍的、必要的需求，我们称之为刚需或消费痛点。例如快递、外卖、家政等。

5. 开发闲置的资源

创业机会可以理解为整合开发现有闲置的资源，有些社会资源并没有被充分利用，闲置的资源并未发挥或实现它的价值。如果能够整合利用现有闲置的资源，既能给闲置资源的所有者带来收益，又能节约资源增加社会利益。例如共享单车、滴滴打车等共享经济领域的各个创业项目。

【课堂练习 4-2】什么是创意？创意是不是创业机会？

4.1.2　创业机会的特征

有的创业者认为，自己有很好的想法和点子，对创业充满信心。有想法有点子固然重要，但是并非每个大胆的想法和新奇的点子都能转化为创业机会。许多创业者因为仅凭想法去创业而失败了。那么如何判断一个好的创业机会呢？《创业学：21 世纪的创业精神》的作者之一杰弗里·蒂蒙斯教授提出，好的创业机会有以下四个特征。

首先，好的创业机会能吸引顾客，有足够的需求，潜在用户多。

其次，好的创业机会要能适应创业者所处的商业环境与当地商业规则，否则可能会出现纸上谈兵、水土不服的情况。

再次，好的创业机会具有时效性，要在适当的时机抓住合适的创业机会。所谓的机会之窗一般是指某产品或某行业生命周期的初始期。

最后，好的创业机会只属于善于运作、懂得经营的人。创业者必须有足够的资源（人、财、物、信息、时间）和技能才能创立业务，掌握核心能力并能够整合相关资源的人，才有成功的可能性。

【课堂练习 4-3】创业者该如何把握创业机会？

4.1.3　创业机会的来源

1. 问题中隐藏机会

创业的根本目的是满足顾客需求，而顾客需求在没有被满足之前就是问题，问题可被理解为现实与理想的差距，许多成功的企业都是从解决问题起步的。寻找创业机会的一个重要途径是善于去发现与体会自己和他人在需求方面的问题或生活中的难处。比如，上海有一位大学毕业生发现远在郊区的本校师生往返市区交通十分不便，于是创办了一家客运公司，这就是把问题转化为创业机会的成功案例。再比如，共享单车、美团外卖、滴滴打车、途牛网等，都是因为解决了人们生活或旅游中遇到的问题而取得成功。创业者要善于找出顾客的问题，并认真研究其需求特征，这样就可能发现和把握商机。

2. 变化中酝酿机会

创业机会大都产生于不断变化的市场环境，环境变化会导致市场需求与市场结构的变化。著名管理大师彼得·德鲁克将创业者定义为那些能"寻找变化，并积极反应，把它当作机会充分利用起来的人"。这种变化主要来自于产业结构的调整、消费结构的升级、城市化的加速、思想观念的变化、政府政策的变化、人口结构的变化、居民收入水平的提高、全球化趋势等诸多方面。透过这些变化，就会发现新的机会。在过去，计划生育、环境保护、金融监管等政策的变更与调整就已经引发并创造了一系列的商机，如果创业者善于研究和利用政策，就能抓住商机站在潮头。比如居民收入水平提高，私人轿车的拥有量将不断增加，这就会派生出汽车销售、修理、配件、清洁、装潢、二手车交易、代驾等诸多创业机会。

3. 创新中凸显机会

创造发明提供了新产品、新服务，更好地满足顾客需求，同时也带来了创业机会。

比如随着电脑的诞生，电脑维修、软件开发、电脑操作的培训、图文制作、信息服务、网上开店等创业机会随之而来，即使你不发明新的东西，你也能成为销售和推广新产品的人，从而给你带来商机。例如，随着健康知识的普及和技术的进步，围绕"水"就带来了许多创业机会，上海就有不少创业者加盟"都市清泉"而走上了创业之路。

跟踪技术创新把握机会，世界产业发展的历史告诉我们，几乎每个新兴产业的形成和发展，都是技术创新的结果。产业的变更或产品的替代，既满足了顾客需求，同时也带来了前所未有的创业机会。

4. 竞争中产生机会

如果你能弥补竞争对手的缺陷和不足，这也将成为你的创业机会。看看你周围的公司，你能比他们更快、更可靠、更便宜地提供产品或服务吗？你能做得更好吗？若能，你也许就找到了机会。弥补对手缺陷把握机会。很多创业机会是缘于竞争对手的失误而"意外"获得的，如果能及时抓住竞争对手策略中的漏洞，或者能比竞争对手更快、更可靠、更便宜地提供产品或服务，也许就找到了机会。

【课堂练习 4-4】创业机会一定是指拥有创新性的技术吗？

4.2　识别创业机会

【创业名言】

只有愚者才等待机会，而智者则造就机会。

——培根

明者因时而变，知者随事而制。

——桓宽

一个人不论干什么事，失掉恰当的时节、有利的时机就会前功尽弃。

——柏拉图

机会对于不能利用它的人又有什么用呢？正如风只对于能利用它的人才是动力。

——西蒙

4.2.1　创业机会识别的含义

创业机会识别是指创业者识别新的创业机会的过程，是创业的初始阶段。巴伦（Baron）提出创业机会识别是人们在面对多样化外部环境的刺激时对商业机会是否存在的一种知觉。岳甚先明确指出，创业机会识别是创业者感知、发现并开创新事业、新企业的过程或活动。与创业机会的两种观点相对应，研究者关于机会识别的理解同样分为两种。持客观观点的学者认为，机会是客观存在于外部环境之中的，需要创业者去发现。另一些学者则认为，机会识别事实上是主观的，是创造过程而非发现过程，甚至机会识别本身就是创造性的。随着研究的不断深入，研究者们逐渐意识到以上两种观点并不矛盾，而是互相补充的。因为创业机会既可以被发现同时也可以被创造，在机会识别中主客观因素的作用是同等重要的。

延伸阅读

创业机会的类型

如何识别创业机会是创业者首先要解决的问题。好的创业机会，必然具有特定的市场定位，专注于满足顾客需求，同时能为顾客带来增值的效果。创业需要机会，机会要靠发现。要想寻找到合适的创业机会，创业者应识别以下创业机会[10]。

1. 现有市场机会和潜在市场机会

市场机会中那些明显未被满足的市场需求被称为现有市场机会，那些隐藏在现有需求背后的、未被满足的市场需求被称为潜在市场机会。现有市场机会表现明显，往往发现者多，进入者也多，竞争势必激烈。潜在市场机会则不易被发现，识别难度大，往往蕴藏着极大的商机。例如，金融机构提供的服务与产品大多是针对专业投资大户，而占有市场大量资金的普通投资者未受到应有的重视，这种矛盾显示出为一般大众投资提供服务的产品市场极具潜力。

2. 行业市场机会与边缘市场机会

行业市场机会是指某一个行业内的市场机会，而在不同行业之间的交叉结合部分出现的市场机会被称为边缘市场机会。一般而言，人们对行业市场机会比较重视，因为发现、寻找和识别的难度系数较小，但往往竞争激烈，成功的概率也低。而在行业与行业之间出现"夹缝"的真空地带，往往无人涉足或难以发现，需要有丰富的想象力和大胆的开拓精神，一旦开发，成功的概率也较高。比如，人们对于饮食需求认知的改变，创造了美食、健康食品等新兴行业。

3. 目前市场机会与未来市场机会

那些在目前环境变化中出现的市场机会被称为目前市场机会，而通过市场研究和预测分析它将在未来某一时期内实现的市场机会被称为未来市场机会。如果创业者提前预测到某种机会将出现，就可以在这种市场机会到来前早做准备，从而获得领先优势。比如，我国三家互联网巨无霸公司"BAT"在大数据领域的布局，亚马逊等公司在人工智能领域的布局。

4. 全面市场机会与局部市场机会

全面市场机会是指在大范围市场出现的未满足的需求，如国际市场或全国市场出现的市场机会，着重于拓展市场的宽度和广度。而局部市场机会则是在一个局部范围或细分市场出现的未满足的需求。在大市场中寻找和发掘局部或细分市场机会，见缝插针、拾遗补阙，创业者就可以集中优势资源投入目标市场，有利于增强主动性，减少盲目性，增加成功的可能。

资料来源：根据"杨芳，刘月波，刘万韬，等.大学生创新与创业教程 [M]. 2 版.天津：南开大学出版社，2016：111."，有删改。

4.2.2　创业机会识别的过程

创业机会识别是包含着经济和认知的复杂过程。机会识别是一个阶段性模型，包括机会发现阶段和机会形成阶段。机会发现阶段包括准备、孵化和洞察；机会形成阶段包括机会的评估和深加工。林嵩（2010）把创业机会识别分为两个阶段：机会搜索和机会开发。这两个阶段在时间上存在着先后顺序，而在内部逻辑上存在着紧密的联系。纵观学者们的研究，他们都将创业机会识别的过程总结为机会的发现、评价和开发这样一个过程。

1. 机会的发现

在发现机会阶段，创业者利用自身知识和技能、个人背景、工作或学习经历、爱好以及社会网络，结合外部环境的市场需求、经济趋势、人口变化、政策风口、行业竞争等特征与变化，经过充分的创新思考与构思，进而形成一个或多个创业想法或项目。创业想法的产生既有偶然性也有必然性，可以肯定的是，有价值的创业想法的产生带有很大的不确定性。

2. 机会的评价

在机会评价阶段，创业者需要对已经产生的创业想法的价值和可行性进行评定和判断。评估的方式包括初步的市场调查、与他人进行交流以及对商业前景的考察。评估的立场与态度至关重要，很多创业者对项目的评价过于乐观，甚至带有严重的"自恋"情结，不够客观公正。对竞争对手、市场需求估计不足，对产品生产、项目运作过程中的困难缺少预见能力是很多创业项目失败的原因。

3. 机会的开发

在机会开发阶段，创业者要对确定下来的创业想法进一步细化。对目标顾客进行访谈，深入的市场调查，尝试设计关键业务、整合关键资源，拿出具体的可视化的产品及服务，组织行业专家、市场人士讨论完善产品及服务[11]。

【课堂练习 4-5】创业机会的识别是一蹴而就的吗？

4.2.3　影响机会识别的因素

创业机会识别作为一种主动行为，带有浓厚的主观色彩，创业者的个体因素（包括敏感性、先验知识、创造力和社会资本）起到了重要作用。此外，一些研究者逐渐认识到机会识别是个体与环境的互动过程，外部因素尤其是环境中的客观机会因素本身的影响同样不容忽视。

1. 个体因素

（1）敏感性。创业敏感性指一种持续关注、注意未被发掘的机会的能力，是创业者内在的发现、掌控与把握机会的能力。

（2）先验知识。先验知识包括特殊兴趣和产业知识两个维度。前者指对某一领域及其相关知识的强烈兴趣，后者是由创业者在多年工作中积累而来的知识和经验。对于创业者而言，先验知识是识别潜在商机的主要决定因素，它们帮助创业者识别了新信息的潜在价值。每个人都有自己独特的先前经验与先验知识，这就构成了其有别于他人的知识走廊，这种特异性就解释了为何有些人更容易发现一些特定的机会，而其他人则不能。

（3）创造力。创造力或创新能力最早与乐观、自我效能等因素一同被归为成功创业者的性格特质。虽然近年来，有关性格特质对创业过程的研究越来越少，但与一般人格特质不同，创造力的重要作用却日益显现。发散性思维和聚合性思维共同构成了创造力，研究发现，在信息多样化的条件下，发散性思维会对创业想法的形成产生显著的影响。

（4）社会资本。社会资本又称社会网络，是联系创业者和创业机会的纽带与桥梁，创业者需通过自己的社会网络获得有关创业机会的信息。创业者自身社会网络的规模大小、多样性、强度及密度将对机会的识别与把握产生重要的影响。

2. 环境因素

有研究表明，在机会识别领域，个体中心的研究成果已颇为丰硕，今后研究更多的注意应放在机会本身上。由各种环境因素组合形成的创业机会时隐时现、瞬息万变，机会本身的差异在创业机会识别中的作用不可忽视。有人认为相对隐性的机会比较容易通过先前经验识别，而相对显性和规范的机会则比较容易通过系统搜索识别。有研究者提出，应该从个体因素与机会因素整合的视角去考察创业机会识别过程。研究表明，创业者更偏好于有价值的并且与自己以往知识有关的机会，因为这种机会符合创业者的愿望并具有一定的可行性。

尽管创业机会识别的影响因素在不断地丰富和完善，但单一影响因素的作用已不足以解释整个过程，因此对各影响因素交互作用的探讨成了必然趋势。

4.2.4　创业机会的识别方法

投资创业要善于抓住好的机会，把握住某个稍纵即逝的投资创业机会，就等于成功了一半。发现创业机会的方法，具体表现在以下几个方面。

1. 从"变化"中发现机会

环境的变化，会给各行各业带来良机，人们透过这些变化，就会发现新的创业机会。变化可以包括产业结构的变化、科技进步、通信革新、政府优化管制、经济信息化、服务化、价值观与生活方式变化、人口结构变化。

2. 从"问题"中找到机会

发现顾客的问题与消费痛点，着眼于那些大家"苦恼的事"和"困扰的事"，因为是苦恼，是困扰，人们总是迫切希望其得到解决。如果找到并提供解决这些问题的办法，实际上就是找到了机会。

3. 从"资源"中挖掘机会

每个人都有属于自己的资源，包括自身的知识能力、兴趣特长、人脉关系，想想自己能干什么。每个人也有自己熟悉的环境，自己生活、学习、工作的地方，看看有哪些自然资源、商业资源，一方水土养一方人，靠山吃山，靠水吃水，利用可得到的资源形成的创业机会，其成功的概率会更高。

4. 从"科技"中把握机会

随着科技的发展，在大数据、人工智能等科技领域寻求创业机会是当下创业者热衷的趋势，但创业机会并不只属于高科技领域。随着移动互联网的发展，在运输、金融、保健、饮食、流通这些领域也出现了大量机会。

【课堂练习 4-6】创业机会的识别与哪些因素有关？

延伸阅读

大学生创业方向选择

大学生创业只有根据自身特点，找准"落脚点"，才能闯出一片真正适合自己的新天地。

方向一：高科技领域

身处高新科技前沿阵地的大学生，在这一领域创业有着近水楼台先得月的优势，"易得方舟""视美乐"等大学生创业企业的成功，就是得益于创业者的技术优势。但并非所有的大学生都适合在高科技领域创业，一般来说，技术功底深厚、学科成绩优秀的大学生才有成功的把握。有意在这一领域创业的大学生，可积极参加各类创业大赛，获得脱颖而出的机会，同时吸引风险投资。

推荐商机：软件开发、网页制作、网络服务、手机游戏开发等。

方向二：智力服务领域

智力是大学生创业的资本，在智力服务领域创业，大学生游刃有余。例如，家教领域就非常适合大学生创业，一方面，这是大学生勤工俭学的传统渠道，积累了丰富的经验；另一方面，大学生能够充分利用高校教育资源，更容易赚到"第一桶金"。此类智力服务创业项目成本较低，一张桌子、一部电话就可开业。

推荐商机：家教、家教中介、设计工作室、翻译事务所等。

方向三：连锁加盟领域

据统计数据显示，在相同的经营领域，个人创业的成功率低于 20%，而加盟创业的成功率高达 80%。

对创业资源十分有限的大学生来说，借助连锁加盟的品牌、技术、营销、设备优势，可以靠较少的投资、较低的门槛实现自主创业。但连锁加盟并非"零风险"，在市场鱼龙混杂的现状下，大学生涉世不深，在选择加盟项目时更应注意规避风险。一般来说，大学生创业者资金实力较弱，适合选择启动资金不多、人手配备要求不高的加盟项目，从小本经营开始为宜；此外，最好选择运营时间在 5 年以上、拥有 10 家以上加盟店的成熟品牌。

推荐商机：快餐业、家政服务、校园小型超市、数码速印站等。

方向四：开店

大学生开店，一方面可充分利用高校的学生顾客资源；另一方面，由于熟悉同龄人的消费习惯，因此入门较为容易。正由于走"学生路线"，因此要靠价廉物美来吸引顾客。此外，由于大学生资金有限，不可能选择热闹地段的店面，因此推广工作尤为重要，需要经常在校园里张贴广告或和社团联办活动，才能广为人知。

推荐商机：高校内部或周边地区的餐厅、咖啡屋、美发屋、文具店、书店等。

资料来源：引自 http://xinwen.jgaoxiao.com/jiuyechuangye-extra-19773.html，有删改。

📚 创业案例

案例 1：吉列和他的安全剃须刀

过去人们用长型剃刀剃须容易刮破脸。自小就看到父亲剃须时常常刮破脸，吉列（King C. Gillette）长大之后也有同感，决心创造出一种更加安全、方便的剃刀。1903 年，吉列创造出世界上第一个可以更换刀片的安全剃须刀。如今，吉列新产品拥有 30 多种功能，20 多项专利技术。吉列年产值达到数十亿美元，市值达 400 多亿美元。

资料来源：引自 http://www.studylead.com/p-7063441.html，有删改。

思考：你能发现这个创业机会吗？为什么？

案例 2：小胡和小姜的维修站

在农村做家电维修的小胡和小姜，每天都以修收录机、电视机为生，但前者是一个经营上的"不安分者"，后者则是一个循规蹈矩的"老实人"。

后来，小胡突发奇想，寻找到新的商机：他发现当地的农民用上了自来水后，将来就有可能使用洗衣机，有洗衣机便会有维修洗衣机的业务。于是，他买回本地市场上常见品牌的洗衣机供周围的人使用，目的之一是让人们尝尝洗衣机的甜头，目的之二是学习洗衣机的结构、保养和维修。果不其然，一年后，一台台洗衣机进入农村，维修业务几乎全被小胡包揽了，而小姜只能眼睁睁看着自己失去一次扩大维修范围的机会。

资料来源：引自 http://www.studylead.com/p-7063441.html，有删改。

思考：发现创业机会需要什么素质？

案例 3：李帅的农村创业梦

大学生李帅，毕业后到家乡某村任村主任助理。"当时对农村工作毫无头绪，在理想与现实的落差中曾有过心理失衡。今年年初，镇里成立了大学生创业园，这给我们极大的鼓励。"

李帅向镇里汇报了创业的想法，并到当地一个公司"毛遂自荐"。该公司正在筹划一个生态养殖项目，听说李帅是学食品专业的，就热情地邀请李帅参加。李帅和镇里的招商分队一起到外地招商，并争取到客商投资 5 000 万元合建生态养殖项目。

资料来源：引自 http://www.studylead.com/p-7063441.html，有删改。

思考：把握创业机会需要哪些资源与能力？

4.3 评估创业机会

【创业名言】

踏破铁鞋无觅处，得来全不费工夫。

——施耐庵

如果你因失去了太阳而流泪，那么你也将失去群星。

——泰戈尔

命运是一件很不可思议的东西。虽人各有志，往往在实现理想时会遭遇到许多困难，反而会使自己走向与志趣相反的路，而一举成功。我想我就是这样。

——松下幸之助

面对这个纷繁复杂的多变世界，面对铺天盖地的各种信息，面对越来越激烈的竞争环境，我们创业者究竟应该如何去选择面对的各种机会呢？关键是要做好创业机会的评估准备工作：选择合适的评估专家与评估标准。

4.3.1 创业机会的评估准备

1. 评估结果因人而异

（1）创业经历。有研究指出，创业者和管理者的个性特征有差异，创业者和管理者就会在信息处理方式上存在显著差异。所以，在对创业机会的评价分析上，有创业经历的管理者的意见更应该得到重视。

（2）工作年限。蒂蒙斯在研究中指出，企业工作经验对创业者能否做出正确判断有重要影响作用，他认为"具有至少10年或10年以上的企业经验，才能识别出各种商业行为，并获得创造性的预见能力和捕捉商机的能力"。因此，企业工作年限较长的创业者或管理者的意见更应该得到重视。

（3）管理经验。在进行机会识别和评价时，创业者的事前知识结构起到重要的影响作用。担任高级管理职务，意味着其掌握更多的决策经验且具有资源控制能力。因此，担任企业较高层次管理职务的创业者或管理者的意见更应该得到重视。

2. 评估标准各有侧重

并没有什么绝对权威的机会评估方法或系统的评估标准体系可供创业者参考或使用，创业构想能否发展成为新企业，不仅涉及机会本身的情况，还要求机会能和创业团队、投资人等相协调。一些风险投资公司在评估商业计划时确定了详细的指标，也提出一定的标准。但风险投资家在做出决策的时候，更多地依靠个人的商业判断。

现在普遍使用、可以适应很多情况的一种评价方法是阶段性决策方法。这一方法明确要求创业者在机会开发的每个阶段都要进行机会评价。说白了就是摸着石头过河，走一步看一步。一个机会是否能够通过每个阶段预先设置的"通过门槛"，在很大程度上取决于创业者经常面对的约束或限制，如创业者的目标回报率、风险偏好、金融资源、个人责任心和个人目标等。虽然某个创业者可能会因为某个准则而放弃某机会，但它又会引起其他个人或团队的注意[12]。

4.3.2 创业机会的产业分析

创业学的研究者在实证分析中发现了一个非常有趣的现象：不同产业内，创业企业取得成功的可能性不同。如果两位各方面条件相当的创业者，一位选择了适合创业的产业，一位选择了不适合创业的产业，结果当然大不相同。一般来说，有四个维度的因素影响着一个产业，决定其是否适合创业企业的生存，即知识因素、需求因素、生命周期和结构特征。

1. 产业的知识因素

产业的知识因素是指产业提供产品或服务所需要的知识与技术情况，主要指生产过程的复杂程度、产品研发所需要的投入、产业技术创新的速度、创业企业的规模和不确定性的程度。例如，把制药工业与纺织工业进行比较，显然制药工业的生产过程更复杂，需要更多的投资才能产生新知识，需要更大的企业规模才能实施创新，而且不确定性也更高。一般而言，适合创业企业生存的产业包括如下三方面：一是研究与开发密集的产业更适合创业企业生存，二是技术创新的来源主要是公共部门而不是私人部门的产业更适合创业企业生存，三是较小规模的单位即可实施技术创新的产业更适合创业企业生存。

2. 产业的需求因素

影响创业企业生存情况的产业需求因素主要有三个：市场规模、市场成长性和市场的细分情况。

（1）市场规模。有研究表明，创业企业在市场规模大的产业表现更好。原因在于市场规模大的产业其市场蛋糕足够大，创业企业更容易获得盈利。

（2）市场成长性。在快速成长的产业里的创业企业更容易获得成功。原因很简单，在快速成长的产业里，原有企业的生产服务能力不能完全满足市场的需要，新企业的发展空间比较大。

（3）市场的细分情况。市场细分明确的产业，创业企业容易生存。因为新企业容易在细分后的市场中找到现有企业没有满足的"缝隙"，并以此为利基市场，从而获得发展。

3. 产业的生命周期

从理论上来说，任何一个产业都存在产生、成长、成熟、衰亡的周期过程，尽管有的产业生命周期比较长，人们并没有亲眼看见很多成熟产业的衰亡过程。但是，了解产业生命周期的情况有利于我们了解创业企业适应生存的阶段。得到公认的是，成长期比衰亡期更适宜创业企业的生存，并且越是在产业发展初期，创业企业越容易进入。产业进入成熟期的标志是出现了通行的行业标准。通行标准出现前比通行标准出现后的时间段更适宜创业企业的生存。

4. 产业的结构特征

产品差异度、行业集中度不同的产业，其产业结构也不同。有的产业比另一些产业更适合新企业生存。从资本密集程度来说，资本密集程度越高，新企业越不容易生存。从产业集中程度来说，一个产业的市场份额越集中，新企业越不容易生存。从规模经济来说，一个产业的规模经济效应越显著，新企业越不容易生存。反过来看，以中小企业为主的产业相对适合新企业的生存。

4.3.3 创业机会的评估准则

所有的创业行为都来自于绝佳的创业机会，创业团队与投资者均对创业前景寄予极高的期望，创业者更是对创业机会在未来所能带来的丰厚利润满怀信心。但是，时常有悲剧发生。为尽可能避免这样的情况，创业者应该先以比较客观的方式进行评估，评估的准则有市场评估准则与效益评估准则两种。

1. 市场评估准则

（1）产品定位。评估创业机会的时候，可由产品定位是否明确、顾客需求分析是否清晰、顾客接触通道是否流畅、产品是否能持续衍生等，来判断创业机会可能创造的市场价值，创业带给顾客的价值越高，创业成功的机会也越大。

（2）竞争分析。对创业机会的市场结构进行竞争力分析：行业进入障碍、供应商的谈判能力、经销商或顾客的谈判能力、替代性产品的威胁、行业内部竞争的激烈程度。由此可知该企业在未来市场中的地位及可能遭遇竞争对手反击的程度。

（3）市场规模。市场规模大者，进入障碍相对较低，市场竞争激烈程度也会略为下降。此外，市场生命周期也需要认真考虑，若是一个处于成熟期的市场，那么利润空间会很小，不值得再进入；若是一个处于成长期的市场，只要时机正确，必然会有获利的空间。

（4）市场占有率。根据预期的市场占有率来判断企业未来的市场地位，要想成为市场领先者，最少需要拥有 20% 以上的市场占有率，若低于 5% 的市场占有率，则创业企业的市场竞争力显然不高。若处在具有赢家通吃特点的互联网与高科技产业，创业企业必须拥有成为市场前几名的能力，才具有投资价值。

（5）成本结构。产品成本的高低涉及将来的销售价格与营销竞争力，从物料与人工成本所占比重之高低、变动成本与固定成本的比重，以及生产规模产量大小，可以判断企业创造附加价值的幅度以及未来可能的获利空间。

2. 效益评估准则

（1）资本需求数量。投资者一般会比较欢迎资本需求量较低的创业机会，资本额过高其实并不利于创业成功，甚至还会带来稀释投资回报率的负面效果。通常，知识越密集的创业机会，对资金的需求量越低，投资回报反而会越高。因此在创业开始的时候，不要募集太多资金，最好通过盈余积累的方式来创造资金，而比较低的资本额，将有利于提高每股盈余，并且还可以进一步提高未来上市的价格。

（2）盈亏平衡时间。合理的盈亏平衡时间应该在 2 年之内达到，如果 3 年还达不到，恐怕就不是个值得投入的创业机会了。当然，有的创业机会确实需要经过比较长的耕耘时间，通过前期投入，创造进入障碍，保证后期的持续获利，这样的情况可将前期投入视为投资，才能容忍较长的盈亏平衡时间。

（3）投资回报比率。投资回报率分析涉及三个指标：毛利率、税后净利率、投资回报率。毛利率高的创业机会，相对风险低，理想的毛利率是 40%，当毛利率低于 20% 的时候，创业机会便不值得考虑。税后净利率在 15% 以上是具有吸引力的创业机会，如果创业机会预期的税后净利率在 5% 之下，基本可以肯定这不是一个好的投资机会。考虑到创业面临的各种风险，合理的投资回报率应该在 25% 以上，而 15% 以下的投资回报率是不值得考虑的创业机会 [13]。

【**课堂练习 4-7**】一般应从哪些方面对创业机会或项目进行评价？

4.3.4　创业机会的最终选择

在现实经济生活中，适于创业的机会并不是很多。创业者需要借助"机会选择漏斗"，经过一层又一层筛选，在众多机会中筛选出真正适于自己的创业机会。

1. 筛选出较好的创业机会

一般而言，较好的创业机会有五个特点：一是在前景市场中，前 5 年中的市场需求会稳步快速增长；二是创业者能够获得利用该机会所需的关键资源；三是创业者不会被锁定在"刚性的创业路径"上，而是可以中途调整创业的"技术路径"；四是创业者有可能创造新的市场需求；五是特定机会的商业风险是明朗的，且至少有部分创业者能够承受相应风险。

2. 筛选出利己的创业机会

面对较好的创业机会，特定的创业者需要回答以下四个问题：一是创业者能否获得自己缺少但他人控制的资源；二是遇到竞争时，自己是否有能力与之抗衡；三是是否存在该创业者可能创造的新增市场；四是该创业者是否有能力承受利用该机会的各种风险。创业者不仅要善于发现机会，更需要正确把握机会并果敢行动，将机会变成现实的结果，这样才有可能在最恰当的时候出击，获得成功。

4.4　开发创业机会

【创业名言】

我们必须看到所有的问题，不管它们有多么复杂，只要你以正确的方式看待，它们就不会变得更加复杂。

——彼得·德鲁克

我们不能用产生问题的思维方式来解决问题。

——爱因斯坦

如果强调什么，你就检查什么；你不检查，就等于不重视。

——郭士纳

当满足了更多的用户需求和减少了资源的耗费时，价值会增加。

——罗伯特·塔辛纳里

20 世纪是生产率的世纪，21 世纪是质量的世纪，质量是和平占领市场最有效的武器。

——约瑟夫·朱兰

找到了创业机会，明确了创业项目与合作伙伴，接下来就要对机会进行开发，或者说对项目进行设计与论证。创业项目的设计与论证主要按照选择细分市场、描述最终顾客、估计市场规模、产品的可视化和寻找销售通路五个步骤进行。

4.4.1 选择细分市场

1. 列举潜在的细分市场

一般情况下，创业者设想的目标市场比较模糊，为进一步明确目标市场，可以通过在创业团队内部进行头脑风暴，来列举出所有想到的、尽可能多的目标市场，不要轻易放弃某个想法，而是要选择一切可能性。进行市场细分的标准不能太多，但必须精准。可以按行业、区域等市场特征来寻找细分市场。

比如，某教育培训创业项目，项目属于教育培训行业。创业者应根据自己提供的培训课程，列举出尽可能多的目标市场用户群体，比如用户群所处的区域、用户群的年龄段，区分个体用户与组织用户等。

2. 评估目标用户群体

在上面列举出来的目标用户中，经初步筛选缩小范围，评估出 3 个最感兴趣的目标用户群体。可以依据以下五点作为评估标准。

（1）目标用户是否具有充足的支付能力？如果用户没有钱，这个市场就缺乏吸引力。因为它是难以持续的，无法提供足够现金流以支持项目的发展。

（2）目标用户是否容易接触到产品或服务？无论是产品设计与迭代开发，还是销售方面，对前期项目设计工作来说，用户的直接反馈至关重要。

（3）目标用户是否有充分理由购买本企业的产品或服务？用户愿意为了你的产品放弃其他选择，还是对市场上各种解决方案持无所谓的态度？

（4）站在用户的角度去思考，市场上有没有竞争对手存在？在用户眼里这些竞争对手的实力如何？作为用户的新选择，如何保证能在竞争中脱颖而出？

（5）赢得当前目标用户后，能否保证胜利进军其他目标用户？通过对产品或销售策略进行调整，产品或服务能否销售到毗邻市场？无法扩展业务规模的话，创业项目往往最终会功亏一篑。

3. 进行市场需求调查

在筛选出目标用户后，需要对每个目标用户群体进行市场需求调查。在进行调查时，不能简单地依赖网络搜索或其他调研机构发布的调查报告。市场调查需要直接与目标用户进行沟通，了解他们的情况，观察其行为模式，这样能帮助你更准确地了解到底哪个目标用户群体最值得开发，一般需要调查的信息如下。

（1）使用产品或服务的具体对象是谁？目标用户数量会有多少？

（2）市场上有哪些类似的产品或服务？在用户眼里这些竞争对手的实力如何？用户是否或者在什么条件下愿意为了你的产品而放弃其他选择？

（3）产品或服务的应用价值是什么？最终用户会使用你的产品做什么，产品或服务能为他们的工作生活带来怎样的改善？产品或服务能给最终用户带来哪些实际价值？能为用户节省时间、省钱，还是帮他们增加收入？

（4）领先顾客是谁？哪些人最有影响力，能够成为意见领袖并促进产品服务的应用推广？领先顾客通常被称为"灯塔顾客"，他们非常受尊重，只要他们购买了产品或服务，其他人会毫不犹豫地效仿，为商家带来显著信誉。

（5）应用环境或条件如何？为产品或服务发挥全面价值，用户是否还需要其他条件或环境的支持？比如，是否需要购买配套产品或服务才能全面应用？

经过对细分市场的详细评估与市场需求的认真调查后，方可确定目标市场的基本信息。

4.4.2 描述最终顾客

确定了目标市场，针对市场需求进行了详细调查，接下来需要了解并描述企业的最终顾客，以便后面对市场规模的估计以及产品或服务的迭代完善。描述最终顾客需要分清楚产品或服务的使用者、购买者、决策者与影响者等各种角色，扮演这些角色的可以是个人、部门、机构。弄清楚他们之间的联系，便于企业更准确地把握最终顾客，并能更顺利地开展业务。

1. 顾客特征描述

最终顾客可能在年龄、职业、收入、受教育程度、居住区域等因素上有所差异，可能在价值观、人生目标与追求上有所不同。创业者需要通过顾客特征描述排除众多的潜在顾客，真正关注同质性相对较高的一群最终顾客，只有他们才能为创业项目提供急需的现金流。最终顾客描述应关注以下问题。

他们的性别？他们的年龄范围？

他们的收入状况？他们的地理分布？

他们的购买动机？他们有何顾虑？

他们心目中的英雄是谁？

他们在哪里就餐、度假？

他们读什么书？去哪些网站？看什么电视节目？

他们购买产品的原因是什么？省钱、个人形象、同伴压力？

他们有何特别之处？

他们有什么个人经历？

对目标顾客的分析可以说永无止境，做好这一步非常关键，因为它决定着创业者能够找到真实有效的顾客。此外，这一步还能帮助创业者形成正确的观念，认识到必须围绕顾客需求而不是仅凭个人的兴趣或能力来创业。

2. 典型顾客画像

刻画顾客形象可以让目标顾客变得更加真实，可以准确回答关于最终顾客的所有疑问，不用再为他们的需求去做无谓的猜测或争论。可行的做法是选一个最终顾客来代表所有潜在顾客，这个顾客应该具备潜在顾客群体的大部分特征。他可以从现实世界或身边的人中去选取，也可以是一个虚拟的顾客。

给顾客画像的关键是列出一份说明清单，必要时在旁边画上顾客的头像，写上顾客的名字，尽量做到真实可信。顾客画像清单一般包括以下内容。

（1）生活状况。在哪里出生、长大、上学、成家，年龄多大等信息。

（2）工作情况。在什么单位上班、工作几年了、接受过哪些培训、是不是管理人员、薪资如何、表现情况等。

（3）按先后顺序列出顾客的采购标准、采购偏好等。

第一点是对顾客的一般描述；第二点是对顾客的深入刻画；第三点是分析顾客的购买决策过程。这些信息要力求准确、尽量细致，如同描述一个真实存在的顾客。当然，顾客画像需要不断地完善，清单中的信息需要不断地调整补充。当清单完成后，创业者就会明白他们要为谁服务，以便提醒自己时刻关注这个形象，时刻以顾客为核心，从顾客的角度去思考问题。

现在创业者的目标不再是泛泛而谈的"最终顾客"，而是真实具体的个人。对顾客的需求、行为和动机了解得越深刻越详细，成功开发产品并服务用户的概率就越高。

【课堂练习 4-8】请详细描述你的一个典型顾客。

4.4.3　估计市场规模

确定目标市场和最终顾客信息后，创业者可以开始估计目标市场的规模，以便进一步评估项目的可行性，降低未来的经营风险。目标市场规模一般用年销售额来表述，它的估计可分为两个步骤。

一是估计最终顾客的数量。可以根据"人头法"估算顾客的数量，如通过顾客列表、行业人员名单和其他渠道获取的顾客信息都能帮助创业者发现有多少潜在顾客或用户，"人头法"很直观，能清晰准确地找到每个潜在顾客。也可以依据第二手调查资料，如市场分析报告，然后在此基础上确定有多少最终用户。

二是计算目标市场的规模。这需要估计单个最终顾客愿意花多少钱购买产品或服务，创业者可以根据潜在顾客的预算合理地假设。设想目前顾客要花费多少钱才能搞定所提供产品或服务能解决的问题？以前顾客花过多少钱购买其他新产品？所提供的产品或服务能为顾客创造多少价值？

确定了每个顾客能为项目创造多少年收入，用这个年收入乘以最终顾客的数量，就得出了目标市场每年的市场规模。需要注意的是顾客数量与购买支出的估计带有一定的不确定性，创业者的估计可能比较乐观，这给项目的开展带来了一定的风险，需要谨慎行事，对数据进行调整。可行的方法是对估计出的数字进行折扣，挤压水分以降低风险，再对保守的市场规模进行分析，看是否能让项目实现盈利。

4.4.4 产品的可视化

现在，创业者仅仅有一个产品或服务的想法或模型，顾客究竟如何使用所提供的产品或服务，它能否完全让顾客满意，很多细节还没有确定。所以，创业者应当对产品或服务做一个具体描述，为产品或服务开发可视化演示方案。在产品"可视化"时，创业者应当注重产品特征带来的收益，而不是过度强调产品特征。

产品的可视化过程有四个环节：构思—设计—实施—运作。

构思即结合市场调研与顾客分析完善产品或服务的想法，要集思广益，不放过任何细节。设计即根据构思画出产品模型图或服务流程图，或者试制出产品的初样，需要描述产品或服务的各种特性或质量标准，说明它们可实现的功能，分析它们为顾客带来的收益。实施可理解为产品模型的试用或服务的实验性提供，找到目标顾客，尝试让其免费试用产品或体验服务，并给出修改建议。运作是指产品的试生产、服务的试运营，其中的关键是成本与时间的控制。在创业早期，较多考虑的是前三个环节，第四个环节需要的成本较高，一般第三个环节可循环进行闭环模拟推演，直到达到创业者认可的程度，再进行产品小规模生产或服务的提供。

以可视化方式展现产品可以让团队和潜在顾客达成共识，了解其具体形态和价值所在。创业者应当从大处着眼介绍产品，不要纠缠于各种细节或产品原型，这样不但有利于产品的快速迭代，而且能在创业早期阶段节省宝贵的时间和资源。用图形化方式介绍产品并不容易，但是它非常直观，能让所有人很快建立一致认识，这对后续的产品开发来说非常重要。

【课堂练习 4-9】请你基于"可视化"的思路展示你的产品或服务。

4.4.5 寻找销售通路

1. 寻找试销对象

为了保证创业项目的产品或服务取得成功，必须找到能买单的潜在顾客。创业者需要根据顾客画像，找到至少 10 位符合最终顾客特征的潜在顾客。

创业者要联系这些顾客，验证他们和顾客形象的相似度以及购买产品的意愿。这一步成功了，就表明创业项目很有可能取得成功。如果在这一步遇到问题，创业者应当检查前面的步骤，看一看哪个环节存在问题，解决问题之后再继续前进。

具体做法如下。

（1）找出 10 名潜在顾客。从市场上挑选 10 位潜在顾客的工作带有很大的不确定性，有时候只需筛选少数备选顾客就能完成，有时候则需要经过数十人的筛选才能从中选出 10 名既符合要求又对产品感兴趣的顾客。

（2）联系名单上的顾客，向其说明"产品使用案例""可视化产品"和"产品的价值定位"。在沟通的时候，应采用"征询"的语气而非"销售"的语气，因为后者会严重影响沟通质量。留意验证关于顾客采购优先关注点的假设，看它们与顾客的观点是否吻合。

（3）如果顾客认同前面步骤中所做的假设，若情况允许，接下来可以询问他们是否有购买产品的意愿。如果对方非常感兴趣，可以问他们愿意为此类产品准备多少采购预算，希望通过什么方式和渠道购买产品，以及是否愿意为产品预付定金。

2. 确定销售策略

创业者必须预先了解应当采用哪些销售渠道以及这些渠道未来会出现哪些变化，才能保证销售策略的实施效果。可根据前面的产品使用案例制定销售策略，销售策略包括产品宣传方式、顾客培育手段以及销售实现措施。

（1）采用怎样的产品推广方式？

（2）如何说服目标顾客购买？

（3）什么样的收费方式比较合适？

完成销售策略开发之后，建议创业者和行业内经验丰富的销售专家一起讨论修改。制定销售策略的预案具有很重要的意义，它有助于说明产品如何进入市场，直至最终建立成本低廉的顾客获取长期策略。好的销售策略可以实现销售的标准化操作，提升产品形象，积累用户口碑，从而促进顾客获取成本的降低，提升顾客的终身价值，这是项目盈利能力的根本表现 [14]。

【**课堂练习 4-10**】思考你的产品或服务的推广该如何进行。

延伸阅读

"互联网＋"带来的创业机会

未来"互联网＋"的"＋"，不仅仅是技术上的"＋"，也是思维、理念、模式上的"＋"。"互联网＋"的发展趋势是大量"互联网＋"模式的爆发以及传统企业的"破与立"。

一、互联网＋工业

"互联网＋工业"即传统制造业企业采用移动互联网、云计算、大数据、物联网等信息通信技术，改造原有产品及研发生产方式，与"工业互联网""工业 4.0"的内涵一致。"工业 4.0"是应用物联网、智能化等新技术提高制造业水平，将制造业向智能化转型，通过决定生产制造过程等的网络技术，实现实时管理，它"自下而上"的生产模式革命，不但节约创新技术的成本与时间，还拥有培育新市场的潜力与机会。譬如，"移动互联网＋工业""云计算＋工业""物联网＋工业""网络众包＋工业"等新型结合形式。

"互联网＋工业"和正在演变的"工业 4.0"，将颠覆传统制造方式，重建行业规则，例如小米这类互联网公司就在工业和互联网融合的变革中，不断抢占传统制造企业的市场，通过价值链重构、轻资产、扁平化、快速响应市场来创造新的消费模式，而在"互联网＋"的驱动下，产品个性化、定制批量化、流程虚拟化、工厂智能化、物流智慧化等都将成为新的热点和趋势。

二、互联网＋农业

互联网带来的新技术，不仅可改变农产品流通模式，催生农产品电子商务的繁荣，也可推动"新农人"群体的诞生。

首先，数字技术可以提升农业生产效率。例如，利用信息技术对地块的土壤、肥力、气候等进行大数据分析，并提供种植、施肥相关的解决方案，能够提升农业生产效率。其次，农业信息的互联网化将有助于需求市场的对接，互联网时代的新农民不仅可以利用互联网获取先进的技术信息，也可以通过大数据掌握最新的农产品价格走势，从而决定农业生产重点以把握趋势。最后，农业互联网化，可以吸引越来越多的年轻人积极投身于农业品牌的打造中，具有互联网思维的"新农人"群体日趋壮大，将创造出更为模式多样的"新农业"。

三、互联网＋金融

传统金融向互联网金融转型，金融服务普惠民生，成为大势所趋。"互联网＋金融"的形式将掀起全民理财热潮，低门槛与便捷性让资金快速流动，大数据让征信更加容易，P2P 和小额贷款发展也越加火热。这也将有助于中小微企业、工薪阶层、自由职业者、进城务工人员等普罗大众获得金融服务。

互联网金融模式下，金融服务边界不断拓展，服务人群将包括 3.6 亿尚未被互联网金融覆盖的长尾互联网用户，以及迅速增长的农村手机上网用户。金融不再像工业时代时以企业为中心、以生产为中心，而开始以普通消费者为中心，金融服务和产品深度嵌入人们的日常生活。

四、互联网＋医疗

现实中存在看病难、看病贵等难题，"互联网＋医疗"有望改善这一医疗生态。具体来讲，互联网将优化传统的诊疗模式，为患者提供一条龙的健康管理服务。在传统的医疗问题上，普遍存在事前缺乏预防，事中体验差，事后无服务的现象。而通过互联网医疗，患者有望从移动医疗数据端监测自身健康数据，做好事前防范；在诊疗服务中，依靠移动医疗实现网上挂号、询诊、购买、支付，节约时间和经济成本，提升事中体验；并依靠互联网在事后与医生沟通。

互联网医疗的未来，将会向更加专业的移动医疗垂直化产品发展，可穿戴监测设备将会是其中最可能突破的领域。大数据和移动互联网、健康数据管理未来有较大的机遇，甚至可能改变健康产品的营销模式。同时，随着互联网个人健康实时管理的兴起，在未来传统的医疗模式也或将迎来新的变革，以医院为中心的就诊模式或将演变为以医患实时问诊、互动为代表的新医疗社群模式。

五、互联网＋教育

一张网、一个移动终端，几百万学生，学校任你挑、老师由你选，这就是"互联网＋教育"。在教育领域，面向中小学、大学、职业教育、IT 培训等多层次人群开放课程，可以足不出户在家上课。"互联网＋教育"的结果，将会使未来的一切教与学的活动都围绕互联网进行，老师在互联网上教，学生在互联网上学，信息在互联网上流动，知识在互联网上成型，线下活动成为线上活动的补充与拓展。

K12在线教育、在线外语培训、在线职业教育等细分领域成为中国在线教育市场规模增长的主要动力，很多传统教育机构，正在从线下向线上教育转型，而一些在移动互联网平台上掌握了高黏性人群的互联网公司，也在转型在线教育，深度挖掘用户需求，通过大数据技术可以实现个性化推荐。基于移动终端的特性，用户可以用碎片化时间进行沉浸式学习，让在线教育切中传统教育的一些痛点和盲区。

六、互联网＋商贸

在零售、电子商务等领域，都可以看到和互联网的结合，特别是移动互联网对原有商贸行业起到了很大的升级换代作用。在全球网络企业排名前10强中，有4家企业在中国，互联网经济成为中国经济的最大增长点。

此外，如果说电子商务对实体店生存构成巨大挑战，那么移动电子商务则正在改变整个市场营销的生态。智能手机和平板电脑的普及，大量移动电商平台的创建，为消费者提供了更多便利的购物选择，例如微信推出购物圈，构建新的移动电商的生态系统，移动电商将会成为很多新品牌借助社交网络走向市场的重要平台。

应该说，"互联网＋"是一个人人皆可获得商机的模式。"互联网＋"不是要颠覆，而是要思考跨界和融合，更多是思考互联网时代产业如何与互联网结合以创造新的商业价值，企业要防止陷入"互联网＋"的焦虑和误区，"互联网＋"中更重要的是"＋"，而不是"－"，也不是毁灭。

七、互联网＋文化传媒

文化创意产业是以创意为核心，向大众提供文化、艺术、精神、心理、娱乐等产品的新兴产业。互联网与文化产业高度融合，推动了产业自身的整体转型和升级换代。互联网带来的多终端、多屏幕，将产生大量内容服务的市场，对于内容版权的衍生产品，互联网可以将内容与衍生品与电商平台一体化对接，无论是视频电商、TV电商等都将迎来新机遇；一些区域型的特色文化产品，将可以使用互联网，通过创意方式走向全国，未来设计师品牌、族群文化品牌、小品类时尚品牌都将迎来机会；明星粉丝经济和基于兴趣而细分的社群经济，也将拥有巨大的想象空间。

互联网对于媒体的影响，不只改变了传播渠道，在传播界面与形式上也有了极大的改变。融入互联网后的媒体形态则是以双向、多渠道、跨屏等形式，进行内容的传播与扩散，此时的用户参与到内容传播当中，并且成为内容传播介质。交互化、实时化、社交化、社群化、人格化、亲民化、个性化、精选化、融合化将是未来媒体的几个重要的方向。

八、互联网＋生活服务

"互联网＋服务业"将会带动生活服务O2O的大市场，互联网化的融合就是去中介化，让供给直接对接消费者需求，并用移动互联网进行实时链接。例如，家装公司、理发店、美甲店、洗车店、家政公司、洗衣店等，都是直接面对消费者，而如河狸家、爱洗车等线上预订线下服务的企业，不仅节省了固定员工成本，还节省了传统服务业最为头疼的店面成本，真正地将服务产业带入了高效输出与转化的 O2O 服务市场，再加上在线评价机制、评分机制，会让参与的这些手艺人精益求精，自我完善。当下 O2O 成为投资热点，事实上，这个市场才刚刚开始，在扩大用户规模、改造传统垂直领域、形成固定的黏性、打造平台等方面都还有很大的探索空间。

此外，"互联网＋交通"不仅可以缓解道路拥堵，还可以为人们的出行提供便利，为交通领域的从业者创造财富。例如，实时公交应用软件，可以方便出行用户对于公交汽车的到站情况进行实时查询，减少延误和久等的状况；滴滴和快的不仅为用户出行带来便捷，对于出租车而言也减少了空车率。在旅游服务行业，旅游服务在线化、去中介化会越来越明显，自助游会成为主流，基于旅游的互联网体验社会化分享还有很大空间，而类似爱彼迎（Airbnb）和途家等共享模式可以让住房资源共享起来，旅游服务、旅游产品的互联网化也将有较大的想象空间。

资料来源：引自 http://www.vccoo.com/v/8bf0ec，有删改。

问题思考

1. 创业机会的内涵是什么？
2. 创业机会有哪些特征？
3. 创业机会的来源在哪里？
4. 创业机会的识别方法有哪些？
5. 开发创业机会的主要步骤是什么？
6. 如何定义最小可行商业产品？
7. 如何找到前 10 位典型顾客？

实训活动

实训 1：产生创业想法

启发参考：调温奶瓶、瓜果书、消音器、高层降落伞、加热碗、手绘鞋、自动搓澡机、一体式牙刷、电脑保养、"集装箱"改造、拼族俱乐部、"一起吃"餐具、离合床、空中汽车、健身洗衣机、感应钥匙链、亲子测距仪、感应体温计、体温充电器、折叠高跟鞋、燃水汽车、雪人挂饰、桌面点菜系统。

1. 请根据表 4-1 所列出的物体或技术，尽可能多地提出创业想法。

表 4-1　创业想法练习表

物体 / 技术	创业想法	补充说明
旧电脑		
矿泉水瓶		

（续）

物体/技术	创业想法	补充说明
旧轮胎		
互联网		
某种新材料		

2.在上述的创业想法中，对你而言，最可能成功的一个想法是：

_____

3.利用表 4-2 评估你这个想法是不是好的创业机会。

表 4-2　创业机会评估表

评估方面	市场规模	资金需求	自身资源	进入门槛	行业竞争	盈利能力	风险评估	创新价值
评估结果								
你的结论								

实训 2：寻找创业机会

基于表 4-3 提供的背景和信息，想想有哪些创业机会。

表 4-3　创业想法启发表

科技	信息	人口	文化	健康
大数据	通信网络	生育政策	文化创意	健康器材
云计算	移动互联网	退休制度	国际交流	休闲服务
人工智能	电子商务	家政护理	特色旅游	医疗卫生
生物基因	新媒体	急救服务	互联网教育	现代餐饮
……	……	……	……	……

请写下你的创业想法：

第 5 章

防范创业风险

📖 本章概要

本章内容分别是理解创业风险、识别创业风险、创业风险控制。理解创业风险包括创业风险的含义与特点、创业风险的主要来源、创业风险的常见类型等。识别创业风险包括创业风险识别的含义与特点、创业风险识别的方法。创业风险控制包括创业风险控制方法、创业不同阶段的风险防范。

🔍 重点难点

1. 重点：创业风险的含义与特征，创业风险的来源，识别创业风险的方法，大学生创业的主要风险，创业风险控制。

2. 难点：创业风险控制与防范。

⚠ 学习要求

1. 知识目标：了解创业风险的来源与特点，创业风险识别的内容，掌握大学生创业风险内容。

2. 能力目标：掌握识别创业风险的方法。

3. 素质目标：具有发现创业风险的敏感性与对创业风险进行分析的意识。

📚 案例导入

博客网：中国 Web2.0 "先烈"

2002 年，有"中国互联网第一人"之称的方兴东创立了博客中国。作为曾经 Web2.0 时代的一个标杆，这家公司曾一度被吹捧为引领着国内互联网发展的"旗手"。

当年博客风潮正兴起，站在风口的博客中国自然也遭到了资本的疯抢。2004 年，博客中国获得了盛大创始人陈天桥和软银赛富合伙人羊东的 50 万美元天使投资。时隔一年，博客中国又获得软银赛富等多家著名风险投资公司 1 000 万美元的投资，引发了国内 Web2.0 的投资热潮。

后来，"博客中国"更名为"博客网"，并宣称要做博客式门户。然而在后来的发展中，这家公司却让公众和投资者大跌眼镜。当时着急上市的博客网不惜进行疯狂扩张，在短短半年的时间内，员工就从 40 多人扩张至 400 多人，结果导致 60% ～ 70% 的资金都用在人员工资上。此外，博客网还在视频、游戏、购物、社交等众多项目上大把烧钱，千万美元很快就被挥霍殆尽。

更致命的是，随着新浪等门户网站推出博客产品线，博客网在自媒体领域一枝独秀的风光不再，博客网渐渐被边缘化。当"上市梦"变得遥不可及，博客网人事也开始出现了剧烈动荡，高层几乎整体流失，而方兴东本人的 CEO 职务也被一个决策小组所取代。

到 2006 年年底，博客网的员工已经缩减恢复到融资当初的 40 多人。2013 年，这家网站关闭所有免费博客，正式寿终正寝。

资料来源：引自 http://www.sohu.com/a/109124979_164826，有删改。

【课堂练习 5-1】博客网的创业风险主要有哪些？为什么会有这些风险？

5.1　创业风险概述

【创业名言】

生活是公平的，哪怕吃了很多苦，只要你坚持下去，一定会有收获，即使最后失败了，你也获得了别人不具备的经历。

——马云

任何时候做任何事，订最好的计划，尽最大的努力，做最坏的准备。

——李想

创业风险是创业环境的不确定性、创业机会与创业企业的复杂性、创业者的能力与实力的有限性所导致的创业活动偏离预期目标的可能性及其后果。新创企业在创业初期面临诸多内部和外部的不确定性因素，面临的风险也比较多，因此相比一般的企业风险具有一定的特殊性。创业风险是企业风险的一种阶段性的特殊形态。创业环境本身的不确定性，创业者或者创业的团队自身的能力具有局限性，创业机会具有时效性，创业企业本身具有的复杂性，这些是创业风险的根本来源。创业往往是将某项技术或者某种构想转变为现实的产品或者服务，并推向市场。在这个过程中存在许多衔接问题，资本与技术的衔接、技术与产品的衔接、产品与市场的衔接等，每个环节都是一个重要的风险因素节点，外部环境因素的变化也会加剧新创企业的风险。

5.1.1　创业风险的含义

1. 风险的含义

在远古时期，渔民认为出海有风即有险，所以出现了"风险"一词。在现代，风险被人们视为预期和现实之间的差异，一旦实际结果和期望目标相差过大，则认为风险值较大。风险在实际中应用广泛，但在学术界还没有形成一个统一的定义。在以往研究中学者们对风险大致有四种定义：一是损失机会和损失可能性，二是实际结果与预测结果的离差，三是损失的不确定性，四是实际结果偏离预期结果的概率。

企业风险又称经营风险。国务院国资委出台《中央企业全面风险管理指引》，其中对企业风险的定义是："未来的不确定性对企业实现其经营目标的影响。"企业风险按其内容不同可分为战略风险、财务风险、市场风险、运营风险等。

富兰克·奈特在 1921 年提出"现实的经济行为是始于对未来行动的预见，而未来始终存在不确定性"，所以说风险是还未发生的事件，任何已确定的事实都不存在风险，因此也不能够称之为风险，风险是面向将来可能出现的问题和情况。假设事态的发展过程完美无缺，没有任何偶然因素干扰事项，那么就不会导致风险发生，但是未来环境不可能存在完全确定的情况，人也不可能是绝对理性地掌握所有相关信息，这就决定了风险必然是普遍性存在[15]。

简单来说，风险就是指在一个特定的时间内和一定的内外部环境条件下，人们所期望的目标与实际结果之间的差异。

2. 创业风险的含义

美国著名创业学专家蒂蒙斯在其提出的创业模型中认为，创业过程就是创业机会、资源、团队之间高度配置的动态平衡过程[16]。但随着时空的变迁、机会模糊、市场不确定性、资本市场风险及外在环境等因素的冲击，这三个要素也会因为相对地位的变化而产生失衡的现象。这种失衡现象被称为创业风险。对于风险的理解，一般有两个角度，一是强调了风险表现为结果的不确定性，二是强调为损失的不确定性。前者属于广义上的风险，说明未来利润多寡的不确定性，可能是获利（正利润）、损失（负利润）或者无损失也无获利（零利润）；后者属于狭义上的风险，只能表现为损失，没有获利的可能性。

综上所述，创业风险指由于创业环境的不确定性，创业机会与创业企业的复杂性，创业者、创业团队与创业投资者的能力与实力的有限性，而导致创业活动偏离预期目标的可能性及其后果。

5.1.2　创业风险的特点

创业是企业整个成长过程的孕育期，这一时期企业可塑性强，变化多，投入大而且对其以后的发展影响很大。创业风险主要有以下几个特点。

1. 创业风险的客观性

创业风险的客观性即指创业风险的存在是客观的，是不以人的意志为转移的。在创业过程中，由于内外部事物发展的不确定性的客观存在，因而创业风险是必然存在的。客观性要求我们采取正确的态度承认创业风险，认识创业成长发展规律，并积极对待创业风险。

2. 创业风险的不确定性

创业的过程往往是将创业者的某一个"奇思妙想"或创新技术变为现实的产品或服务的过程。在这一过程中，创业者面临各种各样的不确定因素，如可能遭受已有市场竞争对手的排斥、进入新市场面临着需求的不确定性、新技术难以转化为生产力等。此外，在创业阶段投入较大，而且往往只有投入没有产出，因而可能面临资金不足的可能，从而导致创业的失败。也就是说，影响创业的各种因素是不断变化且难以预知的，这种难以预知造成了创业风险的不确定性。

3. 创业风险的损益双重性

风险带来的影响不仅包括损失，而且还包括收益。风险越高，收益可能越大。所以，回避风险同样意味着回避收益，如某些海外投资项目、部分理财产品等。创业风险对于创业收益不是仅有负面的影响，如果能正确认识并且充分利用创业风险，反而会使收益大幅度增加。

4. 创业风险的相关性

创业风险的相关性指创业者面临的风险与其创业行为及决策是紧密相关的。同一风险事件对不同的创业者会产生不同的风险，同一创业者由于其决策或是其采取的策略的不同，会面临不同的风险结果。如技术标准提高这一技术类风险事件，对大学生可能产生的是低风险，对于农民工可能产生的是高风险。

5. 创业风险的可变性

创业风险的可变性是指在创业的内部与外部条件发生变化时候，必然会引起的创业风险的变化。如投资方因负责人变动，不再对其进行投资。创业风险的可变性包括创业过程中风险性质的变化、风险后果的变化以及出现新的创业风险这三个方面。

6. 创业风险的可测性与测不准性

创业风险的可测性是指创业风险是可以通过定性或定量的方法对其进行估计的。创业风险的测不准性是指对创业风险的预测与实际结果常常会出现偏离误差范围的状况。如创业产品周期的测不准与创业产品市场的测不准。

【**课堂练习 5-2**】请举例说明创业风险的特点。

5.1.3　创业风险的主要来源

1. 融资缺口

融资缺口存在于学术研究和产品原型商业化之间，表现为研究基金和投资基金缺口。研究基金通常来自个人资产、政府机构或公司研究机构，它既支持概念的创建，又支持概念可行性的最初证实；投资基金则将概念转化为有市场需要的产品原型。若没有足够的资金将其研究成果（发明专利）或产品原型实现商业化，便会给创业带来一定的风险。

2. 研究缺口

研究缺口主要存在于仅凭个人兴趣所做的研究判断和基于市场潜力的商业判断之间。当一个创业者最初感觉某个特定的科学突破或技术突破可以成为商业产品时，他仅仅停留在自己满意的论证程度上。但是，从技术向产品的转化还需要面对大量艰巨的、可能耗资巨大的研究工作（有时需要几年时间），进而形成创业风险。如某项"挑战杯"科研成果转化为商业产品。

3. 信息和信任缺口

信息和信任缺口存在于技术人员、管理者与投资者之间。技术专家比较了解哪些内容在科学上是有趣的，哪些内容在技术层面上是可行的，哪些内容根本就无法实现。管理者与投资者通常比较了解将新产品引入市场的程序，但当涉及具体项目的技术部分时，他们不得不相信技术专家。如果技术专家、管理者与投资者相互之间不能充分信任，或者不能进行有效交流，那么这一缺口将会变得更大，带来的风险也更大。

4. 资源缺口

资源与创业者之间的关系就如同颜料、画笔与艺术家的关系。没有颜料和画笔，艺术家的构思则无从实现。在大多数情况下，创业者不一定也不可能拥有所需的全部资源，这就形成了资源缺口。如果创业者没有能力弥补相应的资源缺口，要么创业无法起步，要么在创业中受制于人，如创业者缺乏进一步扩大业务的资金。

5. 管理缺口

创业者并不一定是出色的企业家，不一定具备出色的管理才能。如创业者利用某一新技术进行创业，他可能是技术方面的专业人才，却不一定具备专业的管理才能，从而形成管理缺口。创业者往往有某一"奇思妙想"，可能是新的商业点子，但在战略规划上不具备出色的才能，或也不擅长管理具体的事务。

【**课堂练习 5-3**】你的创业项目存在哪些风险缺口？

5.1.4　创业风险的常见类型

1. 按照风险的性质划分

（1）纯粹风险。纯粹风险指只有损失可能性而无获利可能性的风险。纯粹风险所导致的结果只有两种：有损失或无损失。如地震、火灾、水灾、车祸、坠机、死亡、疾病和战争等。

（2）机会风险。机会风险指既存在损失可能性，也存在获利可能性的风险。机会风险导致的结果可能有三种：有损失、无损失、获利。如股市波动、商品价格变动、风险投资等。

2. 按照风险的状态划分

（1）静态风险。静态风险指在社会政治、经济环境正常的情况下，由于自然力的不规则变动和人们的错误行为所导致的风险。

静态风险造成的后果主要是经济上的损失，而不会因此获得意外的收益，一般属于不可回避风险。如地震、洪水、飓风等自然灾害，交通事故、火灾、工业伤害等意外事故均属静态风险。

（2）动态风险。动态风险指与社会变动有关的风险，主要是社会经济、政治和技术、组织机构发生变动而产生的风险。

动态风险造成的后果是难以估计的，但通常是可以回避的。如通货膨胀、汇率风险、罢工、暴动、消费偏好的改变、国家政策的变动等均属于动态风险。

3. 按照风险的来源划分

（1）主观风险。主观风险指在创业阶段，由于创业者的思想意识、心理素质等主观方面的因素导致创业失败的可能性。如认知偏见带来的风险。

（2）客观风险。客观风险指在创业阶段，由于客观因素导致创业失败的可能性。如市场的变动、政策的变化、竞争对手的出现、创业资金缺乏等。

4. 按照风险的影响范围划分

（1）系统风险。系统风险指外部经济社会的整体变化，这些变化包括社会、经济、政治等创业者和企业难以控制的事实或事件。这类风险对企业影响的程度不一，但所有的企业都要面对。如商品市场风险、资本市场风险等。

（2）非系统风险。非系统风险指由企业内部因素导致的风险，是源于创业者、创业企业本身的商业活动和财务活动引发的风险。这种风险只造成企业自身的不确定性，对其他企业不发生影响。这类风险可以通过一定的手段进行预防和分散。如团队风险、技术风险和财务风险等。

5. 按照风险在创业过程中出现的环节划分

（1）机会的识别与评估风险。该风险是指在机会识别和评估过程中，信息缺失、推理偏误、处理不当等各种主客观因素影响，使得创业面临方向选择和决策失误的风险。如在高校附近开服装店（未充分了解高校学生在服装消费上喜欢追求隐蔽性的心理）。

（2）团队组建风险。该风险是指在团队组建过程中，由团队成员选择不当或缺少合适的团队成员所导致的风险。如团队中缺乏管理人才或技术专家。

（3）获取创业资源风险。该风险是指由于存在资源缺口，无法获得所需资源，或获得资源成本较高给创业活动带来的风险。如"长江野生鱼庄"所需长江野生鱼经常缺货或成本高。

（4）创业计划风险。该风险是指创业计划制订过程中未排除一些不确定因素的存在，或制订者自身能力的限制导致的创业风险。如对市场需求规模缺乏调查分析，单凭估计。

（5）企业管理风险。该风险是指企业文化、管理模式、细节管理等方面因处理不当引发的风险。如粗暴管理或拖欠员工工资可能引发的破坏性事件。

6. 按照风险内容的表现形式划分

（1）机会选择风险。机会选择风险指创业者由于选择创业而放弃自己原先从事的职业，所丧失的潜在晋升或发展机会的风险。如辞职开办个体网吧，影响自己的职称评聘、职位晋升和所学专业上的建树。

（2）环境风险。环境风险指由于创业活动所处的社会、政治、经济、法律环境等变化或由于意外灾害导致创业者或企业蒙受损失的可能性。如战争、国际关系变化或有关国家政权更迭、政策改变，宏观经济环境发生大幅度波动或调整，法律法规的修改，或者创业相关事项得不到政府许可，合作者违反契约等给创业活动带来的风险。

（3）人力资源风险。人力资源风险指由于人的因素对创业活动的开展产生不良影响或偏离经营目标的潜在可能性。如创业者自身的素质和能力有限，创业团队成员的知识和技能水平不匹配，管理过程中用人不当，关键员工离职等因素是人力资源风险的主要诱因。

（4）技术风险。技术风险指由于技术方面的因素及其变化的不确定性而导致创业失败的可能性。如技术成功的不确定性、技术前景的不确定性、技术寿命的不确定性、技术效果的不确定性、技术成果转化的不确定性等。

（5）市场风险。市场风险指由于市场情况的不确定性导致创业者或创业企业损失的可能性。市场风险包括产品市场风险和资本市场风险两大类。如市场供给和需求的变化、市场接受时间的不确定、市场价格的变化、市场战略失误等。

（6）管理风险。管理风险指管理运作过程中因信息不对称、管理不善、判断失误等影响管理科学性而带来的风险。如水平低下的家庭式管理，管理者素质低下、缺乏诚信、权力分配不合理、管理不规范、随意决策等。

（7）财务风险。财务风险指创业者或创业企业在理财活动中存在的风险。如对创业所需资金估计不足、难以及时筹措创业资金、创业企业财务结构不合理、融资不当、现金流管理不力等可能会使创业企业丧失偿债能力，导致预期收益下降，形成一定财务风险。

7. 按照标的不同划分

（1）财产风险。财产风险指导致财产损毁、灭失和贬值的风险。如由于火灾、水灾等带来的财产损毁风险，由于经济因素带来的财产贬值风险等。

（2）人身风险。人身风险指导致人的死亡、残疾、疾病、衰老及劳动能力丧失或降低的风险。人身风险通常又可分为生命风险、意外伤害风险和健康风险三类。如马航失联。

（3）责任风险。责任风险指由于个人或团体的疏忽或过失行为，造成他人财产损失或人身伤亡，依照法律或契约应承担民事法律责任的风险。如煤矿失事、工伤事故等。

（4）信用风险。信用风险指在经济交往中，权利人与义务人之间由于一方违约或违法致使对方遭受经济损失的风险。如债务人不能或不愿履行债务而给债权人造成损失的风险；交易一方不履行义务而给交易双方造成损失的风险。

【课堂练习 5-4】请使用思维导图绘出创业风险的类型。

5.2 创业风险识别

【创业名言】

创业前，很多困难你都不会把它认为是困难，当它突然成为你的困难时，很多人会承受不了压力，就放弃了，这样的人一定是不能成功的。

——史玉柱

不要控制失败的风险，而应控制失败的成本。

——罗伯特·库珀

市场环境瞬息万变，竞争日趋激烈，创业企业会出现风险，遭遇各种困境。创业风险管理已成为一项具有现实性和迫切性的基础管理工作，从而也必须逐渐走上经常化、规范化的道路。一般风险管理理论包括风险识别、风险的分析与评价、风险管理三个阶段。创业企业风险程度与其所掌握的信息多少、真伪有关。创业过程中掌握的信息越多、越准确，便越能做出正确的、有把握的决策，创业风险也就相对减少；反之，创业风险便会加剧。因此，要减少创业风险，也就必须重视信息获取工作。

5.2.1 创业风险识别的含义

创业风险识别就是创业者在创业过程中依据创业活动的迹象，在各类风险事件发生之前运用各种方法对风险进行的辨认与鉴别，是系统地、连续地发现风险的过程。由于创业的特殊性，创业过程中除了要识别如国家经济政策的调整、市场需求的变化等显性因素，还要识别当某一种形势变化的连锁反应所可能带来的半显性风险，同时还要识别遭遇突发事件的隐性因素。

5.2.2 创业风险识别的特点

1. 系统性

风险识别是一项复杂的系统工程。系统性是指风险识别不能局限于某一部门和环节，而应对整个企业各个方面的风险进行识别和分析。不仅包括识别实物资产风险、金融资产风险，还包括识别客户资产、雇员、供应商资产和组织资产的风险。

2. 连续性

风险识别是一项连续性的工作。连续性是指风险识别不可能是一成不变、一劳永逸的，随着企业及其经营环境的不断变化，风险管理者必须时刻关注新出现的风险和各种潜在的风险。

3. 制度性

风险识别是一项制度性的工作。制度性是指风险管理作为一项科学的管理活动，本身需要有组织上和制度上的保障，否则就难以保证此项工作的系统性、连续性。

5.2.3 创业风险识别的程序

风险识别是风险管理的基础，没有风险识别的风险管理是盲目的。通过风险识别，可以使理论联系实际，把风险管理的注意力集中到具体的风险因素上来。识别创业风险是一项复杂而细致的工作，需要科学的程序、步骤，采用适当的方法系统性辨别出对创业成功具有决定性的风险因素，分层次地分析各种现象，并实事求是地做出评估。

识别创业风险的过程包括对所有可能的风险事件来源和结果进行实事求是地调查、访问和对案例进行研究，识别创业风险必须系统、持续、严格分类并恰如其分地评估其严重程度。创业风险的识别步骤可以通过以下几个方面来进行。

1. 确定导致创业风险不确定的客观存在

这里强调的是导致创业风险的不确定性的客观存在。因此必须要辨别所要发现的或推测的因素是否存在不确定性，如果要素是确定的，不能称为风险。在此基础上要确定要素的不确定性本身必须是客观存在的，是事实上存在的不以人的意志为转移的，不是凭空想象的。

2. 建立创业风险清单

建立创业风险因素清单是识别创业风险的基础工作和前提条件。创业风险因素清单可以在创业风险机理研究基础上构建起来。清单中应明确列出客观存在的和潜在的各种风险，应包括各种影响创业研究、制定、实施、控制以及影响创业过程的各种因素。可以通过理论研究和实际的经验进行判断。建立清单可以通过对商业清单或一系列的调查表进行深入研究，分析而制定。

3. 确定重要的风险事件并对其可能的结果进行测算

根据清单中的各种重要风险来源，分析和推测各种可能性，结合创业管理的方法和手段测算对创业影响的程度、创业成本耗费和最终企业的各种创业绩效指标的变化。

4. 进行创业风险因素的分类

对创业风险进行分类的目的是更加深入地理解创业风险的性质、特征和构成，在此基础上制定更好的管理对策。对创业风险进行分类必须结合创业风险的性质和可能性结果以及彼此之间的关联程度，这样有利于更加确切地理解风险、预测结果。

5. 进行风险排序

根据风险分类和各种可能的影响结果按照一定的方法认定轻重缓急并给予排序，形成一套创业风险图，但是创业风险要素的位置不是固定不变的，应该随着环境的变化而柔性变化。

创业风险的识别是一项连续开展的工作，我们要随时注意新的风险。因为创业及其运作的环境随时都在变化，创业过程本身会发生一些变化，如进入新的商业渠道，发生企业收购或是破产等。此外，创业环境也会发生变化，如卷入法律纠纷、政府的法令和行政管理条例的变化、经济周期等。

【课堂练习 5-5】如何有效地识别创业风险？

5.2.4   创业风险识别的方法

1. "SWOT" 分析法

SWOT 是英文 Strengths、Weaknesses、Opportunities 和 Threats 的缩写，即企业本身的竞争优势与竞争劣势、外部环境存在的有利机会和不利威胁。SWOT 分析法是于 20 世纪 80 年代初由美国旧金山大学的管理学教授韦里克提出的。

SWOT 分析的步骤：首先是正确识别并罗列出优势、劣势、机会与威胁因素。其次是将优势、劣势与机会、威胁相组合，结合机会发挥优势、改变劣势、避开威胁，形成SO、ST、WO、WT 战略。最后是对 SO、ST、WO、WT 战略进行甄别和选择，确定企业应该采取的具体战略与策略，如表 5-1 所示。

表 5-1 SWOT 分析矩阵

内部因素 外部因素	优势（S） 逐条列出优势，例如管理、人才、学科、设备、科研和信息发展等方面的优势	劣势（W） 逐条列出劣势，例如管理、人才、学科、设备、科研和信息发展等方面的劣势
机会（O） 逐条列出机会，例如目前和将来的政策、经济、新技术以及市场等	SO 战略（增长型战略） 发挥优势，利用机会	WO 战略（扭转型战略） 利用机会，克服劣势
威胁（T） 逐条列出威胁，例如目前和将来的政策、经济、新技术以及市场等	ST 战略（多种经营战略） 利用优势，回避威胁	WT 战略（防御型战略） 清理或合并组织，与巨人同行，借船过河，走专、精、特之路

竞争优势（S）是指一个企业超越其竞争对手的能力，或者指公司所特有的能提高公司竞争力的东西。例如，当两个企业处在同一市场或者说它们都有能力向同一顾客群体提供产品和服务时，如果其中一个企业有更高的盈利率或盈利潜力，那么我们就认为这个企业比另外一个企业更具有竞争优势。

竞争优势可以是以下几个方面。

（1）技术技能优势。独特的生产技术、低成本生产方法、领先的革新能力、雄厚的技术实力、完善的质量控制体系、丰富的营销经验、上乘的客户服务、卓越的大规模采购技能。

（2）有形资产优势。先进的生产流水线、现代化车间和设备、拥有丰富的自然资源储存、吸引人的不动产地点、充足的资金、完备的资料信息。

（3）无形资产优势。优秀的品牌形象、良好的商业信用、积极进取的公司文化。

（4）人力资源优势。关键领域拥有专长的职员、积极上进的职员、很强的组织学习能力、丰富的经验。

（5）组织体系优势。高质量的控制体系、完善的信息管理系统、忠诚的客户群、强大的融资能力。

（6）竞争能力优势。产品开发周期短、强大的经销商网络、与供应商良好的伙伴关系、对市场环境变化的灵敏反应、市场份额的领导地位。

竞争劣势（W）是指某种会使公司处于劣势的条件或短板。可能导致内部弱势的因素有：

（1）缺乏具有竞争力的技能技术。

（2）缺乏有竞争力的有形资产、无形资产、人力资源、组织体系。

（3）关键领域里的竞争能力正在丧失。

公司面临的潜在机会（O）：市场机会是影响公司战略的重大因素。公司管理者应当确认每个机会，评价每个机会的成长和利润前景，选取那些可与公司财务和组织资源匹配、使公司获得的竞争优势的潜力最大的最佳机会。

潜在的发展机会可能是：

（1）客户群的扩大趋势或产品细分市场。

（2）技能技术向新产品新业务转移，为更大客户群服务。

（3）前向或后向整合。

（4）市场进入壁垒降低。

（5）获得并购竞争对手的能力。

（6）市场需求增长强劲，可快速扩张。

（7）出现向其他地理区域扩张，扩大市场份额的机会。

危及公司的外部威胁（T）：在公司的外部环境中，总是存在某些对公司的盈利能力和市场地位构成威胁的因素。公司管理者应当及时确认危及公司未来利益的威胁，做出评价并采取相应的战略行动来抵消或减轻它们所产生的影响。

公司的外部威胁可能是：

（1）出现将进入市场的强大的新竞争对手。

（2）替代品抢占公司销售额。

（3）主要产品市场增长率下降。

（4）汇率和外贸政策的不利变动。

（5）人口特征、社会消费方式的不利变动。

（6）客户或供应商的谈判能力提高。

（7）市场需求减少。

（8）容易受到经济萧条和业务周期的冲击。

由于企业的整体性和竞争优势来源的广泛性，在做优劣势分析时，必须从整个价值链的每个环节上，将企业与竞争对手做详细的对比。如产品是否新颖，制造工艺是否复杂，销售渠道是否畅通，价格是否具有竞争性等。如果一个企业在某一方面或几个方面的优势正是该行业企业应具备的关键成功因素，那么该企业的综合竞争优势也许就强一些。

2. 波特五力模型分析法

波特五力模型是迈克尔·波特（Michael Porter）于 20 世纪 80 年代初提出的。它认为行业中存在着决定竞争规模和程度的五种力量，这五种力量综合起来影响着产业的吸引力以及现有企业的竞争战略决策。波特五力模型可以有效地分析客户的竞争环境，是对一个产业盈利能力和吸引力的静态断面扫描，说明的是该产业中的企业平均具有的盈利空间。通常，这种分析法也可用于创业企业的风险分析，以揭示创业企业在行业竞争中面临的风险。

如图 5-1 所示，五种力量分别为行业内部的竞争、潜在进入者的威胁、替代品的威胁、供应商的议价能力、购买者的议价能力。

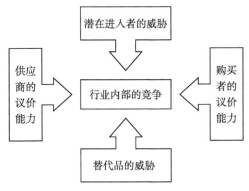

图 5-1 五力分析模型

（1）行业内部的竞争。大部分行业中的企业，相互之间的利益都是紧密联系在一起的，作为企业整体战略一部分的各企业竞争战略，其目标都在于使得自己的企业获得相对于竞争对手的优势，所以在实施中就必然会产生冲突与对抗现象，这些冲突与对抗就构成了现有企业之间的竞争。现有企业之间的竞争常常表现在价格、广告、产品介绍、售后服务等方面，其竞争强度与许多因素有关。

一般来说，出现下述情况将意味着行业中现有企业之间竞争的加剧：行业进入壁垒较低；势均力敌的竞争对手较多；竞争参与者范围广泛；市场趋于成熟，产品需求增长缓慢；竞争者企图采用降价等手段促销；竞争者提供几乎相同的产品或服务；用户转换成本很低；一个战略行动如果取得成功，其收入相当可观；行业外部实力强大的公司在接收了行业中实力薄弱企业后，发起进攻性行动，结果使得刚被接收的企业成为市场的主要竞争者；退出壁垒较高，即退出竞争要比继续参与竞争代价更高。在这里，退出壁垒主要受经济、战略、感情以及社会政治关系等方面的影响，具体包括资产的专用性、退出的固定费用、战略上的相互牵制、情绪上的难以接受、政府和社会的各种限制等。

（2）潜在进入者的威胁。新进入者在给行业带来新生产能力、新资源的同时，将希望在已被现有企业瓜分完毕的市场中赢得一席之地，这就有可能会与现有企业发生原材料与市场份额的竞争，最终导致行业中现有企业盈利水平降低，严重的话还有可能危及这些企业的生存。竞争者进入威胁的严重程度取决于两方面的因素，即进入新领域的障碍大小与预期现有企业对于进入者的反应情况。

进入障碍主要包括规模经济、产品差异、资本需要、转换成本、销售渠道开拓、政府行为与政策、不受规模支配的成本劣势、自然资源、地理环境等方面，这其中有些障碍是很难借助复制或仿造的方式来突破的。预期现有企业对进入者的反应情况，主要是采取报复行动的可能性大小，则取决于有关厂商的财力情况、报复记录、固定资产规模、行业增长速度等。总之，新企业进入一个行业的可能性大小，取决于进入者主观估计进入所能带来的潜在利益、所需花费的代价与所要承担的风险这三者的相对大小情况。

（3）替代品的威胁。处于同行业或不同行业中的两个企业，可能会由于所生产的产品是互为替代品，从而在它们之间产生相互竞争行为，这种源自于替代品的竞争会以各种形式影响行业中现有企业的竞争战略。

第一，现有企业产品售价以及获利潜力的提高，将由于存在着能被用户方便接受的替代品而受到限制。

第二，由于替代品生产者的侵入，使得现有企业必须提高产品质量，或者通过降低成本来降低售价，或者使其产品具有特色，否则其销量与利润增长的目标就有可能受挫。

第三，源自替代品生产者的竞争强度，受产品买主转换成本高低的影响。

总之，替代品价格越低、质量越好、用户转换成本越低，其所能产生的竞争压力就强；而这种来自替代品生产者的竞争压力的强度，可以具体通过考察替代品销售增长率、替代品厂家生产能力与盈利扩张情况来加以描述。

（4）供应商的议价能力。供方主要通过其提高投入要素价格与降低单位价值质量的能力，来影响行业中现有企业的盈利能力与产品竞争力。供方力量的强弱主要取决于他们所提供给买主的是什么投入要素，当供方所提供的投入要素其价值构成了买主产品总成本的较大比例、对买主产品生产过程非常重要，或者严重影响买主产品的质量时，供方对于买主的潜在讨价还价力量就大大增强。一般来说，满足如下条件的供方集团会具有比较强大的讨价还价力量。

第一，供方行业为一些具有比较稳固市场地位而不受市场激烈竞争困扰的企业所控制，其产品的买主很多，以至于每一单个买主都不可能成为供方的重要客户。

第二，供方企业的产品各具有一定特色，以至于买主难以转换或转换成本太高，或者很难找到可与供方企业产品相竞争的替代品。

第三，供方能够方便地实行前向联合或一体化，而买主难以进行后向联合或一体化。[○]

（5）购买者的议价能力。购买者主要通过其压价与要求提供较高的产品或服务质量的能力，来影响行业中现有企业的盈利能力。其购买者议价能力影响主要有以下原因。

第一，购买者的总数较少，而每个购买者的购买量较大，占了卖方销售量的很大比例。

第二，卖方行业由大量相对来说规模较小的企业所组成。

第三，购买者所购买的基本上是一种标准化产品，同时向多个卖主购买产品在经济上也完全可行。

第四，购买者有能力实现后向一体化，而卖主不可能前向一体化。[○]

3. 流程图分析法

流程图分析法指将生产、经营、管理、服务过程按其内在逻辑联系绘成作业流程

　　○　按通俗说法是"店大欺客"。

　　○　即"客大欺店"。

图，针对流程中的每一阶段、每一环节进行调查分析，从中发现潜在风险，找出导致风险发生的因素，分析风险产生后可能造成的损失以及对整个组织可能造成的不利影响。

具体来说，流程图分析法是将一项特定的生产或经营活动按步骤或阶段顺序以若干个模块形式组成一个流程图系列，在每个模块中都标示出各种潜在的风险因素或风险事件，从而给决策者一个清晰的总体印象。在企业风险识别过程中，运用流程图绘制企业的经营管理业务流程，可以将与企业各种活动有影响的关键点清晰地表现出来，结合企业中这些关键点的实际情况和相关历史资料，就能够明确企业的风险状况。

流程图的类型有多种，如简单和复杂流程图、内部和外部流程图、实物形态和价值形态流程图、生产和资金流程图等。

（1）流程图分析法的实施步骤。

第一步：根据企业实际绘制业务流程图。

第二步：识别流程图上各业务节点的风险因素，并予以重点关注。

第三步：针对风险及产生原因，提出监控和预防的方法。

（2）流程图分析法的优缺点。流程图分析法是识别风险最常用的方法之一。其主要优点是清晰明了，易于操作，且组织规模越大，流程越复杂，流程图分析法就越能体现出优越性。通过业务流程分析，可以更好地发现风险点，从而为防范风险提供支持。流程图分析法的缺点是使用效果依赖于专业人员的水平。

4. 专家调查法

专家调查法指应用专家的经验、知识和能力，发挥专家的特长，对风险的可能性及其后果做出估计。

专家调查法的基本步骤是：选择主要的风险项目，选聘相关领域的专家；专家对各类可能出现的风险进行评估、打分；回收专家意见并整理分析，再将结果反馈给专家；把专家的第二轮结果汇总，直到比较满意为止。

专家调查法是一种重要而又广为应用的风险识别方法。

延伸阅读

杨雪的饰品店

杨雪同学一直想办一个企业，做销售饰品的生意，因为她所在的大学女生居多，对饰品有很大的需求。

杨雪的母亲非常支持她创业，让她用家里的房子作担保向银行申请贷款。

杨雪得到贷款后立刻行动。她在学校附近租了间大门市，一番装修，购买了电脑、电话、打印机、音响、沙发、饮水机等设备，还买了一辆车，并在车上喷涂了公司的LOGO。杨雪告诉母亲，精良的门面能帮助企业树立良好的形象，也有助于吸引更多的客户。

　　杨雪开创的饰品店开张了。饰品非常受顾客欢迎，需求量很大，客户还自发帮她宣传。

　　到年底时，杨雪发现现有资金流严重不足，不能继续支付银行的欠款。银行却雪上加霜地中止了贷款，并要求尽快偿还贷款，杨雪被迫宣布公司倒闭。看样子，杨雪的母亲有可能失去家里的房产。

　　资料来源：引自 http://www.docin.com/p-1809796236.html，有删改。

　　阅读后，请思考：

　　1. 杨雪的企业存在哪些风险？

　　2. 如果你是杨雪，应如何应对？

5.3　创业风险控制

【创业名言】

　　互联网上失败一定是自己造成的，要不就是脑子发热，要不就是脑子不热，太冷了。

——马云

　　给自己留了后路相当于是劝自己不要全力以赴。

——王石

5.3.1　创业风险控制方法

　　创业风险控制就是在风险识别基础上，针对企业存在的风险因素，采取各种控制技术，尽量减小企业的风险暴露，降低损失频率和减小损失幅度。

　　创业风险控制的方法主要包括风险回避、风险防范、损失抑制、风险因子管理和多元化投资等。

1. 风险回避

　　风险回避是指考虑到影响预定目标达成的诸多因素，结合决策者自身的风险偏好和风险承受能力，从而做出的中止、放弃某种决策方案或调整、改变某种决策方案的风险处理方式。

　　（1）剥离。剥离指通过退出某市场或地域，出售、清算或分离某产品类别或业务等措施剥离资产。

　　（2）禁止。禁止指企业通过适宜的企业政策、风险限额架构及标准禁止企业从事风险性大的或产生财务损失和资产缺口的活动和交易。

　　（3）终止。终止指企业通过重新确立目标，调整战略和政策或者改变资源配置方向，终止某些已进行的活动和交易。

（4）锁定。锁定指企业提高业务发展和市场扩张的针对性，避免追逐偏离企业战略的机会。

（5）筛选。筛选指通过对企业的资本项目和投资活动进行筛选，回避低收益、偏离企业战略重点或高风险的行动计划。

（6）消除。消除指通过规划和实施内部预防流程，从源头上消除风险，使风险事件的发生概率降低为零。

2. 风险防范

风险防范是在风险发生之前调整或重组企业经营过程中的某些方面，通过一定的手段预防和分散风险，以降低风险发生的概率和带来的损失。

（1）机会选择风险的防范。创业者在创业准备之初就应该对创业的风险和收益进行全面权衡，将创业目标和目前的职业收益进行比较，结合当下的创业环境、自己的生涯规划进行权衡分析。如先就业再创业、与人合作（有利有弊）。

（2）人力资源风险的防范。创业者应不断充实自己，持续提高个人素质，使自己的知识和能力与创业活动相匹配。通过沟通、协调、激励、奖惩、评价、目标设定等多种手段管理团队，并在创业团队发展的不同阶段确定相应的管理内容，科学合理地对成员进行绩效评价。招聘那些具有良好职业道德和团队合作意识、拥有与岗位相匹配技能的员工，在合同中明确权利义务关系和适当授权。

（3）技术风险的防范。加强对技术创新方案的可行性论证，减小技术开发与技术选择的盲目性，并通过建立灵敏的技术信息预警系统，及时预防技术风险。可通过组建技术联合开发体或建立创新联盟等方式来分散技术创新的风险。提高企业技术系统的活力，降低技术风险发生的可能性。高度重视专利申请、技术标准申请等保护性措施的采用，通过法律手段减小损失出现的可能性。

（4）管理风险的防范。提高核心创业成员的素质，树立其诚信意识和市场经济观念，并以此为基础搞好领导层的自身建设，建立能够适应企业不同发展阶段变革的组织机构。实行民主决策与集权管理的统一，将企业的执行权合理分配，避免不规范的家族式管理影响创业企业发展。明确决策目标，完善决策机制，减小决策失误。

（5）财务风险的防范。要对创业所需资金进行合理估计，避免筹资不足影响企业健康成长和后续发展。学会建立和经营创业者自身和创业企业的信用，提高获得资金的概率。学会在企业的长远发展和目前利益之间进行权衡，设置合理的财务结构，从恰当的渠道获得资金。管好企业的现金流，避免现金断流带来的财务拮据甚至破产清算的局面。

3. 损失抑制

损失抑制是指采取措施使事故发生时或发生后，能减小损失发生的范围或损失严重的程度。在实际生活中，完全避免和预防损失是不可能的，企业必须考虑一旦风险事故发生所能采取的损失抑制措施，重点是降低损失幅度。通常适用于外部事件，因为企业往往难以驾驭外部事件是否发生及其频率。

（1）应急计划。指针对可能造成企业经营中断的小概率事件，事先进行必要的安排（相当于第二方案），确保企业在事故发生后、恢复正常运作前保持生产的连续性，从而降低中断经营、客户关系、商誉等方面的损失。如突发事件应急预案。

（2）危机管理。危机管理是危机管理者通过危机信息分析，执行危机应对计划、组织、控制、领导等职能来最大限度地降低企业和各个利益相关者可能遭受的各种损害，最终保障企业整体安全、健康和持久运行。如遭遇地震灾害后企业的抢救工作、恢复生产工作。

（3）风险隔离。风险隔离是将一风险单位分割成许多独立的、较小的单位，通过限制每一可能的最大损失来实现减小损失的目的。隔离法不但可以减小直接损失，而且风险单位的增加可以提高企业对未来损失预测的准确程度，使得实际损失程度和估测程度大致相当，从而达到控制的目的。如禽流感爆发后，对感染者、疑似感染者的隔离。

（4）风险组合。风险组合是通过兼并、扩张、联营，集合多个原来各自独立的风险单位于同一企业之下，增加同类风险单位的数目来提高未来损失的可预测性，以达到降低风险的目的，属于一种简洁的损失控制措施。如企业的兼并与重组。

4. 风险因子管理

风险因子管理是指通过降低风险因素的水平、改变其分布或企业对风险因素的敏感性来调整可能引起潜在损失的经营环境。风险因子管理既可能降低损失的频率，也可能减小损失的程度。常见的风险因子管理技术包括质量管理、员工筛选、培训、企业风险文化管理等。

（1）质量管理。质量管理是通过改善企业生产过程中投入和产出的可获得性、质量、相关性、灵活性、可靠性、一致性和连续性来改变企业经营运作和资源的风险状况。如 ISO9000 质量体系认证、教学质量网络评价。

（2）员工筛选。用工的合适程度主要取决于员工特点和工作特点的匹配程度。要对员工的任用和晋升进行有效筛选，必须对求职者所需完成的工作任务进行彻底分析，可参考以往胜任此项工作人员的素质和表现。如罗列 ×× 岗位的任职条件。

（3）培训。经常对员工进行风险管理方面知识的培训，增强员工风险意识，培养衡量、分析和管理风险技能。如上岗培训、案例教育等。

（4）企业风险文化管理。良好的企业风险文化不仅可以提高员工的道德标准，从长远来看，还可以提高生产力和降低经营风险。企业应该在各级员工中强调风险意识，保证企业的每个人都能做到：积极地辨识企业的主要风险；认真思考各自负责的风险会产生什么后果；在内部传达这些风险信息，确保引起其他人注意。如在企业网络主页设置风险管理栏目。

5. 多元化投资

"不要把鸡蛋放在一个篮子里"，企业适度的、恰当的投资组合（或项目组合）可以降低机会成本并能分散风险。在投资多元化理论出现以后，人们认识到投资多元化可以降低风险。当增加投资组合中资产的种类时，组合的风险将不断降低，而收益仍然是各个资产的加权平均值。当投资组合中的资产多元化到一定程度后，唯一剩下的风险便是系统风险。

【**课堂练习 5-6**】怎样综合运用这些创业风险控制方法？

5.3.2 创业不同阶段风险防范

风险贯穿于整个创业过程，各个阶段的创业风险既有共同的特征，也有自身独有的特征。创业风险在各个阶段的表现形式也不尽相同，所以应对和化解风险的方法和手段也不尽相同。有些类型的风险虽然始终存在，但是风险防范与控制措施也随着时间、环境的变化而需要对症下药。

1. 创业前期风险防范

创业前期是指在打算创业到创业初期的这个阶段。万事开头难，对于一个第一次创业的人来说，低估创业风险可能使创业计划和事业夭折在摇篮当中。在创业前期，创业者要防范以下风险。

（1）资源风险。创业需要资源，这是常识。创业资源包括人才、资金、市场等。

人才是企业发展的关键，创业初期，人才流失恐怕是初创企业最担心的问题。特别是一些专业人才和业务骨干的突然流失，会给新企业带来重创。为了防范这种风险，企业要做好两件事情，一方面稳定核心的创业团队，另一方面要有良好的激励机制和企业文化留住这些优秀的人才。

缺少资金也会使很多创业者遭受挫折，事实上，只有企业在经营到一定程度以后，才会有资金的回流。资金不足是创业者创业初期都会面临的问题，如果连续几个月入不敷出，或没有稳定的现金流支撑，企业随时都存在"关门"风险。所以创业者必须充分估计到资金的需求量，而且一定要有相当的资金余地。

有人说找到"蓝海"是抵御风险的良策，但并不是每个创业者都能找到市场的蓝海，何况市场瞬息万变，因此要着重考虑市场环境的动荡和竞争加剧带来的风险，不断加强自己的核心竞争力，谋取长远、持续的优势。错误估计市场使很多初创企业面临巨大的风险，如果一个企业的主打产品没有足够的市场，其失败几乎是必然的。

但是风险也意味着机会。很多浙江商人出身寒微，起初也是一穷二白，"无资金、无技术、无市场"，但最终"草根"成林。浙江是人均资源综合指数居全国倒数第三的"资源小省"，但现在却成了中国最大的"内资"（主要是民间资金）输出省份。市场上流传一句话：哪里有市场，哪里就有浙商。也有人说：哪里有浙商，哪里就有市场。这说明作为一个创业者不仅要善于追逐市场，而且要善于创造市场。

（2）项目风险。初次创业者的创业激情度高，但创业选择盲目，多数没有进行前期调查及绩效分析，看到别人干什么自己也跟着模仿，缺乏针对自己特长及条件的调查分析，企业形态选择盲目。如加盟连锁经营型创业模式虽可以直接享受品牌的影响，复制他人的成功经验，并能获得资源支持，降低经营成本，但也存在着虚假宣传、交纳大量加盟费、甚至以合法形式掩盖非法目的等不良现象。很多创业者一旦被天花乱坠的宣传语所迷惑，没有收集资料，也不进行实地考察和市场分析，盲目选择加盟连锁，由于不适宜自己的实际情况，企业发展风险较大，影响创业成功。

大学生创业者在创业初期一定要做好市场调研，在了解市场的基础上创业。一般来说，大学生创业者资金实力较弱，选择启动资金不多、人手配备要求不高的项目，从小本经营做起比较适宜。创业如同其他经济活动一样，其本质是以最小的费用取得最大的效用。创业问题不仅涉及技术，还牵涉到天时、地利、人和等诸多因素。尤其是在变幻莫测的市场风云中，实现经济的要求就如同一场永无休止的战争。创业项目需要依据时间和市场的变化而做出相应的调整和改变。

（3）心态风险。眼高手低、纸上谈兵是很多初次创业者最常见的创业风险，对社会缺乏了解，更缺少创业经验，其创业思想往往是因一时创业激情而起，把创业问题简单化、理想化，对创业过于自信和自负，对困难估计不足。还有一些人过分夸大创业困难，过高估计创业压力，过低估计自身价值，妄自菲薄，没有信心和勇气面对创业，根本不愿意动手尝试。另外，初次创业者没有经受过创业挫折的考验，心理承受能力和自我调节能力较差，创业受挫后产生强烈的挫折感，忧心忡忡，胆怯心虚，不能正确认识自己的创业优势，甚至把自身的长处看成短处，在创业竞争中信心不足，自我设限，错失许多机会，严重影响了创业的成功。

意识上的风险是创业团队最内在的风险。这种风险来自于无形，却有强大的毁灭力。风险性较大的意识有投机的心态、侥幸心理、试试看的心态、过分依赖他人、回本的心理、消极心态等。其实大部分创业者在创业过程中都难免遇到大大小小的挫折，真正一帆风顺的创业者微乎其微。在失败和挫折面前，消极的态度还是积极的态度直接决定了创业者未来的命运。向挫折和失败投降的人，永远失去了成功的可能性；对创业者来说，以乐观态度面对挫折是至关重要的，跌倒了，可以重新站起来。

（4）目标风险。机遇从来都是垂青有明确目标的人，同样地，失败之神也很少放过那些没有明确目标的人。创业的道路上充满着荆棘和艰辛，不能光凭满腔热情和雄心壮志，还需要明确的目标和实现这些目标的周详计划。

计划不明，意味着行动是盲目的。如果一个盲目的人成功了，那么只能说是歪打正着，是一种偶然的幸运，而绝不能作为成功的经验尊奉。计划是创业过程中指导性、方向性的东西，计划如果是错误的，或者是不明确的，尤其是关键的地方、关键的步骤不明确，那么失败几乎是不可避免的。

选择自主创业的人越来越多，但其中也有相当一部分人的创业未能成功。在创业的时候，一定要谨慎投资而不能仓促上阵。

2. 创业中期风险防范

在创业中期，创业者要防范以下风险。

（1）定位风险。进行创业，一定要坚持不懈，绝不可朝三暮四、见异思迁。比如，做大还是做强，这是每个创业者都会遇到的两难问题。当你刚开始经商或者创业的时候，并不一定要做大，但是一定要做强，而做强就需要专心做一件事情，不要盲目地做一些看来似乎有发展的项目，从而分散精力，废弃主业，这样的结果往往是主业无法做强，做大也只是一个空壳子。在创业阶段，要使企业发展，要把生意做大，必须安心做好一件事情。每个行业都有强劲的对手，都面临着严峻的竞争。如果不抓住自己的主业，盲目涉足一个自己不熟悉的领域，势必分散精力、资金，不但新的行业难有所建树，恐怕连自己的老本也都要赔光。

打算创业的人在开始时就应该耐得住寂寞，守得住目标。企业发展最重要的是企业的自我定位。在创业的道路上，往往有很多诱惑。当你遇到一项新的投资时，安心做自己的事情，才会把这件事情做好。如果放弃自己的事情，去做新项目的投资，搞不好就是失败。

（2）发展风险。每个创业者都想做一个成功的人、优秀的人，只不过在众多诱惑之下，失去了忍耐的性子。成功是要讲究储备的，仓库里的东西越充足，成功的机会就越大，也才可能走得更远。成功的路是那样的遥远与艰辛，路边倒毙的每一具尸体都曾是一个在起点上充满信心、跃跃欲试的活生生的年轻人，对这路的尽头有无限的憧憬。

人生的成功之路更像一场马拉松赛跑而不是百米冲刺，前 100 米领先者不一定就能成为全程的优秀者，甚至都不可能跑完全程。在这遥远的征途上，基础的积累将会起到决定性的作用。如果你自觉先天不足而又已经踏上征程，那就更要格外注意随时给自己补充营养。

（3）个人风险。俗话说："一个好汉三个帮。"在现代社会，人与人之间的联系是非常紧密的，一个创业者需要和客户打交道，和政府部门打交道，和合作伙伴打交道。一个孤家寡人是不可能取得创业上的成功的。

此外，创业的时候最好有良好的合作伙伴，一个人创业实在太难了。就算你无所不能，你也需要同伴们来集思广益，避免愚蠢的举动，以及在遇到挫折时互相鼓励。最重要的一点是，创业的过程中你可能会遇到难以承受的低点。当你有多个创始伙伴时，彼此信念上的支撑就好比捆成一捆的箭。每个人都暗暗给自己打气："我绝不能让我的朋友们失望。"这是一个人最强大的动力之一，而单一的创始人则缺少这一动力。

（4）团队风险。现代企业越来越重视团队的力量。创业企业在诞生或成长过程中最主要的力量来源一般是创业团队，一个优秀的创业团队能使创业企业迅速发展起来。但与此同时，风险也就蕴含在其中，团队的力量越大，产生的风险也就越大。一旦创业团队的核心成员在某些问题上产生分歧不能达到统一时，极有可能会对企业造成强烈的冲击。

创业伙伴之间发生争斗事件比较普遍。但是如果创业者能够更加谨慎地选择他们的创业伙伴，那么大多数的争吵都可以避免。多数的争吵并不是因事而起，而是因人而起。也就是说，是早晚会发生的。而大多数因为争吵而一怒离开的创始人，可能从一开始就信心不足，只不过被掩饰起来了。不要掩饰你的疑虑，在公司成立前把问题解决掉。所以，不要因为怕疏远你的同伴而拉他入股，也不要因为某人有用得上的技能就一起开公司。

3. 创业后期风险防范

当创业者把创业构想变成现实，并使企业开始盈利或具备盈利前景的时候，创业获得了最初的成功。俗话说，创业容易守业难。创业成功以后，创业者和企业仍然面临着各种各样的风险，有的风险甚至会导致创业者功败垂成。

创业成功以后，不管创业者选择让渡所有权或经营权，或者继续发展和开拓事业，保留企业的所有者和经营者的双重身份，企业都要经历一个休整期，这是不可逾越的阶段，在这个阶段，许多风险会迎面扑来，如果不及时化解这些风险，就会直接影响到企业的继续生存和发展。在创业后期，创业者要防范以下风险。

（1）盲目扩张。2017年9月，星空琴行倒闭，这个成立于2012年，由前阿里巴巴管理团队联合音乐教育资深人士共同打造的创新性连锁钢琴培训机构，在一夜之间全国门店集体关门。2017年11月，标题为"小蓝车倒闭，注入押金不能退了"的新闻格外引人注目。无独有偶，一个月以后，德尔惠，这个曾经叱咤体育行业数年的品牌产品，出现在被清算的行列。无论是星空琴行、小蓝车还是德尔惠，究其失败的原因，均是管理层内部没有精准定位自身的发展，对企业进行盲目扩张，过度的拔苗助长导致了企业的短命。发展过程缺乏长远战略规划，让原本青睐他们的资本在投资的关键时刻出现犹豫，给这些企业的发展带来了致命一击。这样的现象，绝不止于星空琴行、小蓝车或者德尔惠，希望这些"败局"能给正在发展的企业一些警示，引起企业的高度重视。

新时代有新挑战和新机遇，企业在利好的发展环境下，有切实可行的发展定位以及对市场的精准分析，在巩固好企业核心的条件下，才能有针对性地扩大企业规模。

（2）心理失衡。做企业的人要保持一个良好的心态，因为思想决定行动。心态不对，行动就容易错误，最后毁人毁己。但是企业家要保持一个良好的心态不容易，尤其是涉及利益格局和利益分配的时候。有不少靠创业致富的人，在短短几年里就失去了辛苦积累而来的财富。创业者创业成功后的心理失衡表现在以下几点。

一是不切实际。无锡尚德光伏的施正荣，由于一心追求产业规模，几乎将公司的所有资金全部押注在光伏产业的原材料采购环节，在2008年国际金融危机爆发的大背景下，仍然逆势投资，与国外多晶硅巨头签订了长达十年的巨额采购合约。这成了最终拖垮施正荣的包袱。

二是迷失自我。比如禹作敏成功后派头十足，用封建帝王的那一套来"统治"大邱庄，俨然成了割据一方的诸侯，到最后甚至公然对抗国家司法机构。为商先为人，如果丢失了做人之本，也就失去了发展之本。

三是违法经营。赖昌星出道之初是做运输的，也算是一名创业者，然而生意越做越大，他的胃口和胆子也越来越大，甚至到了胆大包天的地步，成为中国历史上最大一起走私案的直接策划与领导者。然而，天网恢恢，疏而不漏，最后东窗事发，赖昌星沦为抱头鼠窜的"通缉犯"。多行不义必自毙，小心驶得万年船。靠着贪念和贼胆致富，注定是此路不通。

四是挥霍浪费。在创业初期，大多数创业者都能注意控制成本，节约开支，艰苦奋斗。但是在创业获得初步成功以后，创业者手里掌握着越来越多的资金和资源，放松了过苦日子的意识，再加上管理上若出现混乱，虽然企业的业务在不断增长，可到头来利润却有所下降，关键就是不注意控制成本和费用。

（3）不思进取。有的创业者在创业成功以后，失去了创业初期的进取心和创新精神，骄傲自满，不思进取，没有进一步去巩固成果并去开拓新领域，或者采取一些消极、拙劣的手法维持现状。

一般来说，进行创业，需要对行业、市场的前景进行预测和推算。但是很多的预测，是根据竞争对手的现状想当然来完成的，没有科学的依据。在创业者所处的原有行业，由于某些原因正处于没落之中，需要创业者去开拓陌生的、具有潜力的领域，但是由于投资者对于市场、渠道、消费者的情况所知不多，这就需要重新了解、学习和实践，才能把握好新的市场。如果创业者对新行业没有兴趣，就会在实际经营中产生消极因素，最终导致失败。

有些创业者，创业成功之后，一时找不到新的投资项目，于是他们跟从其他利润丰厚的企业，照搬照抄。但是他们所见所闻都是其他企业的表面现象，自己的内部管理和经营理念等深层次经营要素跟不上，所以别人成功了，自己却失败了。

（4）缺乏创新。创新包括产品创新、技术创新和制度创新。缺乏创新而只会模仿自己或别人过去成功的经验，是人类自古以来的弱点。

有的创业者急功近利，只顾追求市场和产量，不主动要求创新，管理工作流于形式，自然看不见创新成果。这种只顾眼前利益，"管理放松"的做法最终结果就是技术放松，技术创新能力慢慢衰竭，核心竞争力无法形成。

有的创业者的创新尚处于浅层次，在创新观念上还存在着"走老路稳当"的误区。在这样一种发展态势下，企业不可能开拓新的市场和取得超额利润，企业只有产出的高效率而没有增长的高效益。

（5）管理危机。成功管理的关键不在于排除所有的问题，而在于把注意力集中到企业当前阶段所存在的主要问题上，这样企业才能逐渐成长、成熟并壮大起来。创业成功后，企业面临的主要管理问题是管理危机问题，具体表现为以下几点。

一是管理分权不足。创业成功后，人员增多，业务繁忙，企业面临的问题越来越复杂。然而，创业者不愿意或不懂得分权，习惯于发号施令，事必躬亲，唱独角戏；员工也习惯于接受命令，对创业者有依赖心理，从而导致创业者日常事务过多，工作量剧增。不可避免的结果便是创业者感到力不从心，不堪重负，但又没有抓住重点。

二是管理效果失控。创业成功后，企业开始有现金流入或者盈利，招聘、迁址、购置新设备、培训等，忙得不亦乐乎，于是管理费用急剧上升。企业经营的范围和地域也会扩大，管理开始变得复杂起来，问题也多了起来。创业者一如创业过程中那样果断，员工也依然贯彻执行决策，但是创业者无法监督、评估决策的执行，企业也缺乏相应的机制与政策，因此决策执行的效果大打折扣。

三是创新机制缺乏。创业成功后，老员工容易陶醉于曾经取得的成功，喜欢向他人讲述传奇式的创业历程。创业者考虑的是企业的未来，而老员工考虑的是创业者应该如何奖赏如何分配胜利成果，以及如何在企业保持相应的权力与地位。老员工不愿继续艰辛地奋斗，安于现状，于是小富即安的思想在企业蔓延，甚至会影响创业者本人。企业也缺乏创新激励机制，这样，企业很容易失去继续创新的动力。

四是新老员工冲突。对于新员工而言，什么事情都会让他困惑不解，一切都没有定规，规章制度束之高阁，薪酬制度是由不同的特例组成的大杂烩，企业行为就是创业者个性的写照。老员工讨论的是过去的"好时光"，说话办事都有一套他们自己的规矩。由于企业没有什么成文的政策，那些资历较深的员工就是企业的活档案，一旦他们离职，企业立刻就会陷入一片混乱。另外，创业者会记着这些曾经追随自己的老员工，因此，老员工在企业里有极高的权威，而新招聘的员工考虑的是如何发挥自己的能力，如何证明自我，于是新员工成了挑战老员工的对立面。

五是家庭压力增大。作为坚实的后盾，家人在创业者的创业过程中给予了无私的奉献，他们希望创业者能够取得成功。创业成功后，配偶希望创业者更多地关心家庭，儿女希望创业者能够尽到父母的责任，而创业者比以前更忙更累，无暇顾及家庭，家庭压力开始增大，尤其是有家庭的女性创业者。一位女企业家在周末会议上收到其丈夫三条短信息："今天星期几""女儿有一个月没有见着妈了"和"你知道回家吗"。无奈之下会议只能戛然而止。这些看似无关紧要的琐事会对企业的管理带来无形的杀伤力。

如果说在创业过程中企业是根据危机进行管理，那么创业成功后是管理造成了危机。创业者该认真避免和解决创业成功后企业的管理危机问题。

延伸阅读

大学生创业的十大风险

大学生创业者要认真分析自己创业过程中可能会遇到哪些风险，这些风险中哪些是可以控制的，哪些是不可控制的，哪些是需要极力避免的，哪些是致命的或不可管理的。一旦这些风险出现，你应该如何应对和化解。特别需要注意的是，一定要明白最大的风险是什么，最大的损失可能有多少，自己是否有能力承担风险并渡过难关。

大学生创业的风险主要有以下几个方面。

风险一：项目选择

大学生创业时如果缺乏前期市场调研和论证，只是凭自己的兴趣和想象来决定投资方向，甚至仅凭一时心血来潮做决定，一定会碰得头破血流。

大学生创业者在创业初期一定要做好市场调研，在了解市场的基础上创业。一般来说，大学生创业者资金实力较弱，选择启动资金不多、人手配备要求不高的项目，从小本经营做起比较适宜。

风险二：缺乏创业技能

很多大学生创业者眼高手低，当创业计划转变为实际操作时，才发现自己根本不具备解决问题的能力，这样的创业无异于纸上谈兵。一方面，大学生应去企业打工或实习，积累相关的管理和营销经验；另一方面，积极参加创业培训，积累创业知识，接受专业指导，提高创业成功率。

风险三：资金风险

资金风险在创业初期会一直伴随在创业者的左右。是否有足够的资金创办企业是创业者遇到的第一个问题。企业创办起来后，就必须考虑是否有足够的资金支持企业的日常运作。对于初创企业来说，如果连续几个月入不敷出或者因为其他原因导致企业的现金流中断，都会给企业带来极大的威胁。相当多的企业会在创办初期因资金紧缺而严重影响业务的拓展，甚至错失商机而不得不关门大吉。

另外如果没有广阔的融资渠道，创业计划只能是一纸空谈。除了银行贷款、自筹资金、民间借贷等传统方式外，还可以充分利用风险投资、创业基金等融资渠道。

风险四：社会资源贫乏

企业创建、市场开拓、产品推介等工作都需要调动社会资源，大学生在这方面会感到非常吃力。平时应多参加各种社会实践活动，扩大自己人际交往的范围。创业前，可以先到相关行业领域工作一段时间，通过这个平台，为自己日后的创业积累人脉。

风险五：管理风险

一些大学生创业者虽然技术出类拔萃，但理财、营销、沟通、管理等方面的能力普遍不足。要想创业成功，大学生创业者必须技术、经营两手抓，可从合伙创业、家庭创业或从虚拟店铺开始，锻炼创业能力，也可以聘用职业经理人负责企业的日常运作。

创业失败者，基本上都是管理方面出了问题，其中包括：决策随意、信息不通、理念不清、患得患失、用人不当、忽视创新、急功近利、盲目跟风、意志薄弱等。特别是大学生知识单一、经验不足、资金实力和心理素质明显不足，更会增加在管理上的风险。

风险六：竞争风险

寻找蓝海是创业的良好开端，但并非所有的新创企业都能找到蓝海。更何况，蓝海也只是暂时的，所以竞争是必然的。如何面对竞争是每个企业都要随时考虑的事，而对新创企业更是如此。如果创业者选择的行业是一个竞争非常激烈的领域，那么在创业之初极有可能受到同行的强烈排挤。一些大企业为了把小企业吞并或挤垮，常会采用低价销售的手段。对于大企业来说，由于规模效益或实力雄厚，短时间的降价并不会对它造成致命的伤害，而对初创企业则可能意味着彻底毁灭的危险。因此，考虑好如何应对来自同行的残酷竞争是创业企业生存的必要准备。

风险七：团队分歧

现代企业越来越重视团队的力量。创业企业在诞生或成长过程中最主要的力量来源一般都是创业团队，一个优秀的创业团队能使创业企业迅速地发展起来。但与此同时，风险也就蕴含在其中，团队的力量越大，产生的风险也就越大。一旦创业团队的核心成员在某些问题上产生分歧不能达到统一时，极有可能会对企业造成强烈的冲击。事实上，做好团队的协作并非易事。特别是与股权、利益相关联时，很多初创时很好的伙伴都会闹得不欢而散。

风险八：核心竞争力缺乏的风险

对于具有长远发展目标的创业者来说，他们的目标是不断地发展壮大企业，因此，企业是否具有自己的核心竞争力就是最主要的风险。一个依赖别人的产品或市场来打天下的企业是永远不会成长为优秀企业的。核心竞争力在创业之初可能不是最重要的问题，但要谋求长远的发展，就是最不可忽视的问题。没有核心竞争力的企业终究会被淘汰出局。

风险九：人力资源流失风险

一些研发、生产或经营性企业需要面向市场，大量的高素质专业人才或业务队伍是这类企业成长的重要基础。防止专业人才及业务骨干流失应当是创业者时刻注意的问题，在那些依靠某种技术或专利创业的企业中，拥有或掌握这一关键技术的业务骨干的流失是创业失败的最主要风险源。

风险十：意识上的风险

意识上的风险是创业团队最内在的风险。这种风险来自于无形，却有强大的毁灭力。风险性较大的意识有投机的心态、侥幸心理、试试看的心态、过分依赖他人、回本的心理等。

提醒：大学生创业过程中所遇到阻碍并不仅此十点，在企业发展过程，随时都将可能有灭顶之灾的风险。保持积极的心态，多学习，多汲取优秀经验，结合大学生既有的特长优势，我们相信，大学生创业的步伐，会越走越远，越走越稳。

资料来源：引自 http://career.eol.cn/chuang_ye_zhi_dao_9472/20140324/t20140324_1089671.shtml，有删改。

🗨 问题思考

1. 如何理解创业风险?
2. 什么是创业风险的可变性?
3. 创业风险的主要来源是什么?
4. 信任风险和信用风险有什么不同?
5. 创业风险识别的含义是什么?

6. 比较不同创业风险识别方法各有哪些特点？

7. 如何防范创业不同阶段的风险？

🕐 实训活动

实训 1：发现创业风险

1. 请根据表 5-2 的提示，运用头脑风暴法，尽量列举可能的创业风险。

表 5-2 创业风险分析表

创业风险类别	可能的创业风险
个人	
团队	
内部	
环境	
其他	

2. 在上述的创业风险中，你认为最大的风险是什么？为什么？

实训 2：识别创业风险

1. 选定一个创业项目，依据表 5-3 中的 SWOT 模型识别具体创业风险。

表 5-3 SWOT 创业风险识别表

SWOT 类型	具体创业风险
优势（S）	
劣势（W）	
机会（O）	
威胁（T）	

2. 创业风险具有可变性特征，影响项目创业成功的可变因素主要有哪些？

实训 3：创业风险防范

创业不同阶段存在不同的创业风险，请将相应的创业风险防范措施填写在表 5-4 中。

表 5-4 创业阶段风险的防范

创业阶段风险	风险类别	创业风险防范措施
创业前期风险	资源风险	
	项目风险	
	心态风险	
	目标风险	

（续）

创业阶段风险	风险类别	创业风险防范措施
创业中期风险	定位风险	
	发展风险	
	个人风险	
	团队风险	
创业后期风险	盲目扩张	
	心理失衡	
	不思进取	
	缺乏创新	
	管理危机	

Chapter 6
第 6 章

整合创业资源

本章概要

本章共有三节内容，要求理解创业资源的重要性、了解创业融资的渠道和方法及学会整合创业资源。第一节主要是认识创业资源，掌握创业资源的类型和重要性，并理解创业资源的获取对于创业成败的关键作用。第二节主要是创业融资的方法和渠道，学会融资对企业的成长和发展具有积极作用。第三节主要介绍对各种所需创业资源进行整合的方法及思路。

重点难点

1. 重点：创业资源的类型及作用，创业融资的渠道和方法。
2. 难点：创业融资方法的选择策略及资本成本的测算。

学习要求

1. 知识目标：了解创业资源的内涵和重要性，掌握创业融资的方法和渠道，了解整合创业资源的方法。
2. 能力目标：掌握人力资源、技术资源、财务资源和企业发展的联动关系，能主动寻找并利用创业资源。
3. 素质目标：具备寻找资源并整合资源的意识与影响力。

案例导入

周凯旋"借东风"

香港一位叫周凯旋的女士看中了北京王府井对面的儿童影院，想开发这块地方，做成北京的标志性建筑。当时北京建筑多少年都没怎么变化，主要是因为没有钱，来了个港商，想做这种开发，北京东城区政府提出，要么不要建，要么就建大点儿，对儿童影院到东风市场这个地段进行全面开发。周女士将此事向董建华先生报告，董先生当然支持，只是没有那么多资金，就建议她找李嘉诚，让李先生出面牵头建设，她则只拿前期报酬。周女士由此创业，因为这个项目在三年后她成功地拿到了4亿港币，她用其中一部分设立了周凯旋基金，用于教育和卫生；投资一部分给了盈科，结果盈科快速上市并迅速翻倍，再拿出一部分投资了长江商学院，几年后她成为香港最富裕的女士。如果以这个东方广场为创业项目，那么100亿就是最低的资源量，如果以周女士创业来衡量，其必要的资源量为零。

资料来源：引自 http://blog.sina.com.cn/s/blog_4f8e8a320100e08m.html，有删改。

6.1 创业资源概述

【创业名言】

巧妇难为无米之炊。

——谚语

创业者在企业成长的各个阶段都会努力争取用尽量少的资源来推进企业的发展，他们需要的不是拥有资源，而是要控制这些资源。

——霍华德·史蒂文森

6.1.1 创业资源及其分类

1. 创业资源的内涵

常言道"巧妇难为无米之炊"。创业不能打无准备之仗，更不能靠一时冲动，各种资源准备不到位，将大大降低创业成功的概率。

"资源"是指某主体在一定范围内拥有的物力、财力、人力等各种要素及要素组合的总称。

创业资源是指新创企业在创造价值的过程中需要的特定的资产，包括有形与无形的资产，它是新创企业创立和运营的必要条件，主要表现形式为创业人才、创业资本、创业机会、创业技术和创业管理等。

简单地说，"创业资源"就是创业者所需具备的一些创业条件。

有大三的同学想利用自己的专业知识成立一家代理记账公司，要顺利启动这个创业项目，除了要提前具备相关资质外，还需要找一定的办公场所，购置办公设备，招聘办公人员，准备日常所需流动资金，提前熟悉税务局等相关外围资源。这些项目启动和运行所必需的环境与条件，就是创业资源。

资源与创业者的关系就如同颜料画笔与艺术家之间的关系那样。获取不到创业所需的资源，创业机会对创业者而言就毫无意义。创业机会的把握，本质上是创业者能够发现其他人暂时没有发现的特定资源的价值。例如，同样的产品或者盈利模式，一些人会付诸行动去创收，其他人却往往放任机会流失。对于后者来说，往往是缺乏必要的创业资源，因此，从这一角度来看，创业就是把创业机会的识别与创业资源的获取结合起来。

2.创业资源的分类

（1）直接资源和间接资源。直接资源是指直接参与创业企业经营活动的各类要素，比如场地资源、财务资源、人才资源、管理资源、市场资源等。

间接资源是指不直接参与创业企业经营活动，但对创业企业造成影响的各类要素，比如政策资源、信息资源、科技资源、文化资源、品牌资源等（见表 6-1）。

表 6-1　直接资源和间接资源的分类

资源分类		资源内容
直接资源	场地资源	场地内部的基础设施建设，便捷的计算机通信系统，良好的物业管理和商务中心，以及周边方便的交通和生活配套设施等
	财务资源	及时的银行贷款和风险投资，各种政策性的低息或无偿扶持基金，企业独特的财务管理体制、财务分析与决策工具等
	人才资源	高级科技人才和管理人才的引进，高水平专家顾问队伍的建设，合格员工的聘用等
	管理资源	企业诊断、市场营销策划、制度化和正规化企业管理的咨询等
	市场资源	企业的经营许可权、产品品牌，顾客以及他们对企业产品或服务的认可度，良好的供应商、中间商关系等
间接资源	政策资源	允许个人从事科技创业活动，允许技术入股，支持海外与国内的高科技合作，为留学生回国创业解决户口、子女入学等后顾之忧，简化政府的办事手续等
	信息资源	及时的展览会宣传和推介信息，丰富的中介合作信息，良好的采购和销售渠道信息等
	科技资源	对口的研究所和高校科研力量的帮助，与企业产品相关的科技成果以及进行产品开发时所需要用到的专业化的科技试验平台等
	文化资源	高科技企业之间相互学习和交流的文化氛围，相互合作和支持的文化氛围，以及相互追赶和超越的文化氛围等
	品牌资源	借助大学或优秀企业的品牌，借助科技园或孵化器的品牌，以及借助社会上有影响力的人士对企业的认可等

财务资源是指企业所拥有的资本以及企业在筹集和使用资本的过程中所形成的独有的不易被模仿的财务专用性资产，包括企业独特的财务管理体制、财务分析与决策工具、健全的财务关系网络以及拥有企业独特财务技能的财务人员等，财务资源与资本之间存在着密切的联系，但又不完全等同于资本，财务资源比资本具有更丰富的内涵。

管理资源是指企业组织管理的水平和能力。一个企业的正常经营，离不开管理人员的能力。管理水平的高低，决定着管理资源的开发和利用的程度，决定着企业未来的发展。管理人员需要能运用科学的方法来指导管理实践，对管理中的复杂问题看得准、细、深、透，有远见卓识，具有创新精神，知识面广，有解决实际问题的能力；多谋善断、有决策能力，能选才、育才和用才，将正确的决策组织实施，从而实现管理目标。

市场资源是指企业所控制或拥有的与市场密切相关的资源要素。主要包括各种有利的经营许可权、各种品牌、销售渠道、顾客以及他们对企业产品或服务的认可度，以及其他各种能为企业带来竞争优势的合同关系等。

人才资源是指杰出的、优秀的人力资源。企业的人才资源体现在企业员工身上的才能，包括企业员工的专业技能、创造力、解决问题的能力、管理者的管理能力，在某些情况下，甚至还包括企业员工的心理承受能力，因为企业员工的心理素质在很大程度上将影响其才能的发挥。

政策资源是指对政府的各项政策了解的程度，以及利用某些准入政策、鼓励政策、扶持或优惠政策助推企业发展的能力。

科技资源是指企业拥有的技术资源。技术资源往往是一个企业的核心竞争力的体现。诸多知名企业的成功依靠的就是核心的科技。

直接资源有时也称要素资源，间接资源有时也称环境资源。

（2）自有资源和外部资源。根据资源的来源，创业资源可分为自有资源和外部资源。自有资源来自创业者内部的积累，是创业者自身所拥有的可用于创业的资源，如创业者的自有资金，自己拥有的技术，自己掌握的信息，自建的营销网络，自己控制的物质资源等。在极端情况下，创业者所发现的创业机会有可能是其所拥有的唯一创业资源。

自有资源的拥有状况将在很大程度上影响甚至决定我们获取外部资源的结果。"打铁还要自身硬"，创业者首先要致力于扩大、提升自有资源。拥有核心资源帮助创业者更易获得和运用外部资源。

外部资源主要是指从其他人或者机构处可以取得的资金，可以获得原材料或者关键技术、销售渠道、关键信息等。丰富的外部资源能够为创业者的自有资源添砖加瓦。

创业者在创业初期往往面临资源不足的问题。创业者只有利用创业机会，从外部获取到相应的创业资源，才能实现项目启动和运营，进而获得企业的快速成长。对创业者来说，运用外部资源，是一种非常重要的方法，在企业的创立和早期成长阶段尤其如此。其关键是要有资源的使用权并能控制或影响资源的部署。

（3）核心资源与非核心资源。根据资源基础论，创业资源还可分为核心资源与非核心资源。了解企业的核心资源至关重要，识别核心资源，利用核心资源，发挥非核心资源的辐射作用，实现创业资源的最优组合，这就是创业资源运用机制的基本思路。

根据创业资源的分类，具体可做如下解释：核心资源主要包括人力资源、管理资源和科技资源。这几类资源涉及创业企业有别于其他企业的核心竞争力，是创业机会识别、机会筛选和机会运用几大阶段的主线。必须以这几类要素资源为基点，扩展创业企业发展外延。人力资源对于企业来说，主要是一种知识财富，是企业创新的源泉。高素质人才的获取和开发是现代企业可持续发展的关键。管理资源又可理解为创业者资源。创业者自身素质对创业企业的成长有至关重要的作用。创业者的个性，对机遇的识别和把握，对其他资源的整合能力，都直接影响创业成败。科技资源是一种积极的机会资源。对于新创企业来说，主动引进和寻找有商业价值的科技成果，是企业的立身之本和市场竞争之源。

非核心资源主要包括资金、场地和环境资源。如何有效地吸收资金资源，并保持稳定的资金周转率，实现预期盈利目标，是创业成功与否的瓶颈课题。场地资源指的是高科技企业用于研发、生产、经营的场所。良好的场地资源能够为企业大幅度降低运营成本，提供便利的生产经营环境，短期内累积更多的顾客或质优价廉的供应商。而环境资源作为一种外围资源影响着创业企业的发展。例如，信息资源可以提供给创业者优厚的场地资金、管理团队等关键资源，文化资源可以促进管理资源的持续发展。

【课堂练习 6-1】外部资源和内部资源哪个属于核心资源时，创业成功的概率更大？

6.1.2 创业资源的作用

创业者获取创业资源的最终目的是为了运用资源开发创业机会，提高创业绩效，进而获得创业成功。无论是要素资源还是环境资源，无论它们是否直接参与经营活动，它们的存在都会对创业活动的结果产生积极影响。

1. 场地资源是创业的首要条件

任何创业都要有生产和经营的场所，这是首要条件之一。如为科技创业项目提供必要的研究开发环境，为市场人员提供便捷的商务条件，为产品生产提供生产车间等。良好的场地资源，有助于创业活动更快更好地开展。

2. 财务资源是创业的必备条件

充足的资金有助于加速创业活动的开展和创业企业的成长速度。创业企业无论是进行产品研发还是生产销售，都需要资金。创业企业往往面临资产不足、融资难的问题，这更使得资金资源成为创业企业高速发展的瓶颈。

3. 人才资源是创业的关键要素

人是创业活动的第一能动要素，人才对于创业企业的成长和发展至关重要。高素质人才的获取和开发，已经成为现代企业可持续发展的关键；而对于创业企业来说，人才资源则更为重要。

4. 管理资源是创业的宝贵资源

很多创业者具备技术能力或市场能力，但往往缺乏管理实战能力，企业管理知识欠缺，很多创业企业都失败于管理不善，这意味着拥有完整而高效的管理资源是创业企业的宝贵资源。当然，缺乏这一资源时，有很多办法和途径可以弥补。

5. 科技资源是创业的核心要素

创业企业主要是提供优质的产品和服务来赢得市场，而产品和服务的竞争力主要来自技术创新。科技资源的重要性不言而喻。积极寻找引进有商业价值的科技成果，加强和高校科研院所的产学研合作，将有助于加快产品研制和成型的速度，缩短产品和服务进入市场的时间，为创业企业的市场竞争提供有力支持。

6. 政策资源能够为企业指明方向

从中国的创业环境看，各级政府出台了很多推动创业的扶持政策。在这些政策的允许和推动下，创业企业可获得更多的人才和资金，高效获得具有明确产权关系的科技成果、各种服务和帮助以及场地优惠等。政策资源是公共资源，所有同质的创业企业都可以享受，创业企业应重视政策资源的获取与利用。

7. 信息资源能够为企业提高效率

专业机构对于信息的搜集、处理和传递，可以为创业者制定研发、采购、生产和销售的决策提供指导和参考。对于创业企业来说，由于竞争十分激烈，就更加需要丰富、及时、准确的信息，以争取到更多的要素资源。这种信息如果由创业者自身获取，成本可能过高。因此，常常由专业机构提供。

8. 文化资源和品牌资源能够为企业保驾护航

文化资源是创业企业发展中重要的组成部分。对于创业企业来说，文化资源尤为珍贵。硅谷成功的一个很重要的原因是其具有浓厚的创业文化氛围，如鼓励冒险、容忍失败等。文化，对于创业企业和创业者有着极大的精神激励作用，促进创业企业以更强的动力和能力有效组合要素资源，创造更多价值。创业企业所置身的环境也往往具有一定的品牌效应。例如，优秀的孵化器能为创业企业提供品牌保证，可以提高政府、投资商和其他企业对在孵企业信誉度的评估，有助于创业企业获取资金、人才、科技、管理等资源。创业者要善于利用品牌资源，扩大创业企业和品牌之间的互动，以增强社会影响力[14]193-195。

【**课堂练习 6-2**】当资源准备比较充分时，是不是就一定可以创业成功？

📥 延伸阅读

三部手机引发的创业故事

1977 年生的苏光升身材保持极好，工作之余他喜欢骑车和游泳。他如此形容自己的人生轨迹：因为喜欢数码，所以买了电脑，当了个人站长，开始互联网创业；因为接触智能手机，又进入移动互联网领域。他说，他的人生轨迹跟数码产品息息相关。

人生中最难忘的两件事

苏光升认为"人都有爱好，而男孩十有八九对数码产品狂热过"。他的第一款电子产品购于 1998 年年底，是一款英文 BP 机，为此他攒了两个月的钱。买完后挂在腰间，系根金属链子，还故意露出来，回想起来，他觉得那时自己"很土"。

1999 年，苏光升在北京购买了第一部手机，诺基亚 5610。手机 2 000 多元，办 SIM 卡号还得再花 1 250 元，而且需要北京市身份证。他借了女朋友北京同学的身份证，花了 4 000 多元，终于得到一部能打电话的手机。他觉得除了喜欢，还有虚荣的成分在里面，因为觉得很酷。

在这一年，他还拥有了人生中第一台电脑。当时一台全新电脑在万元左右，苏光升收了别人淘汰的二手主板、内存条、光驱、软驱等零件攒了主机，借钱买了台二手显示器。因为想上网，又买不起 56k 的"猫"（调制解调器），就买了台二手 28.8k 的。

苏光升认为他对 1999 年印象如此之深，是因为完成了"人生中最难忘的两件事"：拥有了第一部手机和第一台电脑。他笑着说："那时候，我算很潮的人。"

不过，这两件事结局都比较悲惨。电脑主板在一次内存升级行动中烧掉了，那根二手 64MB 内存条花了 800 多元，而当时他的月薪才 3 000 多元。为此他"三天没睡着，跟现在孩子病了的感觉是一样的"。而那部诺基亚 5610，则被爬上 4 楼的小偷破窗偷走。

第一桶金：短信联盟

在 2000 年，苏光升用他的第一台电脑，连着 28.8k 的二手猫拨号上网建了人生中第一个网站"敦煌在线"，这是一个旅游主题的个人网站，但最终没赚到钱。2001 年，不甘心的他又创立公司尝试电子商务，在网上卖东西，一年后发现还不如上班挣得多。但在卖一台数码相机时认识了一位湖北老乡，老乡跟他说了一个跟短信有关的项目，问他愿不愿意入伙，他们一拍即合便开始做。2003 年是 SP 行业的暴利时代，苏光升靠着前期积累的个人网站资源，卖广告推广代理的 SP 业务，做短信联盟赚了几百万，这是他的第一桶金。

2003 年，26 岁的湖北小伙苏光升在北京已经有房有车了。

资料来源：引自 http://www.qncye.com/gushi/chenggong/02063167.html，有删改。

6.2 创业融资

【创业名言】

高筑墙、广积粮、缓称王。

——朱升

一个公司在两种情况下最容易犯错误，第一是有太多的钱的时候，第二是面对太多的机会，一个 CEO 看到的不应该是机会，因为机会无处不在，一个 CEO 更应该看到灾难，并把灾难扼杀在摇篮里。

——马云

融资是资金的需求者筹集资金以满足企业经营发展的行为与过程。创业融资指的是创业企业在创业初期寻求资金支持以完成创业项目的行为与过程。不是没有钱的企业才需要融资，有时候在合适的机会采用合适的方法进行融资，可以提高企业自有资金的利用效率，为创业者带来意想不到的收益。

6.2.1 创业融资的分类

创业融资，是指创业企业如何获得项目所需资金。不同的资金来源分别代表不同的资金属性，也会给企业带来不一样的作用。融资方式多种多样，主要有私人借款（民间借款）、银行借款、商业信用、发行债券、租赁筹资、典当贷款、吸收直接投资、发行股票等。对各种融资方式有很多种不同的分类标准，这里介绍三种主要的分类方式。

1. 按资金的来源分类，可分为内源融资和外源融资

内源融资是指公司经营活动结果产生的资金，即公司内部融通的资金，它主要由留存收益和折旧构成，是指企业不断将自己的储蓄（主要包括留存盈利、折旧和定额负债）转化为投资的过程。

内源融资对企业的资本形成具有原始性、自主性、低成本和抗风险的特点，是企业生存与发展不可或缺的重要组成部分。事实上，在发达的市场经济国家，内源融资是企业首选的融资方式，是企业资金的重要来源。

外源融资是指企业通过一定方式向企业之外的其他经济主体筹集资金。外源融资方式包括银行贷款、发行股票、企业债券等，此外，企业之间的商业信用、融资租赁在一定意义上说也属于外源融资的范围。

在市场经济中，企业融资方式总的来源渠道有两种：一是内源融资，二是外源融资。内源融资的能力代表一个企业自己造血的能力，完全依靠内源融资往往会限制一个企业发展的速度。随着技术的进步和生产规模的扩大，外源融资将逐渐成为企业获得资金的重要方式。

对于初创企业来说，既要保证内源融资的能力，也要具备外源融资的能力。

2. 按资金的融通是否通过媒介分类，可分为直接融资和间接融资

直接融资是不经过金融机构等媒介，由政府、企事业单位及个人直接以借款人的身份向贷款人进行的融资活动。直接融资的基本特点是，拥有暂时闲置资金的单位和需要资金的单位直接进行资金融通，不经过任何中介环节。具体来看，直接融资还拥有以下特点。

直接性：在直接融资中，资金的需求者直接从资金的供应者手中获得资金，并在资金的供应者和资金的需求者之间建立直接的债权债务关系或者投资关系。

分散性：直接融资是在无数个企业相互之间、政府与企业和个人之间、个人与个人之间，或者企业与个人之间进行的，因此融资活动分散于各种场合，具有一定的分散性。

差异性：由于直接融资是在企业和企业之间、个人与个人之间，或者企业与个人之间进行的，而不同的企业或者个人，其信誉好坏有较大的差异，债权人往往难以全面、深入了解债务人的信誉状况，从而带来融资信誉的较大差异和风险性。

自主性：在直接融资中，在法律允许的范围内，融资者可以自己决定融资的对象和数量。例如在商业信用中，赊买者和赊卖者可以在双方自愿的前提下，决定赊买或者赊卖的品种、数量和对象；在股票融资中，股票投资者可以随时决定买卖股票的品种和数量等。

部分不可逆性：例如，在直接融资中，通过发行股票所取得的资金，是不需要返还的。投资者无权中途要求退回股金，而只能到市场上去出售股票，股票只能够在不同的投资者之间互相转让。

直接融资的优点显而易见，可以使资金供求双方联系紧密，有利于资金快速合理配置和使用效益的提高。同时由于没有中间费用会导致筹资的成本较低而投资收益较大。

直接融资的缺点主要表现在：直接融资双方在资金数量、期限、利率等方面受到的限制多；直接融资使用的金融工具其流通性较间接融资的要弱，兑现能力较低；直接融资的风险较大。

间接融资是指资金盈余单位与资金短缺单位之间不发生直接关系，而是分别与金融机构发生一笔独立的交易，即资金盈余单位通过存款，或者购买银行、信托、保险等金融机构发行的有价证券，将其暂时闲置的资金先行提供给这些金融中介机构，然后再由这些金融机构以贷款、贴现等形式，或通过购买需要资金的单位发行的有价证券，把资金提供给这些单位使用，从而实现资金融通的过程。

间接融资具有以下特点。

间接性：在间接融资中，资金需求者和资金初始供应者之间不发生直接借贷关系；资金需求者和初始供应者之间由金融中介发挥桥梁作用。资金初始供应者与资金需求者只是与金融中介机构发生融资关系。

相对的集中性：间接融资通过金融中介机构进行。在多数情况下，金融中介并非是对某一个资金供应者与某一个资金需求者之间一对一的对应性中介；而是一方面面对资金供应者群体，另一方面面对资金需求者群体的综合性中介，因此在间接融资中，金融机构具有融资中心的地位和作用。

信誉的差异性较小：由于间接融资相对集中于金融机构，世界各国对于金融机构的管理一般都较严格，金融机构自身的经营也多受到相应稳健性经营管理原则的约束，加上一些国家还实行了存款保险制度，因此，相对于直接融资来说，间接融资的信誉程度较高，风险性也相对较小，融资的稳定性较强。

全部具有可逆性：通过金融中介的间接融资均属于借贷性融资，到期均必须返还，并支付利息，具有可逆性。

间接融资的优点在于：金融机构网点多，吸收存款的起点低，能够广泛筹集社会各方面闲散资金，积少成多，形成巨额资金；由于金融机构的资产、负债是多样化的，融资风险便可由多样化的资产和负债结构分散承担，从而安全性较高；降低融资成本，因为金融机构的出现是专业化分工协作的结果，它具有了解和掌握借款者有关信息的专长，而不需要每个资金盈余者自己去搜集资金赤字者的有关信息，因而降低了整个社会的融资成本；有助于解决由于信息不对称所引起的逆向选择和道德风险问题。

间接融资的缺点，主要是由于资金供给者与需求者之间加入金融机构作为中介，这隔断了资金供求双方的直接联系，在一定程度上减少了投资者对投资对象经营状况的关注和筹资者在资金使用方面的压力。同时资金的筹集费用要大于直接融资，增加了资金的使用成本。

3. 按资金性质分类，可分为债权融资和股权融资

债权融资是指企业通过借钱的方式进行融资，债权融资所获得的资金，企业首先要承担资金的利息，另外在借款到期后要向债权人偿还资金的本金。债权融资的特点决定了其用途主要是解决企业营运资金短缺的问题，而不是用于资本项下的开支。债权融资获得的只是资金的使用权而不是所有权，负债资金的使用是有成本的，企业必须支付利息，并且债务到期时须归还本金。债权融资能够提高企业所有权资金的资金回报率，具有财务杠杆作用，而且一般不会产生对企业的控制权问题。缺点是，固定的利息和到期日会给企业带来较大的压力。

股权融资是指企业的股东让出部分企业所有权，引进新的股东的融资方式。股权融资所筹措的资金具有永久性，无到期日，企业无须还本付息，但新股东将与老股东同样分享企业的盈利与增长。股权融资的特点决定了其用途的广泛性，既可以充实企业的营运资金，也可以用于企业的投资活动。股权融资具有不可逆性，投资人欲收回本金，需借助于流通市场。股权融资没有固定的股利负担，股利的支付与否和支付多少视公司的经营需要而定。股权融资的缺点主要是会分散原有股东的控制权和收益分配。

对于初创企业来说，其往往缺乏资金，同时刚起步的企业往往面临较大风险，股权筹资可以分散风险，又没有太大的还本付息压力，是比较合适的筹资选择。等到企业相对成熟安全以后，可以适当调整资本结构，逐步增加债券筹资的比例，以利用债务资本的杠杆作用，提高企业的利润率。

📚 创业案例

案例 1：张先生的砖厂

张贵先生在成都郊区创办了一家小砖厂。他向这个快速发展的城市的建筑工地供砖，每块砖卖 1 角钱。他很担心，因为过去几个月里他都没有盈利。他决定采取更加大胆的促销活动来增加他的销售额，每块砖卖 9 分。结果是他的销量大大地增加了，但他赔了更多的钱。

资料来源： 引自 http://www.docin.com/p-1397638371.html，有删改。

思考： 问题可能出在哪里？

案例 2：富勒的筹资

富勒想筹集一笔款项购买某肥皂公司，他只有 2.5 万美元的存款，而公司售价却高达 12.5 万美元。他交了 2.5 万美元的保证金，必须在 10 天内筹集齐剩下的款项，否则

就要丧失他所交付的保证金。富勒在他当肥皂商的 12 年中，获得了许多商人的尊敬和赞赏，现在他去找他们帮忙。他从私交的朋友那里借了一些钱，又从信贷公司和投资集团那里获得了援助。在第 10 天的前夜，他筹集了 9 万美元，还差 1 万美元。怎么办？夜里 1 点钟，富勒决定驱车到街上去碰碰运气，他看见一所承包商事务所亮着灯光。他走进去，看见一个他认识但不是很熟悉的人在灯下工作，富勒意识到自己必须勇敢些。"你想赚 1 000 美元吗？"富勒直截了当地问道。这句话使得这位承包商吓得向后仰去。"是呀，当然啦！"他回答道。"那么，请给我开一张 1 万美元的支票，当我奉还这笔借款时，我将另付 1 000 美元利息。"富勒对那个人说。他把其他借钱给他的人的名单给这位承包商看，并且在详细解释了这次商业冒险的情况后，他最终获得了这笔借款。

资料来源：引自 http://www.docin.com/p-1397638371.html，有删改。

思考： 富勒在筹集资金的过程中采用了哪些筹资方法？富勒筹资成功得益于他哪些方面的特质？

6.2.2　创业融资渠道与方法

融资渠道是指企业筹措资金的方向和通道，体现了资金的来源和流量。了解企业的融资类型和融资方式，对企业的生存和发展是极其关键的。常见的融资渠道有以下几种。

1. 私人资本融资

私人资本包括如下内容。

（1）个人积蓄。个人资金成本最为低廉，而且还因为创业者在试图引入外部资金时，外部投资者一般都要求企业必须有创业者的个人资金投入其中。所以，个人积蓄是创业融资最根本的渠道，几乎所有的创业者都向他们新创办的企业投入了个人积蓄。

创业者可以通过转让部分股权的方式从合伙人那里取得创业资金。将个人合伙人或个人股东纳入自己的创业团队，利用团队成员的个人积蓄是创业者最常用的筹资方式之一。

（2）亲友资金。除了个人积蓄之外，身边亲朋好友的资金是最常见的资金来源。亲朋好友由于与创业者个人的关系而愿意向创业企业投入资金，因此，亲友资金是创业者经常采用的融资方式之一。

在向亲友融资时，创业者必须要用现代市场经济的游戏规则、契约原则和法律形式来规范融资行为，保障各方利益，减少不必要的纠纷。创业者还要在向亲友融资之前，仔细考虑这一行为对亲友关系的影响，要将日后可能产生的有利和不利方面告诉亲友，尤其是创业风险，以便将来出现问题时对亲友的不利影响降到最低。

（3）天使投资。天使投资指个人出资协助具有专门技术或独特概念而缺少自有资金的创业者进行创业，并承担创业中的高风险和享受创业成功后的高收益；或者说是自由投资者或非正式风险投资机构对原创项目构思或小型初创企业进行的前期投资，是一种非组织化的创业投资形式。

天使投资分为两类，一类是有行业背景的天使投资，另一类是没有行业背景的天使投资。这两类天使投资，从行为及预期，到和创业团队的合作都非常不一样。从资本的角度来说，这两类投资人都是非常好的来源。倘若创业团队早期并非单纯缺乏资金，则寻找具有行业背景的天使投资会更好。

【课堂练习6-3】自有资金充足的情况下是否还需要创业融资？

2. 机构融资

机构融资的途径有以下几种。

（1）银行贷款。比较适合创业者的银行贷款形式主要有抵押贷款和担保贷款两种。

抵押贷款指借款人以其所拥有的财产做抵押，作为获得银行贷款的担保。在抵押期间，借款人可以继续使用其用于抵押的财产。抵押贷款有以下几种：①不动产抵押贷款；②动产抵押贷款；③无形资产抵押贷款。无形资产抵押贷款是一种创新的抵押贷款形式，适用于拥有专利技术、专利产品的创业者，创业者可以用专利权、著作权等无形资产向银行做抵押或质押获取贷款。

担保贷款指借款方向银行提供符合法定条件的第三方保证人作为还款保证的借款方式。其中较适合创业者的担保贷款形式有：①自然人担保贷款；②专业担保公司担保贷款；③政府无偿贷款担保。

（2）非银行金融机构贷款。非银行金融机构指以发行股票和债券、接受信用委托、提供保险等形式筹集资金，并将所筹资金用于长期性投资的金融机构。根据法律规定，非银行金融机构，包括银监会批准设立的信托公司、企业集团财务公司、金融租赁公司、汽车金融公司、货币经纪公司、境外非银行金融机构驻华代表处、农村和城市信用合作社、典当行、保险公司、小额贷款公司等机构。

（3）交易信贷和租赁。交易信贷指企业在正常的经营活动和商品交易中由于延期付款或预收货款所形成的企业间常见的信贷关系。企业在筹办期以及生产经营过程中，均可以通过商业信用的方式筹集部分资金。如企业在购置设备或原材料、商品过程中，可以通过延期付款的方式，在一定期间内免费使用供应商提供的部分资金；在销售商品或服务时采用预收账款的方式，免费使用客户的资金等。

创业者也可以通过融资租赁的方式筹集购置设备等长期性资产所急需的资金。融资租赁是指实质上转移与资产所有权有关的全部或绝大部分风险和报酬的租赁。融资租赁是集融资与融物、贸易与技术更新于一体的新型金融业务。

（4）从其他企业融资。一些从事公用事业业务的企业，或者已经发展到成熟期的企业，现金流一般会比较充足，甚至会有大量资金需要通过对外投资的方式实现较高收益。对于有闲置资金的企业，创业者既可以吸收其资金作为股权资本，还可以向这些企业借款，形成债权资本。

3. 风险投资

根据美国全美风险投资协会的定义，风险投资是指由职业的金融家投入到新兴的、迅速发展的、有巨大竞争潜力的企业中的一种权益资本。在我国，对于风险投资尚未形成统一的看法，比较普遍的观点是：风险投资是由专业机构提供的投资于极具增长潜力的创业企业并参与其管理的权益资本。

4. 政府扶持基金

创业者还可以利用政府扶持政策，从政府方面获得融资支持。政府的资金支持是中小企业资金来源的一个重要组成部分。政府的资金支持一般能占到中小企业外来资金的10% 左右，资金支持方式主要包括税收优惠、财政补贴、贷款援助、风险投资和开辟直接融资渠道等。

6.2.3　创业融资的具体流程

融资对于初创企业来说无疑是十分重要的。企业在创业阶段风险较大，融资相对较难，如果不认真做好准备工作，成功的希望非常渺茫。对于一个初创企业来讲，可以参考以下流程来为自己的企业融资。

1. 融资的第一步：撰写商业计划书

撰写商业计划书不仅是一个包装和表达的过程，也是一个理清产品思路的过程。一个技术上完美的商业计划书如果仍然逻辑怪诞、缺乏说服力，很有可能是你的产品本身就有问题。一个聪明的创业者会借由表达来发现自己的不足，从而改善产品或商业模式——如果你信奉精益创业，返工的过程就不长，成本也不高。所以，千万不要轻视用心撰写商业计划书的意义。

2. 融资的第二步：找到投资人

寻找投资人，可以利用天使汇等网络平台发布自己的项目，同时也可以通过到投资平台所在地守候、微博发私信发广告、特定拜访、拜托别人引荐等方式寻找适合创业项目的投资人。一般情况下，如果项目足够吸引人，最大的可能还是通过股权众筹平台接触到投资人。不要试图欺骗投资人和平台的投资经理，不好的项目是没什么机会见到投资人的。

3. 融资的第三步：路演

路演是一个讲究技术的行为，尤其是路演技巧和包装思维很重要。参与有组织的路演有机会一次接触许多投资人，可以节省大量成本。同时，此类路演活动可以接触到其他创业者，也是一个不错的渠道。但并不一定所有的路演都应该去，很多路演会表明细分领域，应该有的放矢，选择适合自己创业领域的路演专场。

4.融资的第四步：与投资人单独约谈

如果路演已经给投资人留下好印象了，就有机会展开私密的约谈了。路演之后便有机会约谈投资人。约谈也有一些规则和技巧，对于不同的项目及不同的投资人需要根据情况斟酌把握。

5.融资的第五步：交易价格谈判

价格谈判是让投资人了解你的项目和团队，至于具体投不投还要看细节，如项目估值、出让比例、附带权利比如优先股是否具有投票权、是否配备反稀释条款等。令投资人追捧的好项目具有更强的议价能力，做好产品永远比谈判技巧更有用。

6.融资的第六步：签订投资意向书

签订之前一定要仔细检查条款并三思而行，由于创业者一方参与签订的往往仅创始人（也是 CEO）一人，CEO 不仅要考虑自己的利益，也要考虑团队的利益，不能坑害合伙人。建议有能力的创业者在一切融资交易环节聘请律师。

所谓"知己知彼，百战不殆"，融资准备工作也必须从"内外"两大因素入手：做好内部建设，对企业现状和发展前景有清晰的认识；同时逐步了解外部的融资环境，可以通过聘请专业融资顾问获得帮助，为成功融资创造条件。

【课堂练习6-4】风险投资的目的是什么？对于创业企业来讲利用风险投资需要注意的事项有哪些？

6.2.4 创业资金的测算

对于一个创业项目来说，融资多少是一个技术活儿，融资少了，可能会影响项目的正常开展；融资多了，也会给企业带来一定的负担。因此，需要根据项目的具体内容对创业资金进行测算。

1.启动资金的类型

启动资金用来支付场地（土地和建筑）、办公家具和设备、机器、原材料和商品库存、营业执照和许可证、开业前广告和促销、工资以及水电费和电话费等费用。

这些支出可以归为如下两类。

投资（固定资产）是指你为企业购买的价值较高、使用寿命长的东西。有的企业用很少投资就能开办，而有的却需要大量的投资才能启动。明智的做法是把必要的投资降到最低限度，让企业少担些风险。

流动资金指企业日常运转所需要支出的资金。

2. 投资（固定资产）预测

投资一般可以分为如下两类。

（1）企业用地和建筑。办企业或开公司，都需要有适用的场地和建筑。也许是用来开工厂的整个建筑，也许只是一个小工作间，也许只需要租一个铺面。如果你能在家开始工作，就能降低投资。

理清需要什么样的场地和建筑后，要做出以下选择。

一是造房：如果你的企业对场地和建筑有特殊要求，最好自己造，但这需要大量的资金和时间。

二是买房：如果你能在优越的地点找到合适的建筑，则买现成建筑既简单又快捷。但现成的房子往往需要经过改造才能适合企业的需要，而且需要花大量的资金。

三是租房：租房比造房和买房所需的启动资金要少，也更灵活。当你需要改变企业地点时，租房就会容易得多。不过租房不像自己的房子那么安稳。

四是在家开业：在家开业最便宜，但即使这样也少不了要做些调整。在确定你的企业是否成功之前，在家开业是起步的好办法，待企业成功后再租房和买房也不晚。但在家工作，业务和生活难免互相干扰。

（2）设备。设备是指企业需要的所有机器、工具、车辆、办公家具等。对于制造商和一些服务行业，最大的需要往往是设备。一些企业需要在设备上大量投资，因此了解清楚需要什么设备，以及选择正确的设备类型就显得非常重要。即使是只需要少量设备的企业，也要慎重考虑你确实需要那些设备，并把它们写入创业计划。

3. 流动资金预测

企业开张后要运转一段时间才能有销售收入。制造商在销售之前必须先把产品生产出来，服务企业在开始提供服务之前要买材料和用品，零售商和批发商在卖货之前必须先买货。所有企业在招揽顾客之前必须先花时间和费用进行促销。总之，创业者需要流动资金支付开销：购买并储存原材料和成品，促销，工资，租金，保险和其他费用。

有的企业需要足够的流动资金来支付 6 个月的全部费用，也有的企业只需要支付 3 个月的费用。创业者必须预测，在获得销售收入之前，自己的企业能够支撑多久。一般而言，刚开始的时候销售并不顺利，因此，流动资金计划要宽裕些。

（1）原材料和成品储存。制造商生产产品需要原材料，服务行业的经营者也需要些材料，零售商和批发商需要储存商品来出售。库存越多，需要用于采购的流动资金就越大，应将库存降到最低限度。如果允许赊账，资金回收的时间就更长，就需要动用流动资金再次充实库存。

（2）促销。新企业开张，需要促销自己的商品或服务，而促销活动需要流动资金。创业者需要做促销计划并对促销活动预算费用。

（3）工资。如果需要雇用员工，在起步阶段就得给他们付工资。此外，还要以工资方式支付自己家庭的生活费用。计算流动资金时，要计算用于发工资的钱，通过用每月工资总额乘以还没到达收支平衡的月数就可以计算出来。

（4）租金。正常情况下，企业一开始运转就要支付企业用地用房的租金。计算流动资金里用于房租的金额，还要考虑到租金可能一付就是 3 个月或 6 个月，会占用更多的流动资金。

（5）其他费用。在企业起步阶段，还要支付一些其他费用，例如电费、文具用品费、交通费等。一般来说，在销售收入能够收回成本之前，微小企业事先至少要准备 3 个月的流动资金。为使预算更加准确，同学们可制订一个现金流量计划。

4. 盈利能力预测

盈利能力的预测决定着你企业的内源融资是否能够达到预期，同时也决定着企业未来的盈亏平衡点会在什么时间出现。利润是企业收入与费用的差额，因此盈利能力的分析主要就集中在营业收入和营业成本及费用的预测上。

（1）给产品制定合理的销售价格。在确定产品价格之前，要计算出你为顾客提供产品或服务所产生的成本。每个企业都会有成本。作为创业者，你必须详细了解经营企业的成本。如果不能很好地控制成本，就会给企业带来入不敷出的危险，一旦成本大于收入，将会使企业陷入财务困境。

制定价格主要有如下两种方法。

一是成本加价法。将制作产品或提供服务的全部费用加起来，就是成本价格。在成本价格上加一个利润百分比的数就可以作为销售价格。

如果你的企业经营有效，成本不高，用这种方法指定的销售价格在当地应该是具有竞争力的。但是，如果你的企业经营不好，你的成本可能会比竞争者的高，这意味着你用成本加价法制定的价格会太高，而不具有竞争力。

对于一个新企业来说，预测成本绝对不是一件容易的事。预测成本既要计算总成本又要预测产品的单位成本。产品或服务的单位成本价格是指一个月的总成本，再除以当月的产品数量。

成本分为固定成本和可变成本。固定成本是指成本总额在一定时期和一定业务量范围内，不受业务量增减变动影响而能保持不变的成本。比如，房租、保险费和营业执照费，这些成本是固定成本。另外一些成本随着生产或销售的起伏而变化，如材料成本、销售费用等是可变成本。预测成本必须认真区分可变成本和固定成本。

二是竞争价格法。在定价时，除了考虑成本外，你还要了解一下当地同类商品或服务的价格，以保证你的定价具有竞争力。如果你定的价格比竞争者的高，你要保证你能更好地满足顾客的需要。

对于初创企业来讲，产品的定价往往会引起竞争对手的激烈反应。他们也许会压低价格，使新企业难以立足。所以即使企业计划做得很完备，也总会面临一些意外的风险。

（2）准确预测销售收入。在做市场分析时，一般应对销售额进行预测，有了价格测算后，就可以将销售额转换为销售收入了。为了准确预测销售收入，一般采取以下步骤：列出你的企业推出的所有产品或产品系列，或所有服务项目。预测第一年里每个月你期望销售的产品数量，用销售价格乘以月销售量来计算每项产品的月销售额。在对销售收入的估计中，切忌过高估计自己的销售，在开办企业的头几个月里，销售收入往往不会太高。

（3）制订现金流量计划。现金被称为是企业的血液，如果企业缺乏对现金的管理往往会导致企业经营中途抛锚。现金流量计划显示每个月有多少现金流入和流出企业。预测现金流量计划将帮助企业保持充足的动力，使企业避免出现现金短缺的威胁。

现金流量是指企业某一期间内的现金流入和流出的数量。例如：销售商品、提供劳务、出售固定资产、收回投资、借入资金等，形成企业的现金流入；购买商品、接受劳务、购建固定资产、现金投资、偿还债务等，形成企业的现金流出。衡量企业经营状况是否良好，是否有足够的现金偿还债务，资产的变现能力等，现金流量是非常重要的指标。企业日常经营业务是影响现金流量的重要因素，但并不是所有的经营业务都影响现金流量。

影响或不影响现金流量的因素主要包括以下内容。

一是现金各项目之间的增减变动不会影响现金流量净额的变动。例如，从银行提取现金、将现金存入银行、用现金购买两个月到期的债券等，均属于现金各项目之间内部资金转换，不会使现金流量增加或减少。

二是非现金各项目之间的增减变动，也不会影响现金流量净额的变动。例如，用固定资产清偿债务、用原材料对外投资、用存货清偿债务、用固定资产对外投资等，均属于非现金各项目之间的增减变动，不涉及现金的收支，不会使现金流量增加或减少。

三是现金各项目与非现金各项目之间的增减变动会影响现金流量净额的变动。例如，用现金支付购买的原材料、用现金对外投资、收回长期债券等，均涉及现金各项目与非现金各项目之间的增减变动，这些变动会引起现金流入或现金支出。

现金流量管理是现代企业理财活动的一项重要职能，建立完善的现金流量管理体系，是确保企业的生存与发展、提高企业市场竞争力的重要保障[17]。

▣ 延伸阅读

雷磊：投资人都很聪明，朴实地去见他们吧

2016 年 4 月，我极不情愿地成为一名创业者。融资像海淘，我前后见过 40 位投资人，最多的时候一天见 5 位。每次，激情满满，鼓励自己不怯场，见一次就要从头到尾讲一遍项目，咽炎也是从那时候开始犯的。

第一次见平安创投董事总经理郁乐时，没有公司、没有团队，只有我口中的真实故事计划。一个小时里，我们各自谈了一点工作经历，没有聊项目。印象深刻的是，他说自己在机构刚刚开始工作的那段时间，每天加班至深夜，常常站在高楼，望着窗外的城市。

我特别能理解他讲述的那个时刻。人有表达的欲望，真实故事计划也像一扇窗口，供人们表达，也供人们望向更深、更远的地方。这或许也是偏理性的他投了一个感性项目的原因。

我不是一个擅长打鸡血的人，见投资人也是很谦虚。投资人问我有什么，我就老实回答有什么，问能做什么，我心底没谱，就答"不一定，我会尽全力去做"。投资人都很聪明，特别朴实地去见投资人吧，给他们打鸡血、画大饼是没有用的。

林深：曾刷了20万元信用卡给员工发工资

现在想起我们整个的融资过程，很辛酸，有着太多的挫折。一开始，为了让更多投资人看到丁丁律师，我们参加了各种各样的创业大赛，有电视台办的，有投资机构办的，记不清楚去过多少场。

在拿到现在这笔融资之前，见了有30多个投资人。我快40岁了，有的80后、90后投资人谈着几十亿的事情，上来就教训你一顿，说起来都是眼泪。2016年4月份，一个投资机构都和我签完了合同，但最终却没有投我们，整个团队的信心都被打击了。

实在舍不得放弃，不能到此为止。我当时向朋友借了100万元，渡过了难关。

快两年了，我们的老员工愿意拿着很低的薪水，支持我、鼓励我一起扛过去。当时平台上的流水在快速增长，律师、用户的好评也都如期而至，每天都有不同的兴奋点在刺激你，项目在自己手里慢慢长大，也总能看到希望。

说实话，融资这事要靠缘分。我一度刷了20万元信用卡给员工发工资，当时感觉自己很难过这个年关了，却在老乡聚会上遇到了现在的投资人，见了一两次就敲定了投资，我很感激他。坚持下去，你会发现这是很酷的。我算是挺过来了，在丁丁律师创办近两年的时候，我们拿到了600万元的天使轮融资，现在和某大型平台的合作项目也即将上线。

王宝臣：毕业考试和融资面试撞车，我选了后者

2014年，我还在读大四。就是那时候我下定了决心，创业！

当年年底，一番机缘巧合下，我们收到一家创业孵化基地的邀请，可以免费入驻一段时间，并为我们对接融资。对于一个刚成立不久的公司来说，那是一个难得的机遇。但是孵化器要求先"面试"项目，面试的日期，恰好就是我一门科目考试的日期。

那时候已经是大四，每一门考试都关乎是否能顺利毕业；而"面试"关乎公司的发展，要从13个项目中选出一个，难度很大，充满不确定性。是保住考试顺利毕业，还是为了创业错过考试？纠结良久，我选了后者，申请了延期半年考试。那次"面试"很成功，我们成功入围。也正是在那段孵化期间，我们接触了我们的天使投资人，并很快拿到了第一笔投资。但是原本可以在2015年6月毕业的我，因为延期考试，最终在2015年年底才顺利毕业。至今回想，仍觉着这是一件疯狂的事。

资料来源：引自 http://www.sohu.com/a/169389012_482568，有删改。

6.3　创业资源的整合

【创业名言】

创业就应该做一件天塌下来都能够赚钱的事情。

——李嘉诚

野蛮社会，体力可以统御财力和智力；资本社会，财力可以雇用体力和智力；信息社会，智力可以整合财力和体力。

——牛根生

整合资源的能力远胜于取得创业资源的能力。不管资源准备如何充分，我们也不可能预见创业后所有的问题。任何一个创业者都不可能在想出了所有问题的答案后再创业。资源的重要性不言而喻，但如果自身资源欠缺，是否就要放弃掉创业机会呢？其实，我们可以整合利用我们身边的各类资源，为我们的创业项目披荆斩棘。

6.3.1　充分利用现有资源

大学生创业存在的主要问题是信息不对称的问题。有不少身边的创业资源，还没有被我们大学生知晓、了解，更谈不上加以运用了。目前高校系统聚集了大量的可以帮助大学生创业的资源。有创业意愿的大学生应该留意这些在身边的资源，加以充分利用，不但能更好地提高自己判断分析和把握机遇的能力，而且也可能孕育着很好的机会。

1. 高校创业教育与创业指导

目前各高校开设了创业课程、成立了创业者协会、购建了创业空间，并且会定期或不定期开展各类创业沙龙、创业讲座等。同学们可以利用学校的资源与志同道合的朋友开展头脑风暴，也可以向创业导师请教各类创业问题。

目前各高校的创业基础课已经作为必修课列入了人才培养的素质教育模块。记学分的创业创新课题不仅由学校的老师来讲，也邀请校外企业家授课，采取理论讲授、案例剖析、创业比赛、专家辅导、实战模拟等一系列创新的教育方法和手段，帮助同学们对创业要素、创业过程，以及创业者所涉及的问题有更为透彻全面的了解。

多数的学校还组织了来自企业、高校、科研单位和政府职能部门的有关人士成立大学生创业导师团，通过创业讲座、政策咨询、业务指导等方式，为学生创业团队现身说法、答疑解惑，提供项目论证、业务咨询和决策参考等服务，甚至发掘有潜力的创业项目进行跟踪辅导。学校团委还会积极组织学生参加各类创新创业大赛，为青年创业者搭建平台，积极引导青年人创业。

【课堂练习 6-5】你了解到身边有哪些可利用的创业资源？

2. 创业基金

为鼓励创业，政府出台了一系列支持计划，其中一个与大学生创业有密切联系的是中国青年创业国际计划（YBC）。各地也先后出台了有关计划或者设置相应的基金。国家为帮扶大学生创业还出台三年免息的优惠资金使用政策。另外，中央电视台《赢在中国》节目以及各地电视台举办的类似节目也设置有创业基金。有一些企业或者企业家到高校或者学生团体组织系统设置有大学生创业基金。

【课堂练习6-6】国家鼓励创业的有关政策，你都了解哪些?

6.3.2　获取有效资源的途径

1. 获取技术资源的途径

获取起步项目所依赖技术的途径方式有：

（1）吸引技术持有者加入创业团队。

（2）购买他人的成熟技术，并进行技术市场寿命分析等。

（3）购买他人的前景型技术，通过后续的完善开发，达到商业化要求。

（4）同时购买技术和技术持有者。

（5）自己研发，但这种方式需要时间长，耗资大。

创业者应该随时关注各高校实验室、老师或者学生的研发成果，定期去国家专利局查阅各种申请专利，及时关注科技信息，浏览各种科技报道，留意科技成果，从中发现具有巨大商机的技术。

2. 获取人力资源的途径

这里的人力资源不是指创业企业成立以后需要招募的员工，而是指创业者及其团队拥有的知识、技能、经验、人际关系、商务网络等。可以通过以下途径提高创业团队的各项能力。

第一，刻苦学习相关知识。

知识可以促进能力的发展。任何能力的形成和提高都是在掌握和运用知识的过程中完成的，创业能力也不例外。在学习文化专业知识的过程中，认真思考，吸取前人的经验，同时也锻炼了自己综合分析问题的能力。"知识就是力量"，要使知识变成力量，一定要有能力。不能死读书，读死书。要学会将学习、思考、实践综合起来，经过自己的消化，吸收转化为运用知识的手段和本领，进而为创业能力的形成和提高打下坚实的基础。

第二，实践是提高创业能力的唯一途径。

创业能力的形成和提高必须在创业实践中才能实现。创业者应根据自身和专业特点，在培养自己强烈的创业意识、成功意识，认真学习专业知识的基础上，积极参与创业实践活动。大学生可以利用空闲时间和家人、朋友或同学合伙或独立投入一点资本进行经营活动，参与家庭或他人的创业活动，到小企业打工等；可以参加创业实践情景模拟，进行有关创业活动的情境体验，如招聘、面试、产品推销等；可以利用实习期间进行创业实践训练，创业活动正式启动之前，可以单独或与同学轮流租赁或承包一个小店铺，或加工、修理，或销售、服务等，在真刀真枪的创业实践中提高自己的创业能力。

第三，参加各种创业或相关的培训。

创业培训是对具有创业愿望和相应条件的人员所进行的开办小企业等创业活动所必备的基础知识和能力的培训，是近年来国家培训工作在促进创业中逐渐发展起来的一种新的培训。

3. 获取外部资金资源的途径

对于外部资金资源的获取，一般可通过以下五种途径获得。

（1）依靠亲朋好友筹集资金，双方形成债权债务关系。

（2）抵押、银行贷款或企业贷款。

（3）争取政府某个计划的资金支持。

（4）所有权融资，包括吸引新的拥有资金的创业同盟者加入创业团队，吸引现有企业以股东身份向新企业投资、参与创业活动，以及吸引企业孵化器或创业投资者的股权资金投入等。

（5）一个详尽可行的创业计划，以吸引一些大学生创业基金甚至风险投资基金的目光。

在获取外部资源之前，记住一个企业家曾经说过的一段话："创业首先要用自己的钱干起来，你自己的钱不先投进去，凭什么让别人为你投钱？"

4. 获取市场与政策信息资源的途径

一般而言，获取市场及政策信息的途径主要有：政府机构、同行创业者或同行企业、专业信息机构、图书馆、大学研究机构、新闻媒体、会议及互联网等。对于这些信息的获得，创业者可以根据自己的实际情况与各种方式的特点，选择一种或多种方式，尽可能获取有效的、需要的信息。

6.3.3　资源整合的方法策略

1. 人脉整合，善用人际关系

《行销致富》的作者史坦利教授认为，我成功是源于一本厚厚的名片簿，更重要的是广结人缘的能力。同学们有没有这样的经历？资金周转不过来，找朋友借一些，朋友很爽快地答应了；遇到一个很重要的客户，可关系若即若离，很难把握住这次交易，经朋友介绍认识后和客户很快成了朋友，交易顺利完成了。这些都是人脉资源价值的体现。有人脉获得财富就像坐电梯，没人脉获得财富就好比爬楼梯。丰富的人脉资源能帮助同学们节省更多的时间和精力，使同学们畅通无阻地实现创业梦想。

2. 资金整合，快速启动项目

资金是企业运营的血液，没有资金，企业及管理团队就无法生存。对创业者来说，资金整合过程中能够快速、高效地筹集资金，是企业站稳脚跟的关键。资源整合大师周嵘说："缺钱的人缺的不是钱，而是缺少有钱的人脉和朋友，缺好项目及把好项目运作成功的团队和能力。"

在整合资金前，同学们可以认真分析自己缺的是什么。如果缺的是有钱的人脉和朋友，则需要找到一个人或圈子愿意帮助你，而如果自身的项目不好，团队能力不行，到哪里都不会有人投资。资金整合的关键点是展示信誉，因为个人或者企业的信誉好坏，直接影响到向银行申贷及寻找投资人的成功与否。

3. 团队整合，发挥集体优势

比尔·盖茨说："永远不要靠自己一个人花100%的力量，而要靠100个人每个人花1%的力量。"现在的社会已经不再是单打独斗的年代，而是靠团队制胜。

只有靠优秀的团队才能在激烈的竞争中获胜。要打造一个优秀的团队并非一件简单的事情。打造一个优秀的团队，不是只要找到人就可以了，除了找到人，还要找对人，找对人之后还要放对位置，放对位置之后还要做对事。只有这样效果才会真正显现，如果找到的是不合适的人，反而会给公司带来很大麻烦。

4. 渠道整合，借势借力

占领市场高地整合渠道资源，可以为各个渠道成员提供更高的价值，使其获取更高的渠道效率。渠道整合体现在两个方面：一方面是对企业内部资源的整合，另一方面是对企业外部营销体系的整合。如果自己有一个好产品却没有销售渠道，这时有两个方法：一是招聘一个渠道高手，让他负责训练一个团队，全国各地自建直销渠道；二是整合别人花了几年和无数心血建成的渠道，通过他们的渠道，将赚的钱分一部分给他们。这一整合策略告诉我们：别人的销售团队、渠道一样可以帮自己卖产品。

5. 异业整合，获取更大收益

"异业"代表不同行业。不同行业的企业，也能整合。所谓"异业整合"，简单来说就是取长补短和强强联合。通过分享各自的资源，通过整合对方的资源，降低成本、提高效率、增强市场竞争力。如果有一类客户，在购买自己产品的同时还购买其他公司的产品，那就可以把产品卖给拥有同一类客户的公司，做最有效的客户资源整合。在这个整合中，最好的方法是：整合这一类公司，这样他们公司全部的客户就会转化成自己的客户；如果不能整合公司，就整合他们主管客户的营销负责人；还不能整合，就整合营销经理；如果也不能整合，就整合他们公司的业务员；如果依然行不通，就只能整合一部分客户了。

6. 淡旺季整合：互补互利

很多行业都存在淡季和旺季的问题。在进行淡旺季整合时，先要问自己两个问题：当我忙时谁闲？当谁忙时我闲？这两个看似不起眼的问题，却道出了淡旺季整合的关键。比如，有一位来自哈尔滨做松花江游船的创业者，他的企业淡旺季很明显，因为他做游船生意，一年中只有半年的时间能运营，其他时间冰冻封江，运营团队很不稳定。他想到可以整合滑雪场，找了几家滑雪场老板，其中一家对他的整合方案非常认同，双方一拍即合，彼此都省下了一大笔人员工资，并且团队也稳定了。

6.3.4　资源整合及其利用技巧

创业者能否成功地开发出机会，进而推动创业活动向前发展，通常取决于他们掌握和能整合到的资源，以及对资源的利用能力。许多创业者早期所能获取与利用的资源都相当匮乏，而优秀的创业者在创业过程中所体现出的卓越创业技能之一，就是创造性地整合和运用资源，尤其是那种能够创造竞争优势，并带来持续竞争优势的战略资源。对创业者而言，一方面要借助自身的创造性，用有限的资源创造尽可能大的价值；另一方面更要设法获取和整合各类战略资源。

1. 善用资源整合技巧

为了确保公司持续发展，创业者在每个阶段都要问自己："怎样才能用有限的资源获得更多的价值创造？"

（1）学会拼凑。很多创业者都是拼凑高手，通过加入一些新元素，与已有的元素重新组合，形成在资源利用方面的创新行为，进而可能带来意想不到的惊喜。创业者通常利用身边能够找到的一切资源进行创业活动，有些资源对他人来说也许是无用的、废弃的，但创业者可以通过自己的独有经验和技巧，加以整合创造。例如，很多高新技术企业的创业者并不是专业科班出身，可能是出于兴趣或其他原因，对某个领域的技术略知一二，却凭借这个略知的"一二"敏锐地发现了机会，并迅速实现了相关资源的整合。

整合已有的资源，快速应对新情况，是创业的利器之一。拼凑者善于用发现的眼光，洞悉身边各种资源的属性，将它们创造性地整合起来。这种整合很多时候甚至不是事前仔细计划好的，而往往是具体情况具体分析、"摸着石头过河"的产物。而这也正体现了创业的不确定性，并考验创业者的资源整合能力。

（2）步步为营。创业者分多个阶段投入资源并在每个阶段投入最有限的资源，这种做法被称为"步步为营"。步步为营的策略首先表现为节俭，设法降低资源的使用量，降低管理成本。但过分强调降低成本，会影响产品和服务质量，甚至会制约企业发展。

比如，为了求生存和发展，有的创业者不注重环境保护，或者盗用别人的知识产权，甚至以次充好。这样的创业活动尽管短期可能赚取利润，但长期而言，发展潜力有限。所以，需要"有原则地保持节俭"。

步步为营策略表现为自力更生，减少对外部资源的依赖，目的是降低经营风险，加强对所创事业的控制。很多时候，步步为营不仅是一种做事最经济的方法，也是创业者在资源受限的情况下寻找实现企业理想目的和目标的途径，更是在有限资源的约束下获取满意收益的方法。习惯于步步为营的创业者会形成一种审慎控制和管理的价值理念，这对创业型企业的成长与向稳健成熟发展期的过渡，尤其重要。

2. 发挥资源杠杆效应

资源杠杆效应就是以尽可能少的付出获取尽可能多的收获。资源杠杆效应的发挥是一个创造性产生的过程。美国著名的投资银行家罗伯特·库恩认为，一个创业者要具有发现价值和创造价值的能力，要具有在沙子里找到钻石的工夫，识别一种没有被完全利用的资源。资源杠杆效应体现在以下方面：更加延长地使用资源，更充分地利用别人没有意识到的资源，利用他人或者别的企业的资源来完成自己创业的目的，用一种资源补另一种资源，产生更高的复合价值，利用一种资源获得其他资源。

对创业者来说，容易产生杠杆效应的资源，主要包括人力资本和社会资本等非物质资源。创业者的人力资本由一般人力资本与特殊人力资本构成。一般人力资本包括受教育背景、以往的工作经验及个性品质特征等。特殊人力资本包括产业人力资本（与特定产业相关的知识、技能和经验）与创业人力资本（如先前的创业经验或创业背景）。据调查显示，特殊人力资本会直接作用于资源获取，有产业相关经验和先前创业经验的创业者能够更快地整合资源，更快地实施市场交易行为。而一般人力资本使创业者具有知识、技能、资格认证、名誉等资源，也提供了同窗、校友、老师以及其他连带的社会资本。

相比之下，社会资本有别于物质资本、人力资本，是社会成员从各种不同的社会结构中获得的利益，是一种根植于社会关系网络的优势。在个体分析层面，社会资本是嵌入、来自于并浮现在个体关系网络之中的真实或潜在资源的总和，它有助于个体开展目的性行动，并为个体带来行为优势。外部联系人之间社会交往频繁的创业者所获取的相关商业信息更加丰富，从而有助于提升创业者对特定商业活动的深入认识和理解，使创业者更容易识别出常规商业活动中难以被其他人发现的顾客需求，进而更容易获得财务和物质资源——这正是其杠杆作用所在。

3. 设置合理利益机制

资源通常与利益相关，创业者之所以能够从家庭成员那里获得支持，就是因为家庭成员之间不仅是利益相关者，更是利益整体。既然资源与利益相关，创业者在整合资源时，就一定要设计好有助于资源整合的利益机制，借助利益机制把包括潜在的和非直接的资源提供者整合起来，借力发展。因此，整合资源需要关注有利益关系的组织或个人，要尽可能多地找到利益相关者。同时，分析这些组织或个体和自己以及自己想做的事情之间的利益关系，利益关系越强、越直接，整合到资源的可能性就越大，这是资源整合的基本前提。

利益关系者之间的利益关系有时是直接的，有时是间接的，有时是显性的，有时是隐形的，有时甚至还需要在没有的情况下创造出来。另外，有利益关系也并不意味着能够实现资源整合，还需要找到或发展利益共同点。为此，识别到利益相关者后，逐一认真分析每个利益相关者所关注的利益非常重要，多数情况下，将相对弱的利益关系变强，更有利于资源整合。

然而，有了共同的利益或利益共同点，并不意味着就可以顺利实现资源整合。资源整合是多方面的合作，切实的合作需要有各方面利益真正能够实现的预期加以保证，这就要求寻找和设计出多方共赢的机制。对于在长期合作中获益、彼此建立起信任关系的合作，共赢的机制已经形成，进一步的合作并不很难。但对于首次合作，建立共赢机制尤其需要智慧，要让对方看到潜在的收益，为了获取收益而愿意投入资源。因此，创业者在设计共赢机制时，既要帮助对方扩大收益，也要帮助对方降低风险，降低风险本身也是扩大收益。在此基础上，还需要考虑如何建立稳定的信任关系，并加以维护管理。

4. 有限资源的创造性利用

（1）资源的利用效率。经营活动的效率，就是对各种资源的利用效率，但是资源的利用效率总是达不到百分之百，即企业内部总是存在未利用资源。资源利用效率是反映资源投入与产出或收益相比较的一个指标。资源的利用效率最终是体现在财务的收入上，很多财务指标可以用于衡量资源的利用效率。例如，单位总资产与净资产的销售收入和销售利润，劳动生产率（人均收入或人均利润），存货周转率与应收账款周转率。

（2）资源重复利用。资源重复利用包括技术资源、品牌资源、制造资源、营销网络资源、管理资源的重复利用。

一是技术资源的重复利用。特定技能或技术的使用次数越多，就表示资源杠杆运用越充分，资源的利用效率越高。例如，夏普将本身开发成功的液晶显像技术，陆续应用于计算机、电子记事簿、迷你电视、大荧幕投射电视及手机。

二是品牌资源的重复利用。再生利用并不限于科技基础的竞争力。品牌可以再生利用，利用高知名度的"企业名称"推出全新的产品，至少可以让顾客"考虑购买"大牌制造商制造的产品，和其他默默无闻的同期新产品比起来，高知名度已经占有一项竞争优势了。

三是制造资源的重复利用。保持制造资源的充分弹性，即迅速调整生产线改而制造另一种产品的能力是制造资源重复利用的前提条件。在网络经济下通过把高度分散的制造能力组合成必要的制造资源以响应市场机遇的协作式伙伴关系将迅速发展。当市场机遇消失时，这些资源将同样迅速地解散。创业企业保持资源的弹性，保持资源的重复利用非常重要。

四是营销网络资源的重复利用。对多系列产品的中小企业共用一个销售网络，可以降低影响成本，充分利用营销网络资源。但当产品差异化比较大时，特别在售后服务环节存在巨大差异时，存在不同产品对营销网络资源有差异化的要求时，实现营销网络资源的重复利用有一定障碍。

五是管理资源的重复利用。转移工厂的作业改善经验应用于其他工厂，同一系统应用于同一产品系列，迅速广泛应用一线员工的良好构想，以改善对顾客的服务，以及暂调有经验的主管赴供应商处驻厂指导等均是管理资源的重复利用。

（3）资源的快速回收。加快资源回收是资源杠杆运用的重要领域，公司赚钱越快，回收的资源就越快，就越能再加利用。如果投入的资源相同，甲公司回收利润的时间只是乙公司的一半，则表示甲公司享有两倍于乙公司的杠杆运用优势。

（4）资源的融合。通过融合不同种类的资源，各种资源的价值将随之提升。抢先进入一个科技领域，并得到领导地位固然重要，但公司如拙于调和这些科技，不能使既有科技能力持续扩充，就是没有进行资源杠杆运用。因此，就算公司在许多单项科技领域领先，也无多大实质意义。只有培养出一批通才，有效整合不同技能、科技与功能，才能建立真正的竞争优势[14]205-208。

延伸阅读

90后创业者崔嘉齐：创业就要敢于尝试

不经历风雨，怎能见彩虹，没有人能随随便便成功。对于创业者来说更是如此，很多时候我们只是看到了成功给他们带来的光环，却没有看到，在成功背后，他们经受了我们不曾忍受的艰难困苦。

崔嘉齐，郑州嘉利福餐饮企业管理有限公司总经理。从最初店面做起，两年创业经历，在扎实的实地考察及市场研究基础上，研发出自己的产品，广受消费者喜爱，后创立品牌蜜嘉，于2012年9月成功注册嘉利福餐饮企业管理咨询有限公司。公司主要以蜜嘉茶饮和甜点为主，以张氏香香小吃店面经营、老街口香煎豆腐、福世嘉香饼等餐车经营为一体的综合性餐饮经营技术培训机构。目前在河南有6家连锁饮品加盟店，1家甜点加盟店还有很多流动餐车加盟经营点。在开封、许昌、周口等地也有饮品奶茶加盟店，这个刚起步的创业公司目前已经把市场做到了整个河南。

面对我们对大学生创业成功率低的提问，崔嘉齐是这样回答的："如果失败太少，那么成功就不会多，一定要敢于尝试，执行力很重要。"在创业的路上，他一直在尝试，一直在坚持。

萌生创业念头

每一位创业者都会被问到一个问题：第一桶金在什么时候？他赚取第一桶金是在11

岁。自小就是好学生的崔嘉齐不仅成绩优异，脑袋也十分灵活，是个不折不扣的"活跃分子"。在学校的一次应付上级检查中，从未开设美术课的他们被要求购齐全套的美术用品。以往没有这种需求，学校也没有卖这些东西的店。他们是全封闭学校，全校三个年级，几千名学生，如果联系商家，都从他这里买应该是一笔不小的收入，而且也解决大家的燃眉之急。当时的他不知哪来的勇气，联系全校各班班长统计名单，一切按计划进行得非常顺利，最终的销售额近万元。这令他成为学校的"名人"。尝到甜头，崔嘉齐心中萌生了创业念头。

不听话的创业者

凭借全校第三名的优异成绩，崔嘉齐顺利考入省级重点高中，然而"省级示范高中高才生"的光环并没有让他开心，对于不安分的他来说，高中三点一线式的生活让他厌恶，他渴望改变。有武术底子的他在学校创建武术社，兼任学生会干部时自发组织各种比赛，在当时引来社会多方媒体报道，对于在校高中生来说，这都是史无前例的。在课余时间他还在学生中间，鼓捣着做各种小生意，在同学的眼里他有些喜欢瞎折腾，这些举动让老师和家长另眼相看的同时也徒增不少忧虑。高中对于一名学生来说，好好学习考好大学才是"正事"。不干"正事"，崔嘉齐也因此被冠以"不听话的学生"之名。

高中毕业暑假，顶着违背家长强逼复读的压力，崔嘉齐去了北京，干过泥瓦匠、工地小工、餐厅临时工，彻底感觉到了最底层人民的喜怒哀乐，这段时间他接触到不同行业的人，积累了不少经验，创业的梦越来越坚定。

不一样的大学生活

别人的大学生活都是三四年，而他只有一年。"其实没什么不同，别人在校内读大学，我在社会读大学。"在保证了学科成绩的同时，崔嘉齐申请提前就业，从大二开始就踏入社会开始别样的大学生活。从最开始的学校兼职、自学考试招生、培训讲师到走出校门的第一份全职工作商家联盟做广告项目，再到河南第九频道栏目协办推广，这些工作使崔嘉齐了解了很多行业及大大小小店面的经营模式和管理方法，同时也结交了不少商业上的朋友。深思熟虑之后，他决定做90后市场，因为自己就是90后，做属于自己的市场。

自助者天助

"贵人相助不是运气好，而是天助自助者，机会是等不来的，要自己去创造。"

崔嘉齐一直提到了自己的六位恩人，第一位是把自己领进门做"现磨豆浆"的信阳的付师傅，第二位是在困难时期拉自己一把的郑翔大盘鸡饭店老板郑军伟师傅，第三位是刚刚离开团队的张陆伟，第四到六位则是现在的合作伙伴唐敬德、邵平园和公司技术总监某大学常教授。

贵人相助只是一个说辞，关键是愿付出、肯努力、勤思考。有了前期积累的经验，也为了证明自己的"不听话"，崔嘉齐信心满满地盘下一家其他品牌的饮品店，自己做了老板，这是他的第一家店。

第一次做老板

经过多方面考察，首次创业的崔嘉齐在郑州一所高校附近接手了一家饮品店，由于自己之前学过做豆浆，就计划主营豆浆，以奶茶饮品一类为辅，可是后来因为豆浆不易保鲜，同时又远不如奶茶饮品操作简单，所以最后就决定放弃了豆浆为主的策略，然而当时经营的是其他品牌的加盟店，公司给的原料供货价格较贵，除去工时费、房租以后根本就赚不到钱。既要保证口感又要控制价格，这是一个难题。学习市场营销的他知道，要生存必须做出特色，走自己的品牌。于是他时常走出去向别人讨教经营策略，也是在这个时候他遇上了给予他技术指导的贵人。

创建自己的公司

随后他把自己的店面重新装修，做起了自己的品牌。由于小店融入90后时尚和爱好浪漫的文化特点，短短的两个月，就开辟了两家加盟店，这也使得崔嘉齐意识到必须把眼光放得更远一点。随后他又增添许多花样饮品、甜点，还有张氏香香小吃及老街口香煎豆腐、福世家香饼餐车模式的新增，生意是越做越好，嘉利福餐饮企业管理有限公司就是在这个时候成立的。

创业贵在坚持

在回答创业最需要的品质是什么这一问题时，崔嘉齐认为是坚持。"遇到困难我们应该庆幸，因为这体现我们在某一方面的不足，成长就是一个遇到困难并克服困难的过程。创业也是一样，只要愿付出、肯努力、勤思考，成功水到渠成。"在创业过程中，这位90后创业者也遇到了不少困难，采访当天他失落地告诉我们自己的一个合伙人要离开了。他说，管理创业型团队的确不是一件容易的事情，可能是自己步子走得太急，忽视了许多，以后还是要多多反思，多多学习。

崔嘉齐认为，不要对"创业"这个名词感兴趣，不要对创业后的成功感兴趣，盯住自己要做的事情，只要有想法就大胆去做，一步一个脚印，失败越多经验就会越多，成功的概率自然就会大。"我没有什么不同只是比同龄人先走了一步而已，然而即使是这样，我所走过的路也是不能复制的，每个人都有各自的特点。"

资料来源：引自 https://www.sohu.com/a/143692827_572178，有删改。

问题思考

1. 创业资源在创业中的作用和地位是怎样的？
2. 是不是各项创业资源齐备才可能创业成功？
3. 创业融资是必要的吗？
4. 初创企业采用何种性质的融资更合适？
5. 创业资金测定的具体内容是什么？
6. 创业资源的整合如何开展？

🕐 实训活动

实训 1：梳理现有的创业资源

1. 对照表 6-2 中创业所需资源，梳理你目前的创业项目，了解创业资源的现状。

表 6-2　创业资源检查表

资源	具备	不具备（能解决）	不具备（不能解决）
场地资源			
财务资源			
人才资源			
管理资源			
市场资源			
科技资源			
政策资源			
信息资源			
文化资源			
品牌资源			

2. 在上述的创业资源中，你认为你的核心资源有哪些？

3. 你的创业项目缺乏哪些关键资源，你准备通过何种方法解决？

实训 2：测算创业资金

创业者要懂得理财之道，即聚财之道、用财之道、生财之道。聚财之道用于筹集资金，用财之道体现资金的分割与控制，生财之道体现资金的周转和利润的实现。三者必须统筹兼顾，缺一不可，资金只有不停地周转运动，你才可以赚取最大的利润。下面请参照表 6-3 以半年为期测算一下你的创业项目所需启动资金。

表 6-3　创业资金测算表

类别	项目	所需资金
固定资产	房屋	
	设备	
	其他	
流动资产	现金	
	材料	
	人工	
	水电费用	
	利息	
	营销费用	
	税金	
	合计	

问题： 1. 你的资金准备情况如何？

2. 你准备采用何种融资方式进行融资？

3. 你做了哪些融资前的准备工作？

实训 3：小组比赛

请测算在学校附近开设一家快捷酒店需要多少启动资金？

请你关注：酒店场地的租赁（购买）费用是多少？酒店装修达到什么水平需要多少钱？酒店开业所需的人员月工资大概需要多少？人员培训是否要投入资金？

实训 4：如何借到 3 万元

融资实际就是借钱。如果让同学们筹集 3 万元，同学们准备向谁借，怎么借？在借款之前，同学们会做哪些准备？现在，打电话、微信或者面对面沟通一下自己借钱的想法，看看对方怎么说，同学们会如何沟通？

不管结果如何，请同学们反思自己的借钱过程和策略，都有什么收获？

第 7 章

创设商业模式

本章概要

本章的三节内容依次递进，分别是认识商业模式、设计商业模式与创新商业模式，具体包括商业模式的定义与类型，成功商业模式的特征，设计商业模式的思路，商业模式的检验与评价，商业模式创新的特点、思路及趋势。

重点难点

1.重点：商业模式的类型，成功商业模式的特征，设计商业模式的思路，商业模式的检验，商业模式创新的思路。

2.难点：设计商业模式的思路，商业模式的检验。

学习要求

1.知识目标：了解商业模式的定义、本质与类型，成功商业模式的特征，商业模式创新的特点、思路及趋势。

2.能力目标：掌握商业模式的设计思路，具备检验与评价商业模式的能力。

3.素质目标：基本具有分析商业模式要素，梳理商业模式流程的素养。

案例导入

共享单车的盈利模式

当我们讨论一辆 3 000 元成本的共享单车（摩拜第 1 代）得多久才收回成本、值不值得时，你就真的默认了它们只是单纯地靠租赁费盈利，然而并非这样。半小时 1 元或 0.5 元的租赁费，说实话，对于摩拜这种重资产模式，连单车硬件成本都难以收回，更别说背后的运营成本与人力成本。

摩拜创始人胡玮炜认为摩拜未来有三个盈利途径：一为政府财政补贴；二为广告费

用；三为押金与预存费产生的利息。

政府财政补贴是共享单车的最好盈利模式，即为 PPP 模式（公私合作关系，是一种政府和社会资本在公共基础设施合作中的一种项目融资模式），且已有成功案例作为参考，例如北京地铁 4 号线的建设运营就是基于这种模式而生的，引进了港铁公司的投资和运营管理经验。

用户规模化必然带来不错的广告效益，共享单车用户遍及社会主要的消费群体，共享单车本来就自带"绿色""环保"等天然标签，品牌间的互动或跨界营销或许能带来可观的广告收益，其单车车身或 App 启动界面就是最好的广告载体。定位共享单车带来的大量用户数据也会为其带来其他获利机会。

对于押金所形成的现金流也是非常惊人，已注册并持续使用的用户，一般都不会轻易退还押金，这就意味着其所积累押金总额维持在相对稳定的水平上，可获取利息或进行其他风险投资。

资料来源：引自 https://www.pconline.com.cn/autotech/849/8498401.html，有删改。

【课堂练习 7-1】盈利模式是商业模式吗？

7.1　认识商业模式

【创业名言】

今天企业之间的竞争已经不是产品和服务之间的竞争，而是商业模式之间的竞争！

——彼得·德鲁克

做企业从来没有固定的模式。在整个企业发展的历史上，企图找到固定模式，一劳永逸当个懒汉，是不会成功的。面对其他人的成功方法，简单机械的学习和模仿也是不会成功的。优秀的企业家一定是创造者，企业家是最具创造精神的一批人。

——潘石屹

我认为做企业要有这些素质，特别在中国市场上，那就是：诗人的想象力、科学家的敏锐、哲学家的头脑、战略家的本领。

——宗庆后

创造性模仿不是人云亦云，而是超越和再创造。

——西奥多·莱维特

亚信总裁田溯宁问硅谷著名的风险投资顾问罗伯森："什么是商业模式？"罗伯森这样解释："一块钱通过你的公司绕了一圈，变成一块一，商业模式是指这一毛钱是在什么地方增加的。"

商业模式这一概念早在 20 世纪 50 年代就已经被经济学家提出，近年来在我国比较盛行。事实上，无论是街头小吃摊还是跨国企业巨头，无论是传统的手工作坊还是现代的高科技公司，无论是简单的企业组织还是复杂的公司机构，都需要一个属于自己的商业模式，一个赚钱的企业必定有他独特的商业模式。

7.1.1　商业模式的定义

商业模式一词在现在的经济生活中使用率很高，但对于它的定义仍然没有一个统一的说法，或者说理论界尚未达成共识。归纳起来主要有以下三类认识。

一是盈利模式论。此类理论认为商业模式就是企业的盈利模式，即一个企业怎么赚钱、靠什么来赚钱。商业模式可理解为做生意的方法，即企业如何获取资源、生产产品提供服务、赢得利润的过程。公司要想生存必须以追求利润为目标，所以商业模式可简单理解为企业的赚钱方式。比如，饮料公司通过卖饮料来赚钱，快递公司通过送快递来赚钱，网络公司通过广告来赚钱，通信公司通过收话费来赚钱等。

二是价值创造论。此类理论认为商业模式就是企业创造价值的模式。这里的价值不仅指企业价值，还包括为客户、员工、合作伙伴、股东创造的价值。从某种意义上说，商业模式就是一个价值发现、价值主张、价值创造、价值配置、价值管理的过程。阿米特（Amit）和左特（Zott）认为，商业模式是企业创新的焦点和企业为自己、供应商、合作伙伴及客户创造价值的决定性来源。杜波森（Dubosson）认为，商业模式是企业为了进行价值创造、价值营销和价值提供所形成的企业结构及其合作伙伴网络。

三是业务体系论。此类理论认为商业模式是一个由很多因素构成的系统，是一个体系或集合。马哈迪温（Mahadevan）认为商业模式是对企业至关重要的三种流量——价值流、收益流和物流的唯一混合体。托马斯（Thomas）认为商业模式是开办一项有利可图的业务所涉及的流程、客户、供应商、渠道、资源和能力的总体构造。米歇尔（Michel）认为商业模式是一个组织何时（When）、何地（Where）、为何（Why）、如何（How）和多大程度（How Much）地为谁（Who）提供什么样（What）的产品和服务，即5W2H，并开发资源以持续这种努力的组合 [6]175-176。

三类理论从不同角度论述了商业模式的内涵。盈利模式论从企业运营的角度切入，认为商业模式就是企业如何随环境的变化合理配置内部资源以实现盈利的方式，比较浅显易懂；价值创造论则主要从价值创造的视角来考察商业模式，认为商业模式是企业创造价值的决定性来源，其说法晦涩抽象，较难理解；业务体系论则强调了商业模式的综合性，研究视角更加宽泛与全面，虽能够从各个维度更系统地诠释商业模式的内涵，但是因体系复杂、因素多样而难以被大众所接受。

本书认为，商业模式就是企业的盈利模式，即企业或组织靠做什么来赚钱。其中有两层基本含义。一是做什么：企业利用核心资源从事的主要业务是什么。主要业务满足的是消费者的普遍需求。二是赚钱：企业通过资源整合、产品定位、竞争策略、营销组合等能够满足顾客的特殊需求，并且赚到钱。其中无论是怎么做、何时、何地、为何、如何、为谁等问题都是次要的，盈利的结果才是最重要的。成功的企业各有各的商业模式，而失败的企业则其原因几乎都是类同的。企业必须选择一个适合自己的、有效的、具有竞争优势的商业模式，并且随着客观情况的变化不断加以调整，才能获得持续的竞争力，从而推动企业的生存与发展。

📥 **延伸阅读**

商业模式制胜

三个人都拿一两银子做生意，第一个人买来草绳做草鞋，赚了一钱银子；第二个人看到春天来临，买了纸和竹子制作风筝，赚了十两银子，第三个人看到人参资源将慢慢枯竭，于是买了很多人参种子，走到人迹罕至的深山播下，七年后收获上好的野山参，收获了30万两银子。

点评：人们付出同样的时间和精力，但是收获不同的利润。

第一个人做的是衣食住行的生意，这是必需的需求，总会有市场，每个人都可以做，因此收获一分利，如同现在很多人靠产品与规模取胜。

第二个人做的是吃喝玩乐的生意，跟随的是潮流，目标客户的范围扩大百倍，从而收获十分利，靠眼光取胜。

第三个人看到的是未来的商机，敢做善忍，最终创造了数百乃至数千的生意，靠的是成功的商业模式取胜。

由此，我们可以看出商业模式的重要性。

资料来源：引自 http://www.doc88.com/p-7784493261458.html，有删改。

7.1.2　商业模式的本质

商业模式表面上是较为宽泛的概念，有关说法如盈利模式、运营模式、B2B 模式、B2C 模式、营销模式、广告收益模式等，究其本质则是一种简化的商业逻辑。基本的商业逻辑有三种：以生产产品创造价值来实现盈利，以提供服务创造价值来实现盈利，以产品与服务的组合创造价值来实现盈利。无论企业做什么，必须能够创造或提供价值并实现价值，或以产品为主或以服务为主，或者是两者的组合。无论创造价值与实现价值的方式如何，商业模式重在描述企业如何发现价值、创造价值、实现价值的基本逻辑关系。但是，商业模式不是简单的企业盈利模式与经营模式，也不是所谓的企业战略。商业模式是要阐述企业长期深层次的能给企业带来核心竞争力的商业逻辑。

从本质上看，商业模式是一系列制度结构和制度安排的连续体，其核心是企业组织的价值产生机制。创造价值是企业组织存在的根本原因和发展的必要条件，围绕创造价值的还有发现价值与实现价值。

发现价值是创造价值的前提，即企业要创造什么样的价值，是指寻找目标客户并充分满足其需求，从而为客户创造显著的价值。发现价值是目标定位，其关键要素包括目标顾客锁定、深度需求分析，企业的用户和客户是谁，产品与服务要解决顾客的什么问题、满足顾客的什么需求。

创造价值是指明确业务定位，并为有效地创造特定的价值构建合作关系。企业的核心业务是什么，主要资源有哪些，要创造核心产品与服务还需要的外部的关系与资源是什么。关键是业务定位与资源整合，即能够以合适的成本提供合适的产品或服务。

实现价值是指通过各种渠道策略与营销手段将产品与服务提供给顾客，即能够在合适的时间与地点提供合适的产品或服务，并通过客户关系管理来维持并发展业务，使业务有一个健康的循环与发展趋势，实现良性的收入以获取与实现所创造的价值。

在完成发现价值、创造价值、实现价值这一商业逻辑的过程中，企业仅仅凭借自身的资源与力量是远远不够的，其需要与供应商、中间商、顾客等利益相关者形成紧密的合作伙伴关系，这种合作伙伴关系是在相互信任的基础上形成的一种共担风险、共享利益的利益共同体，利益共同体的形成也就意味着难以模仿的商业模式的形成。

【课堂练习 7-2】你如何理解商业模式的本质？

7.1.3 商业模式的类型

1. 渠道设计商业模式

渠道设计商业模式包括以下四种情况。

一是直供商业模式，即直销模式。直销模式需要制造商具有强大的执行力、现金流状况良好、市场基础平台稳固、具备产品流动速度快的特点，如戴尔、小米。在白酒行业，也有很多公司选择直销的商业模式，云峰酒业为了精耕市场，在全国各地成立了销售性公司，直接控制市场终端，如广州云峰酒业、西安云峰酒业、合肥云峰酒业、湖北云峰酒业等公司在当地市场上均具备一定的实力与良好的基础。

二是总代理制商业模式。这种商业模式为中国广大的中小企业所广泛使用。由于中国广大的中小企业在发展过程中面临着团队执行力较差、资金实力较弱的困难，因而选择经销商做总代理既可以省去很多当地市场执行的困难，也可以在一定程度上占有总代理的部分资金，甚至通过这种方式完成最初原始资金的积累，实现企业快速发展。

三是联销体商业模式。很多比较有实力的经销商为了降低商业风险选择了与企业进行捆绑式合作，即制造商与经销商分别出资，成立联销体机构，这种联销体既可以控制经销商市场风险，也可以保证制造商始终有一个很好的销售平台。如食品行业的龙头企业娃哈哈就采取了这种联销体的商业模式；空调行业巨头格力空调也选择与区域性代理商合资成立公司共同运营市场，取得了不错的市场业绩。

四是专卖式商业模式。随着中国市场渠道终端资源越来越稀缺，越来越多的中国消费品企业选择专卖形式的商业模式，如 TCL 幸福村专卖系统、五粮液提出的全国两千家专卖店计划、蒙牛乳业提出的蒙牛专卖店加盟计划、云南乳业出现的牛奶专卖店与牛奶总汇等。选择专卖店商业模式需要具备良好的品牌基础、丰富的产品线以及消费者行为习惯。

2."饵与钩"商业模式

"饵与钩"（Bait and Hook）商业模式，也称为"剃刀与刀片"（Razor and Blades）模式，或是"搭售"（Tied Products）模式，该模式出现在 20 世纪早期。在这种模式里，基本产品的出售价格极低，通常处于亏损状态；而与之相关的消耗品或是服务的价格则十分昂贵。比如刀架和刀片、手机和通话时间、打印机和墨盒、相机和胶片等。这个模式还有一个变形："饵"免费、"钩"收费。如盛大网游的点卡免费、道具收费，再如软件开发商免费发放它们的文本阅读器，但是对其文本编辑器的定价却非常高昂，还有就是在电信运营商给用户的政策中，基础业务免费，增值业务收费。

3.非绑定式商业模式

约翰·哈格尔提出"非绑定"企业的概念，他认为存在三种不同的基本业务类型：客户关系型业务、产品创新型业务和基础设施型业务。客户关系型业务的职责是寻找和获取客户并与他们建立关系，产品创新型业务的职责是开发新的和有吸引力的产品和服务，而基础设施型业务的职责是构建和管理平台。每种业务类型都包含不同的经济驱动因素、竞争驱动因素和文化驱动因素，这三种业务类型可能同时存在于一家公司里，但理论上这三种业务要"分离"成独立的实体，以便避免冲突或不利的权衡妥协[18]。

客户关系型的企业，信奉亲近客户价值的信条，追求范围经济的效果，行业呈现寡头市场特征，倡导"客户至上"的企业文化，如中国移动与中国联通。产品创新型的企业，专注产品领先战略，注重产品创新速度，倡导以员工为中心，鼓励创新的企业文化，如苹果公司。基础设施型的企业，强调卓越的运营管理，规模经济是竞争的关键，特别关注成本的控制，如格力电器。

传统的电信运营商竞争围绕着网络质量，但现在的电信运营商或将网络运营外包给设备制造商。因为电信运营商的核心资产已经不再是网络，而是它们的品牌及客户关系。因此，电信运营商应该根据上述业务的不同而相对分离出不同的运营实体，包括设备运营商、业务运营商、内容供应商。

4.一体化商业模式

一体化商业模式重点在于整合企业外部资源，实现协同发展。一体化商业模式可细分为纵向一体化、横向一体化、区域一体化三个子模式。

纵向一体化商业模式是通过对企业所在产业链上的全部价值要素及其关系进行优化组合，并对某些核心价值活动进行创新而成的。随着纵向一体化商业模式所依附的内外部环境的变化，其商业模式也将不断地改变形态和升级，从而动态地引导企业发展，为企业创造更大的效益。纵向一体化的例子，如中粮集团向产业链上游延伸，建成自己的粮油与养殖基地^[19]。

横向一体化商业模式是企业以产业链上的某个环节为基础，以加盟连锁或兼并重组的形式横向扩展，如青岛啤酒集团、国美连锁家电超市、如家快捷酒店，无不是以加盟连锁或兼并重组的形式实现了企业的快速扩张。餐饮业也有很多例子，如沙县小吃通过口碑营销开遍全国各地，兰州拉面通过品牌扩张长期称雄面食行业。

区域一体化商业模式稍稍不同于前两者，其形成原因可能来自政府主导的产业规划，也可能是企业出于种种原因自发而形成的产业集群，如硅谷与软件园区、汽车城、纺织城、影视基地等。以产业链为核心的产业集聚给企业发展带来了协同效应、范围经济，提高了运营效率，加快了创新速度。

5. 轻资产商业模式

轻资产商业模式是指企业投入资本较低、周转速度较快、资本收益较高的运营模式。轻资产运营企业通过整合企业内外各种资源，将一些很难形成明显竞争力的环节外包，将企业的资金和精力集中于核心业务。比如核心技术研发、品牌提升、市场拓展等，从而极大地提升本企业的核心竞争力，耐克、阿迪达斯、可口可乐、小米手机、钻石小鸟都属于轻资产商业模式。

由于互联网作为一种独特的资源共享平台，使得用户可以通过很简便的方式获得最新的信息，便于企业低成本宣传与推广业务，互联网和移动互联网平台是轻资产模式的最主要推广途径。这方面的一个典型例子就是凡客诚品，凡客诚品 2007 年以最初的 475 万元成立，不到 4 年时间创造出市值 32 亿美元的成绩，令人惊叹不已，这得益于良好的市场细分与业务运作。

【课堂练习 7-3】众创、众包与众筹属于商业模式吗？

6. 平台商业模式

平台商业模式的核心在于打造一个现实或虚拟的商业平台，将各种类型的用户或客户资源整合在一起，形成一个多方共赢互利的生态圈。比如报纸将读者与广告企业集合在一起、银行信用卡将消费者与商家集合在一起、任天堂红白机将软件制造商与游戏爱好者集合在一起。在互联网时代，平台提供的产品或服务更为多元化和多样化，更加重视用户体验和产品的闭环设计。比如微信最开始就是一个社交平台，先是通过自身"工具属性＋社交属性＋价值内容"的核心功能吸收到海量的目标用户，加入了朋友圈点赞与评论等社区功能，继而添加了微信支付、精选商品、电影票、手机话费充值等商业功能。工具用来做流量的入口，但它无法有效沉淀粉丝用户；社群是关系属性，用来沉淀流量；商业是交易属性，用来变现流量价值。三者看上去联系并不紧密，但内在融合的逻辑是一体化的。

平台商业模式看起来虽然很美好，但是中小企业不应该一味地追求大而全的平台，而是应该集中自己的优势资源，发现自身产品或服务的独特性，聚焦精准的目标用户，发掘出用户的痛点，设计好针对用户痛点的极致产品，围绕产品打造核心用户群，并以此为据点快速地打造一个品牌。

7. 跨界商业模式

《连线》杂志主编未来学家凯文·凯利曾说过，不管你们是做哪个行业的，真正对你们构成最大威胁的对手一定不是现在行业内的对手，而是行业之外你看不到的竞争对手。同样，马云也曾经说过，如果银行不改变，那我们就改变银行，于是余额宝就诞生了。雕爷不仅做了牛腩，还做了烤串、下午茶、煎饼，并进军了美甲界；小米做了手机、电视、农业，还要做汽车、智能家居。

这就是如今盛行的跨界商业模式，类似传统经济时代的多元化经营。互联网企业通过减少中间环节，减少所有渠道不必要的损耗，减少产品从生产到进入用户手中所需要经历的环节来提高效率、降低成本。互联网对传统产业的颠覆实质上就是利用高效率来整合低效率，对传统产业核心要素的再分配也是生产关系的重构，并以此来提升整体系统效率。马化腾在企业内部讲话时说，互联网在跨界进入其他领域的时候，思考的都是如何才能够将原来传统行业链条的利益分配模式打破，利用互联网工具和互联网思维，重新构建商业价值链。

8. 免费商业模式

互联网时代是一个"信息过剩"的时代，也是一个"注意力稀缺"的时代，怎样在无限的信息中获取有限的注意力，便成为互联网时代的核心命题。注意力稀缺导致众多互联网创业者开始想尽办法去争夺注意力资源，而互联网产品最重要的就是流量，有了流量才能够以此为基础构建自己的商业模式，所以互联网经济就是以吸引大众注意力为基础去创造价值，然后转化成盈利。很多互联网企业都是以免费、好的产品吸引到很多的用户，在此基础上再构建商业模式，比如360安全卫士、QQ用户等。互联网颠覆传统企业的常用打法就是在传统企业用来赚钱的领域免费，从而彻底把传统企业的客户群带走，继而转化成流量，然后再利用延伸价值链或增值服务来实现盈利。如果说有一种商业模式既可以统摄未来的市场，也可以挤垮当前的市场，那就是免费的模式 [20]。

9. O2O 商业模式

O2O 可理解为线上交易、线下体验消费的商业模式，主要包括两种场景：一种是从线上到线下，用户在线上购买或预订服务，再到线下商户实地享受服务，目前这种类型比较多；另一种是从线下到线上，用户通过线下实体店体验并选好商品，然后通过线上下单来购买商品。"1号店"联合董事长于刚认为 O2O 的核心价值是充分利用线上与线下渠道各自的优势，让顾客实现全渠道购物。线上的价值就是方便、随时随地，并且品类丰富，不受时间、空间和货架的限制。线下的价值在于商品看得见摸得着，即时可得。从这个角度看，O2O 应该把两个渠道的价值和优势无缝对接起来，让顾客觉得每个渠道都有价值。目前，O2O 模式已经蔓延到很多领域，比如商品销售、旅游、医疗、交通、生活服务等。

10. 长尾型商业模式

长尾概念由克里斯·安德森提出，这个概念描述了媒体行业从面向大量用户销售少数拳头产品，到销售庞大数量的利基产品的转变，虽然每种利基产品相对而言只产生小额销售量，但利基产品销售总额可以与传统面向大量用户销售少数拳头产品的销售模式媲美。通过 C2B 实现大规模个性化定制，核心是"多款少量"。所以长尾型商业模式需要低库存成本和强大的平台，并使得利基产品对于兴趣买家来说容易获得，例如 ZARA。

互联网时代非常适合长尾型商业模式的形成，各种在线资源平台将使用者、提供者、相关利益客户整合在一起，互联网对长尾型商业模式的推动源于如下原因：一是生产工具的大众化：不断降低的技术成本使得个人可以接触到就在几年前还昂贵得吓人的工具。如果有兴趣，任何人现在都可以录制唱片，拍摄小电影或设计简单的软件。在互联网时代，产品的制作变得比较容易。二是分销渠道的大众化：互联网使得数字化的内容分发成为商品且能以极低的库存、沟通成本和交易费用，为利基产品开拓新市场。三是连接供需双方的搜索成本不断下降：销售利基产品真正的挑战是找到感兴趣的潜在买家。现在强大的搜索和推荐引擎、用户评分和兴趣社区，已经让这些变得容易多了。

【课堂练习 7-4】你的商业模式属于哪一种类型？为什么？

7.1.4　成功商业模式的特征

1. 能提供独特价值

好的商业模式能给客户提供独特的价值，这个独特的价值可能是更低的价格、更好的产品、更优质的服务、更快的响应速度、更满意的体验等，一般往往是产品和服务独特性的组合。这种组合要么可以向客户提供额外的价值，要么使得客户能用更低的价格获得同样的利益，或者用同样的价格获得更多的利益。简而言之：人无我有、人有我优、人优我特。在个性化消费的时代，消费者的偏好多种多样，凡是能抓住消费者的需求、消除消费者的痛点与不便、给消费者带来更大心理满足的产品服务组合也就蕴含着独特的价值。

企业选择的战略会对它的商业模式及产品与服务价值产生很大影响。成本领先战略要求商业模式专注于效率、成本最小化、量化生产。由于专注于低成本而非舒适性，采用成本领先战略的企业不会过于注重产品的质量。相反，差异化战略要求企业生产独特的产品和服务，售卖更高的价格，获得更大的收益。通常，采用差异化战略的企业花费巨大的财力、物力用于创造品牌忠诚，即顾客对某个品牌产品的忠诚。还有基于时间的战略，需要企业对市场机会快速做出反应，节约运营时间，快速提供产品或服务，满足顾客在时间上的要求。

2. 难以被对手模仿

好的商业模式难以被对手完全模仿，从而达到竞争与生存的目标。形成行业进入壁垒可考虑以下两个方面。

首先是具有独特的技术或能力。这种产品或服务的独特性能提升顾客的可感知利益并且难以模仿。企业的核心竞争力在短期和长期内都很重要。在短期内，正是核心竞争力使得企业能够将自己差异化，并创造独特价值。从长期看，通过核心竞争力获得成长以及在互补性市场上建立优势地位也很重要。

其次是拥有关键的战略资源。战略资源是企业拥有的稀缺、有价值的要素，包括高素质员工、厂房、设备、地理位置、品牌、专利技术、顾客数据信息、独特的合作关系等。例如，星巴克花了很多时间来打造品牌形象，其他咖啡零售商要想获得同等的品牌认知需要付出更多精力和时间。再如，戴尔公司因其装配计算机的专业技术而具有差异化优势，但它却从英特尔公司购买芯片，而不是自己生产芯片。同样，戴尔公司依靠联合包裹服务公司和联邦快递公司递送产品，而不是自己建立一个遍布全球的物流系统。戴尔在制造芯片、产品运输方面形成的强大合作伙伴关系也就成为自己的战略资源。

3. 可长期稳定运营

好的商业模式能够让企业做到量入为出、收支平衡，进而实现长期稳定的运营。这个任务看似简单其实困难且复杂，有很多企业不清楚为什么客户看中自己企业的产品和服务，也不知道自己的盈利模式还能持续多久，更不了解企业经营过程中的关键环节与潜在风险。

企业经营的关键环节有三处：一是要有独特的产品或服务，这个环节前面也有论述，企业可将自己的产品和服务差异化，通过高水平的服务和支持向顾客提供附加价值。例如，送货和安装、财务安排、顾客培训、担保和维修、便利的经营时间、方便的停车场、通过免费电话和网站提供信息等。二是能够稳定提供这种独特的产品或服务，要保证这个环节的顺利进行，需要整合资源，协调供应商、中间商与企业自身的资源、技术与能力，在利益共享、风险共担的原则下有效提供顾客所需要的独特性，其中最重要的是成本的分配与核算。三是能够实现产品或服务的价值，简单来说就是通过销售实现价值，包括各种有效的营销推广措施，还有就是产品服务的定价策略。例如，有些商场向入住商户收取月租金，有些则按照商户销售金额收取租金。有的民营医疗机构按照提供服务的次数收费，而另一些则按整体打包收费。在某些情况下，企业还必须决定是直接向顾客收费还是通过中介收费。

【课堂练习 7-5】 分析某成功商业模式的三个特征。

■ **延伸阅读**

"盒马鲜生"火了，"新零售"成产业升级风向标

当前，实体零售与电子商务正在趋于融合，覆盖实体店、电商、移动端和社交媒体的全渠道零售体系正在孕育。业内人士认为，"新零售"模式正成为传统产业升级的风向标。

何为"新零售"？业内人士认为，"新零售"是指企业以互联网为依托，通过运用大数据、人工智能等先进技术手段，对商品的生产、流通与销售过程进行升级改造，进而重塑业态结构与生态圈，并对线上服务、线下体验以及现代物流进行深度融合的零售新模式。

"盒马鲜生"属于阿里"新零售"模式探索的先锋部队，为支付宝渗透线下零售业提供助力，并从"生鲜超市＋餐饮"新业态进行探索，提升与腾讯京东电商平台的竞争力。与传统连锁卖场、生鲜电商不同，"盒马鲜生"构建了"生鲜超市＋餐饮＋电商＋物流配送"的多业态融合体，成为新零售的典型代表和"试验田"。

在"盒马鲜生"，进店前需安装 App 成为会员，只接受 App 电子支付。水池里张牙舞爪的面包蟹、澳大利亚大龙虾吸引了顾客争相购买，生鲜旁边的"电子支付收银台"和"烹饪区"排了长长的队伍。"盒马鲜生"成为当前中国生鲜电商探索新零售的一种模式，而快速配送是其最大特点之一。事实上，除了"盒马鲜生"，永辉超市、京东到家、天天果园等也都在积极探索"新零售"形态。

随着以"80 后""90 后"群体的兴起，他们在购买商品时，越来越关注商品品质以及购物体验。而在这一方面，"新零售"的优势显而易见。近年来"无人超市"陆续在上海、深圳、杭州落地，"拿了就走"成为时髦购物体验。首次进店，将手掌放在店门口显示屏上，掌纹注册和支付方式绑定随即完成，店门自动开启。此后入店，直接刷手掌进门。选购完商品后，按一下开门键直接出门，所购商品自动扣款，无须任何结账环节。

在专家看来，"新零售"模式重视的是消费者体验问题，通过拓展"新零售"，线上线下融合，电商和实体零售企业打通全渠道、实现优势互补，从而为消费者提供更好的购物体验。然而，虽然"新零售"的前景被普遍看好，但也有专家指出，电商想要"重构"线下实体并不简单。传统的品牌商、经销商、渠道商一直到终端门店的线下供应链长期处于博弈状态，线上线下的"同款同价"还未真正形成，要真正实现"新零售"还需时日。

资料来源：引自 http://news.163.com/17/0725/12/CQ6LLCFQ00018AOQ.html，有删改。

7.2　设计商业模式

【创业名言】

商业模式就是一个企业如何赚钱的故事。与所有经典故事一样，商业模式的有效设

计和运行需要有人物、场景、动机、地点和情节。其中，最重要的是情节必须充分展示新产品或服务是如何为顾客带来了实惠和便利，同时又是如何为企业创造了利润。

——玛格丽特

创业 20 多年的磨炼对于我来说，拥有多少财富并不重要，重要的是，我拥有了创造这些财富的能力！假如我的所有财富都消失了，还可以从头再来。

——刘永好

企业发展就是要发展一批狼。狼有三大特性：一是敏锐的嗅觉；二是不屈不挠、奋不顾身的进攻精神；三是群体奋斗的意识。

—— 任正非

7.2.1　设计商业模式的思路

1. 明确利润来源

利润来源是指购买企业产品或服务的顾客群体，顾客是企业的衣食父母，顾客是企业利润的源泉。产品或服务满足不了顾客的需要，企业利润之源便会枯竭。企业对顾客及其需求的界定，决定了企业为谁服务、为谁创造价值，以及创造什么样的价值。顾客有主要顾客、辅助顾客、潜在顾客之分。企业首先面对的是主要顾客，主要顾客的满意会带来更多的辅助顾客与潜在顾客，主要顾客在未购买产品之前被称为目标顾客。

对于目标顾客，一是要有明确的界定，模糊的顾客往往是不稳定的；二是要有足够的规模，顾客群体的规模大小影响着企业的业务发展；三是企业要深刻认识和了解顾客群的需求和偏好。在界定与把握顾客时，还要注意用户与客户的区别，免费客户与收费客户的关系，当前客户与长期客户的联系，目标客户在企业的核心业务发生变化后的变化等问题。

2. 完善利润产品

利润产品是指企业用来获取利润、满足目标顾客需求的产品或服务。利润产品的组合特征或独特性决定了企业为顾客所创造的价值类型，以及企业的主要收入及其结构。

好的利润产品是顾客价值最大化与企业价值最大化的有机统一。它要求：一要清晰地把握目标顾客的需求和偏好；二要为目标顾客创造价值；三要为企业创造价值。如果企业的产品和服务或者没有针对性地满足顾客需求，或者没有产生利润，就不是好的利润点。但是客观来说，产品的完善也伴随着市场的发展，早期的互联网企业如搜狐、百度、腾讯等一开始并没有找到合适有效的盈利方式，随着产品的发展、市场的成熟、用户的成长它们才实现了盈利。

3. 打造利润支点

利润支点是指提供独特产品或服务所需要的企业内部运作价值链上的各个支点。这些支点包括人力资源、技术与装备、资本运作、组织与机制、生产运作、信息服务、材料供应与内部物流、成本核算等。这些支点决定了产品或服务是否能为企业带来价值和带来多少价值。这些支点构成的内部运作活动可以清楚界定企业内部运作的成本结构以及计划实现的利润目标。

把企业竞争优势不明显的内部价值链上的活动进行外包，是强化利润支点的一条有效途径。很多公司意识到在企业内部价值链的所有环节上都形成竞争优势是极其困难或者是不太可能的，也许在某个或某几个环节具有竞争优势才是力所能及的。应该把企业或产品定位在企业内部价值中的优势环节上，将非优势环节实行外包，从而使利润支点更加有力，如小米、苹果的生产外包。同样的产品，企业内部运作价值链的差异会导致不同的利润支点，产品的成本与收益也会不同。有的企业可能赚钱，有的企业可能亏损。这足以说明，利润支点决定了企业利润的多寡。

4.疏通利润渠道

利润渠道即企业获取价值、创造价值、实现价值的渠道。其中创造价值是指企业内部价值链，获取价值与实现价值涉及的是企业外部价值链。获取价值的活动包括采购供应与资源消耗，指企业向供应商购买并获取创造价值所需要的初始价值如原材料、零部件、水电气、工厂土地使用权等。实现价值的活动包括向顾客供应产品、传播产品信息、维护并发展客户关系。疏通利润渠道既涉及企业外部资源的获取活动又包括企业把产品和服务传递给目标客户的分销与传播活动，其重点是加快产品或服务的价值传递与企业的资本周转，让目标客户了解公司的产品或服务，从而产生购买行为。

5.建立利润屏障

利润屏障是指企业为防止竞争者掠夺本企业的目标客户，保护利润不流失而采取的战略控制手段。利润支点是保证"奶酪"为我所有，利润屏障是保护"奶酪"不为他人所动。比较有效的利润屏障或措施主要有：拥有核心技术、建立行业标准、控制生产价值链、巩固行业领先地位、独特的企业文化、良好的客户关系、强大的品牌价值、受保护的版权或专利技术等 [3]266-267。

总而言之，创业面对的是一种不确定性的未来行动，而市场信息也不可能全部掌握，因此没有一个商业模式能确保产生利润。在设计与执行商业模式时，企业一定要随环境变动，保持高度的弹性，及时调整并创新自己的商业模式。

【课堂练习 7-6】结合你的项目，阐述商业模式的设计思路。

📥 延伸阅读

商业模式画布：一个分析商业模式的有效工具

设计商业模式的方法有很多，比较常用的是商业模式画布。商业模式画布是一种关于企业商业模式的思想，具有直观、简单、可操作性强的特点。在创业过程中，商业模式画布起到健全商业模式、商业模式可视化及寻找已有商业模式漏洞的作用，在项目运作前常通过头脑风暴避免错误，减少失败决策带来的损失。

商业模式画布按照一定的顺序被分成九个方格，其内容如下。

（1）客户细分（Customer Segments）：你的目标用户群，一个或多个集合。（需要思考：我们正在为谁创造价值？谁是我们最重要的客户？）

（2）价值主张（Value Propositions）：客户需要的产品或服务，商业上的痛点。（需要思考：我们该向客户传递什么样的价值？我们正在帮助客户解决哪一类难题？我们正在满足哪些客户的需求？我们正在提供给客户细分群体哪些系列的产品和服务？）

（3）渠道通路（Channels）：你和客户如何产生联系，不管是你找到他们还是他们找到你，比如实体店、网店、中介。（需要思考：通过哪些渠道可以接触我们的客户细分群体？我们现在如何接触他们？我们的渠道如何整合？哪些渠道最有效？哪些渠道成本效益最好？如何把我们的渠道与客户的例行程序进行整合？）

（4）客户关系（Customer Relationships）：客户接触到你的产品后，你们之间应建立怎样的关系，如一锤子买卖抑或长期合作。（需要思考：我们每个客户细分群体希望我们与之建立和保持何种关系？哪些关系我们已经建立了？这些关系成本如何？如何把它们与商业模式的其余部分进行整合？）

（5）收入来源（Revenue Streams）：你怎样从你提供的产品服务中取得收益。（需要思考：什么样的价值能让客户愿意付费？他们现在付费买什么？他们是如何支付费用的？他们更愿意如何支付费用？每个收入来源占总收入的比例是多少？）

（6）核心资源（Key Resources）：为了提供并销售这些价值，你必须拥有的资源，如资金、技术、人才。（需要思考：我们的价值主张需要什么样的核心资源？我们的渠道通路需要什么样的核心资源？我们的客户关系呢？收入来源呢？）

（7）关键业务（Key Activities）：商业运作中必须从事的具体业务。（需要思考：我们的价值主张需要哪些关键业务？我们的渠道通路需要哪些关键业务？我们的客户关系呢？收入来源呢？）

（8）重要伙伴（Key Partnerships）：哪些人或机构可以给予战略支持。（需要思考：谁是我们的重要伙伴？谁是我们的重要供应商？我们正在从伙伴那里获取哪些核心资源？合作伙伴都执行哪些关键业务？）

（9）成本结构（Cost Structure）：你需要在哪些方面付出成本。（需要思考：什么是我们商业模式中最重要的固有成本？哪些核心资源花费最多？哪些关键业务花费最多？）

同学们可以按照图7-1的顺序依次在九个板块里填写内容——最好是以便签的形式，每张纸上只写一个点，直到每个板块拥有大量可选答案。然后，摘掉不好的便签，留下最好的那些便签，最后按照顺序让这些便签上的内容互相产生联系，就能形成一套或多套商业模式。

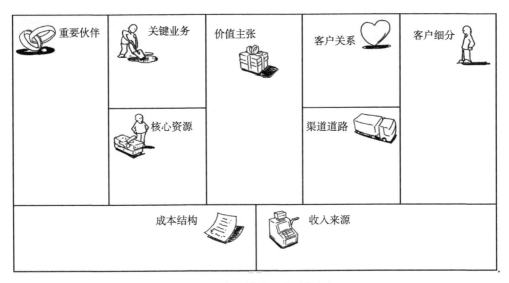

图 7-1　商业模式画布（模版）

资料来源：引自 http://www.besoo.com/jingying/show-16150.html，有删改。

7.2.2　商业模式的检验

成功的商业模式一定是一种有效的盈利模式。商业模式必须能经受逻辑检验、条件检验和盈利检验。

1. 逻辑检验

逻辑检验，即从直觉的角度考虑商业模式的合理性与逻辑性，企业的运营流程与盈利模式在道理上是否说得通。判断一个商业模式是否符合逻辑，重点从以下几个方面进行检验。

一是产品与服务的独特性程度。这牵涉到企业核心竞争力的强弱，有时经营者对自己的产品与服务的判断会失真不可信，导致盲目相信自己产品的优势，忽略自己产品的不足，这种情况经常发生在产品的研发与投产上市阶段。如果企业处理不好，则会前功尽弃。

二是产品与服务是不是顾客真正需要的，或者说顾客价值是否实现了最大化，产品是否解决了顾客存在的问题。有些优质的产品叫好不叫座，或者说是有价无市，究其原因或许功能与定位有问题，或许营销有问题，或许定价有问题。

三是企业有没有能力提供特定的产品与服务。企业自己的技术、设备、人才等资源以及外部合作方的资源是否能支持产品与服务的顺利提供，要考虑数量、质量与速度等各方面的因素。

四是成本与收益的预估。企业要对提供产品和服务的投入或成本进行预先粗略测算，对可能的收入来源及多少进行预先粗略测算，将主要不确定因素考虑进去，要留出一定的、可以回旋的利润空间。

通过分析以上商业模式的基本逻辑是否符合常识，以及商业模式的潜在优势和限制因素，企业可以判断出自己的商业模式逻辑是否顺畅。

2. 条件检验

任何商业模式都隐含有一组假设条件，如经营环境的延续性、市场和需求属性在某个时期的相对稳定性以及竞争态势等，这些条件构成了商业模式存在的合理性。条件检验是通过分析、评估商业模式赖以成立的前提，从而达到分析、评估商业模式本身的目的。

条件检验的出发点是，每个商业模式的实施都是以前提假设作为先决条件的，商业模式是否可行、是否有效益，关键在于前提假设条件是否成立。如果前提假设条件发生变化，那么商业模式是否还能成立或者说还需要再进行调整，就需要重新考虑。

具体来说，就是先寻找、挖掘出我们决策、思考时的"假设与前提"，然后探讨假设与前提是否正确，如果能够推翻传统决策时的"假设与前提"或者是行业竞争对手都认为的"假前提"，那么，创新的可能就出现了。

如果假设"咖啡厅是让人来休闲的"，那么就不会有能够挑战星巴克咖啡的其他咖啡了。如果假设"面包就是为了填饱肚子的食品"，那么就不会有"面包新语"了。每年到了情人节，情人们都去"面包新语"吃面包，作为情人节的活动之一，面包不仅是面包，而是一种时尚的文化。

假设前提分析法的优点表现为以下几方面：首先，讨论商业模式的前提可以排除设计者的偏见和干扰，使谈论者都能比较客观地分析问题，拆掉具体问题的束缚，增加方案的可信性和可靠性；其次，只讨论假设条件，能够比较容易集中正确的意见，保证商业模式的合理性和可行性；最后，通过前提分析可以对商业模式的论据了解得更深刻，使商业模式选择更有把握，从而减少失误[4]140-142。

3. 盈利检验

盈利检验，即检验商业模式能否赚钱、达到怎样的规模才能赚钱以及赚多少钱。

商业模式的盈利性是创业能否成功的关键条件。需要对市场的规模和销售量、消费者的消费行为和心理、可执行的成本与价格、竞争者的战略和行动进行分析和假设，估计出关于投资、成本、收入、利润等量化的数据，评价经济可行性。收入来源形式有单一的收入、多种相互独立的收入、多种相互依存的收入，具体收入模式包括会员费、基于使用量的收费、基于广告的收入、授权费、交易佣金等。成本构成主要包括固定成本、可变成本和非再生成本等，以及成本结构分析，投资者可以用累积现金流图来分析，投资额分析的内容主要包括创业可能需要的最大投资额、企业何时能够实现盈亏平衡、何时能够收回所有投资。

对影响创业成败的关键要素的研究可以借助敏感性分析。当企业测算出的损益达不到要求时，则该商业模式不能通过盈利检验。

【课堂练习 7-7】试用以上检验方法对你的创业项目进行检验。

7.2.3　商业模式的评价

1. 商业模式的适用性

适用性也可以称为个性，是商业模式的首要前提。由于企业本身的差异、市场环境的不可预测性，因而商业模式必须强调自身的独特性。这种独特性体现在它如何为自己的企业赢得客户、吸引投资者和创造利润。严格地说，一个商业模式应该只适用于自己的企业，不能照搬其他企业的商业模式。商业模式没有好坏之分，只有是否适用之分。适用的就是好的，适用较长久的就是最好的。

2. 商业模式的新颖性

新颖性是指相比原有的商业模式是否引入新内容、改变运营结构或改善治理等。比如，加入原来没有的相关联的新参与者，以新的方式连接交易主体，设计新的交易机制。360 杀毒软件的免费模式，颠覆了传统的收费服务模式；共享单车的自行车公车租赁模式改变了传统的自行车私车自用模式。

3. 商业模式的锁定性

锁定性用来分析商业模式的动态持续性，是指一种能够提高转换成本或保留参与者的结构设计，即其增强了资产专用性，或增加了转换成本，或提高了激励，从而促进参与者继续留在交易活动体系内。比如通信公司销售的低价定制手机，一旦顾客购买该款手机，必须按约定的套餐缴费，从而创建一个"锁定"，促使通信公司从中获利 [14]182。

4. 商业模式的效率性

效率性是指商业模式各要素之间相互依赖进而降低成本并提高效率。企业构建为自己带来效益的商业模式，同时交易活动的利益相关者之间因为相互依赖的活动也产生了价值增值效应。高效的商业模式中的各个利益相关者或各个环节要互相支撑和促进，改变其中某个部分就可能变成另外一种模式，甚至可能影响它的效率性。

延伸阅读

围绕七个问题评估你的项目

同学们可通过以下七个问题，分析评估创业项目商业模式存在的问题与风险，并在此基础上进行商业模式的完善，这七个问题如下。

问题一：客户的"转移成本"有多高

"转移成本"是指客户从一个产品（或服务）转移到另一个产品（或服务）所需的时

间、精力或者金钱。"转移成本"越高，客户就越忠实于某项产品（或服务），不会轻易离开去选择竞争对手的服务。

将"转移成本"融入商业模式中一个很成功的例子是苹果的 iPod 产品。这是一个专注于存储的产品创新，也是一个商业模式策略，让消费者将音乐拷贝进 iTunes 和 iPod 里，这种方式会让用户一旦用了这个产品很难再用其他竞争对手的数字音乐播放器。仅仅是用户的这一点选择偏好，就为苹果后来强大的音乐中心和创新打下了坚实基础。

问题二：商业模式的扩展性怎样

扩展性是指在没有增加基本成本的情况下，能很容易地拓展商业模式，赢得利润。基于软件和互联网的商业模式比基于砖头和水泥的商业模式有天然的扩展性。

问题三：能否产生可循环的经济价值

循环价值有两个主要优势：第一，对于重复销售，成本只产生一次；第二，可以有更多更好的想法来构想未来怎样赚更多的钱。

还有另外一种循环价值形式：从之前的销售中获取增值收入。比如，人们买一个打印机，需要持续购买墨盒，或者人们购买一个苹果手机，苹果在从硬件销售中赚得利润的同时，还可以获得来自内容和 App 的稳定增长收益。

问题四：是否可以在你投入之前就赚钱

毫无疑问，每个创业者都希望在投入之前就获得收入。

戴尔就把这种模式运用到电脑硬件设备制造的市场上。通过直销建立的装配订单，避免了硬件市场可怕的库存积压成本。戴尔取得的成功充分显示了其在投入之前就具有赚钱的力量。

问题五：怎么样让用户为你工作

这可能是商业模式设计上最具有杀伤力的武器。如宜家就让顾客自己组装在店里购买的家具；Facebook 让顾客上传照片、参加对话以及"喜欢"某样东西，这正是 Facebook 的真正价值——公司只提供平台，内容全部由用户创造，而公司却挣得天文数字般的利润。

问题六：是否具有高壁垒，以防止竞争对手模仿

一个优秀的商业模式不仅能够为顾客提供优秀的产品，还可以使企业保持长期的竞争优势。

苹果的主要竞争优势来自其商业模式而不是单纯的产品创新。对三星来说，模仿苹果的产品比建一个像苹果那样的应用商店生态系统要容易得多。所以，三星无论产品做得多么好，它仍然很难撼动苹果的地位。

问题七：是否建立在改变成本结构的基础上

降低成本是创业者的长期追求，有的商业模式不仅可以降低成本，更能够创造出一个与以往完全不同的成本结构。

比如，巴帝电信——印度最大的移动运营商，一直在通过摆脱网络和 IT 束缚的方式来完善它的成本结构。该公司通过与网络装备制造商爱立信和 IBM 合作，通过购买宽带

容量来降低成本。如今，巴帝电信已经能够提供全球价格最低的移动电话服务。

当然，没有一个商业模式设计能一一对应以上七个问题并且得到完美的 10 分，即使是这样，有的模式也能够在市场上获取成功。对创业者而言，时刻用这七个问题提醒自己，有助于企业保持长久的竞争力。

资料来源：根据"奥斯特瓦尔德.七问商业模式的稳固性 [J].谢康利，译.商界（评论），2013（3）：110-111."，有删改。

7.3 商业模式创新

【创业名言】

价格与产出的竞争并不重要，重要的是来自新商业、新技术、新供应源和新的公司商业模式的竞争。

——约瑟夫·熊彼特

相对于商业模式而言，高技术反倒是其次的。在经营企业的过程中，商业模式比高技术更重要，因为前者是企业能够立足的先决条件。

——迈克尔·邓恩

思路决定出路，布局决定结局。

——牛根生

创业就应该做一件天塌下来都能够赚钱的事情。如果 10% 的利润是合理的，11% 的利润是可以的，那我只拿 9%。

——李嘉诚

7.3.1 商业模式创新的定义与特点

1. 商业模式创新的定义

商业模式创新作为一种新的创新形态，其重要性已经不亚于技术创新。近几年，商业模式创新在我国商业界也成为流行词汇。商业模式创新是改变企业价值创造的基本逻辑以提升顾客价值和企业竞争力的活动。它既可能包括多个商业模式构成要素的变化，也可能包括要素间关系或者动力机制的变化[21]。通俗地讲，商业模式创新就是指企业如何以更新颖的、更有效的方式赚钱。

2. 商业模式创新的特点

创新的概念可追溯到熊彼特，他提出，创新是指把一种新的生产要素和生产条件的"新结合"引入生产体系。创新具体有 5 种形态：开发出新产品、推出新的生产方法、开辟新市场、获得新原料来源、采用新的产业组织形态。相对于这些传统的创新类型，商业模式创新具有以下三个明显的特点。

（1）注重客户价值。商业模式创新更注重从客户的角度、从根本上思考和设计企业的行为，视角更为外向和开放，更多地注重和涉及企业经济方面的因素。商业模式创新的出发点是，如何从根本上为客户创造增加的价值。因此，它逻辑思考的起点是客户需求，根据客户需求考虑如何有效地满足它，这一点明显不同于许多技术创新。一种技术可能有多种用途，从技术创新的视角出发，人们常就技术特性与功能方面，看它能用来干什么，去找它潜在的市场用途。商业模式创新即使涉及技术，也多是与技术所蕴含的经济价值及经济可行性有关，而不是纯粹的技术特性。亚马逊卖的书和其他零售书店没什么不同，但它卖的方式全然不同。西南航空提供的也是航空服务，但它提供的方式也不同于已有的全服务航空公司。

（2）涉及多个要素。商业模式创新表现得更为系统和根本，它不是单一因素的变化，它常常涉及商业模式的多个要素同时发生大的变化，需要企业做出较大的战略调整，是一种集成创新。商业模式创新往往伴随产品、工艺或者组织的创新，反之则未必足以构成商业模式创新。如开发出新产品或者新的生产工艺，就是通常认为的技术创新。技术创新通常是对有形实物产品的生产来说的，但如今是以服务为主导的时代，对传统制造企业来说，服务也远比以前重要。因此，商业模式创新也常体现为服务创新，表现为服务内容、方式及组织形态等多方面的创新变化。亚马逊相比传统书店，其产品选择范围广、通过网络销售、仓库配货运送等。西南航空也在多方面不同于其他航空公司，如提供点对点基本航空服务、不设头等舱、只使用一种机型、利用不拥挤的机场等。

（3）提升企业绩效。从绩效表现看，商业模式创新如果提供全新的产品或服务，那么它可能开创一个全新的可盈利产业领域，即便提供已有的产品或服务，也能给企业带来更持久的盈利能力与更大的竞争优势。传统的创新形态能带来企业局部效率的提高、成本降低，而且它容易被其他企业在较短时期模仿。商业模式创新虽然也表现为企业效率提高、成本降低，由于它更为系统和根本，涉及多个要素的同时变化，因此它就很难被竞争者模仿，常给企业带来战略性的竞争优势，而且优势可以持续数年。亚马逊在一些传统绩效指标方面良好的表现，也表明了其商业模式的优势，如短短几年就成为世界上最大的书店。数倍于竞争对手的存货周转速度给它带来了独特的优势，消费者购物用信用卡支付时，通常在 24 小时内到账，而亚马逊付给供货商的时间通常是收货后的 45天，这意味它可以利用客户的钱长达一个半月。西南航空公司的利润率连续多年高于其全服务模式的同行。如今，美国、欧洲、加拿大等国内中短途民用航空的一半市场，已逐步被像西南航空那样采用低成本商业模式的航空公司占据。

7.3.2 商业模式创新的四种思路

商业模式创新意味着企业发掘出新的市场需求、创造出新的消费群体、开发出新的产品或提供新的服务、创造出新的盈利模式。评价商业模式创新，从根本上是要看企业的核心竞争能力、资源掌控能力和持续盈利能力是否得到显著提升。根据商业模式创新的逻辑思路，我们可以通过内外部价值链条或价值要素的点、线、面、体的突破或组合来实现商业模式创新。

1. 要素创新：点的突破

要素创新指价值链条上一个或几个价值要素的创新，包括增加新要素或者在要素间实现新的组合。奥斯特瓦德（2004，2007）指出，在商业模式这一价值体系中，企业可以通过改变价值主张、目标客户、分销渠道、顾客关系、关键活动、关键资源、伙伴承诺、收入流和成本结构等因素来激发商业模式创新。也就是说，企业经营的每个环节的创新都有可能成为一个成功的商业模式。通过增加新要素或形成要素间新的组合结构关系，改善内部基础价值链或外部合作网络，就可以设计出很多新的商业模式。

（1）改变收入模式。腾讯创业之初，市场上同类型的即时通信产品有数十款，技术含量不高、准入门槛低、竞争激烈。由于腾讯根本无法向用户收费，因此价值获取要素的缺失让其找不到盈利之门，生存难以为继。2000 年 12 月，中国移动推出的"移动梦网"为 IT 行业提供了历史机遇，已经拥有庞大用户基数的腾讯，迅速与运营商达成协议，独家提供手机上的即时聊天服务，解决了价值获取方式问题，实现了业务快速增长。

（2）改变关键活动。丰田以最终用户需求为起点的精益生产模式，改变了 20 世纪 70 年代以制造商为起点的商业模式，通过有效的成本管理模式创新，大大提高了企业的经营管理效率。小米手机、凡客诚品以轻资产、强设计、重营销的商业模式崛起，避开微笑曲线下方低附加值区域的生产制造环节，实现了弯道超车的快速发展。

（3）改善分销渠道。远大集团以收电费的方式销售空调：解决销售难题并不一定要更换或者培训销售团队，也许需要的是重新设计企业的商业模式。领先的技术总是昂贵的，技术创新固然值得敬佩，但是能够把昂贵的好技术卖出去的商业模式创新更值得喝彩。

（4）改变价值主张。美国西南航空公司抓住了那些大航空公司热衷于远程航运而对短程航运不屑一顾的市场空隙，只在美国的中等城市和各大城市的次要机场之间提供短程、廉价的点对点空运服务，最终发展成为美国四大航空公司之一。王老吉创新性地将自己的产品定位于"饮料 + 药饮"这一市场空隙，为广大顾客提供可以"防上火"的饮料，正是这种不同于以往饮料行业只在产品口味上不断创新的竞争模式，最终使王老吉成为"中国饮料第一罐"。

2. 价值链创新：线的重构

价值链创新指对企业价值链延长或缩短，或者通过拆分重构价值链。一个完整的产业价值链包括原材料供应、研发、生产、制造、销售等环节，如果考虑到横向的合作伙伴或者相邻产业链，则企业的利益相关者就更多了。这些利益相关者之间存在利益竞争、利益共享或者风险共担等关系，充分分析这些关系，或可以为商业模式创新提供突破的机会。

（1）价值链的延长。价值链的延长指沿着价值链向上游或下游整合资源，如通过前向一体化、后向一体化实现上下游伙伴的战略合作。比亚迪一直是中国的电池大王，后来由于电池行业遭遇天花板，比亚迪于2003年进军汽车行业。当时兴起的"外行造车"热潮，淹没了无数知名企业，比亚迪是唯一的幸存者，至2009年，比亚迪已经与奇瑞、吉利三足鼎立，并且获得了股神巴菲特的青睐，巴菲特投资其电动车产业，大有后来居上之势。另一个典型的例子是百丽，其不仅是鞋业巨头，更向经销商转型，从上游产业延伸到下游产业，纵向打通产业链。

（2）价值链的缩短。价值链的缩短指对企业基础性价值活动进行分拆、剥离、外包，使企业价值链缩短，减少价值活动，只保留那些具有核心竞争力且难以被模仿的价值活动，并在此基础上对利益相关者尤其是伙伴关系进行重新整合，形成有效的价值网络，以大大提升企业的核心竞争力；此模式的例子可参照前文"轻资产模式"的相关段落。

（3）价值链的重构。价值链的重构指延展与缩短相结合的价值链重构方式，如谷歌在意识到大众对信息的获得已从桌面平台向移动平台转移，自身仅作为桌面平台搜索引擎会逐渐丧失竞争力时，就实施垂直整合，大手笔收购摩托罗拉手机和安卓移动平台操作系统，进入移动平台领域，从而改变了自己在产业链中的位置及商业模式，由软变硬。IBM也是如此，它在20世纪90年代初期意识到个人电脑产业无利可寻，即出售此业务，并进入IT服务和咨询业，同时扩展它的软件部门，一举改变了它在产业链中的位置和它原有的商业模式，由硬变软。甲骨文、礼来、香港利丰和即将推出智能手机的Facebook等都是采取这种思路进行商业模式创新的。

3. 跨行业创新：面的融合

跨行业创新指不同产业价值链间的交叉、融合与整合重构引发的商业模式创新。商业模式创新需要打破传统的企业、行业边界，吸收外部资源参与创新活动，以客户为中心，以合作共赢的理念来建立各种价值网络。

跨行业创新的思路包括三种情况：一是传统商业模式与新型商业模式融合；二是以客户为中心的服务内容的多元化；三是跨国或跨地区形成强强联盟，实现优势互补。不论哪种模式都形成了价值网，达到了面的融合效果。

（1）新旧产业融合的商业模式。奉行此种商业模式的我国企业，大多集中在新式服务行业，其特点是用新的技术与新的运营方式，改变传统行业的运作模式，形成一种新兴产业与传统产业结合的模式。最典型的如芒果网、携程网等，芒果网通过整合航空公司、银行、酒店等资源使自身迥异于行业领先者。跨行业整合资源必然会突破行业既有的限制与竞争规则，改变行业和企业价值链的构成，这就在商业模式上同竞争对手形成了差异性。

（2）产业链横向跨国拓展。借助全球化的资源与技术，云南白药与德国拜耳斯多夫、爱尔兰 Alltracel 制药公司合作，开发出"白药创可贴"，借助国际医药巨头的力量，改变了白药的功用，完成产品与商业模式的双重创新，其后，云南白药在创可贴市场击败全球头号创可贴巨头强生，实现了"以强制强"的战略目标。无独有偶，秦川通过并购控制了美国 UAI，掌握了机床方面的全球先进技术，其海外市场得到迅速发展。此外，TCL 之于汤姆逊、明基之于西门子、联想之于 IBM，其实都是这种模式。

（3）基于客户的服务内容多元化。例如，花样年的物业管理奇招。深圳市花样年物业管理有限公司的主要盈利不再是传统的安保与卫生服务费，而是来自"社区网络服务项目收费"，包括代业主购物、购买充值卡、送桶装水、订送牛奶，甚至旅游服务、加油卡、百货公司消费储值卡、社区电信储值卡推广等诸多服务产品。诸如此类的增值服务多达 100 多项。在花样年自己管理的社区中拓展商业服务具有很多优越条件，既能保质保量，又可以节约成本、增加收入。花样年的商业模式实际上已经突破了物业管理这个边界，反而更像是国家收税的模式。这种"区域消费管理者"的新角色由于嫁接了其他行业的商业模式，其创新显得很有颠覆性。

4. 综合式创新：体的创造

综合式创新是指在更大范围内、更深层次上，对企业内外部价值链的点、线、面进行整合的创新思路。体的创造意味着创造新企业物种，更为激进的是根本不考虑所在行业，而是将企业看成商业生态圈的一个物种。为了适应环境或者更好地成长，科学家会改变生物的基因，或者通过杂交等手段创造新的物种。企业也是同样的道理，如果创造出来一个全新的物种，则跟任何竞争对手都有结构化差异性，一举赢得竞争优势或未可知。

例如，狗民网的四不像。狗民网凭借自身的超人气网络社区和上游供货合作商网络，构建了一个以用户社区、互动营销、电子商务、线下控股加盟店为协作网络的宠物伴侣一体化服务方案运营机制。在线上，狗民网以销售食品、药品、服装等产品为主；在线下，主要以特许加盟为主，主要提供诊所、美容、洗浴等宠物服务，形成了线上积聚忠诚目标用户，线下以低成本供货、高质量加盟店为基础，线上与线下交易相结合的商业模式。通过对上游产品供应商、物流公司、广告需求商、目标用户的资源整合，为顾客、生产商、广告需求商提供一体化的专业服务并创造附加价值而获取利润。

还有比较典型的是美的近几年的扩张，美的通过并购荣事达、小天鹅等，在冰箱、洗衣机等领域，完成了产业布局，目前其冰箱和洗衣机均进入行业前三名，并购相当成功。同时，美的也通过跨行业并购，实现了跨越式发展，在大家电领域，成功地从空调制造商转型为综合性的制造商，为美的跃升为中国家电行业的第二大品牌打下了根基。

此外，百度、阿里巴巴与腾讯（BAT）等互联网巨无霸企业，在一些具有发展潜力的竞争性领域，不断进行大规模、跨越式并购，给这些行业巨头带来了很多新的发展机会，使 BAT 们逐渐形成立体化发展的企业巨舰 [2]161。

【**课堂练习 7-8**】请思考你的创业项目商业模式创新的方向。

延伸阅读

10 种创新的商业模式案例

1. 大疆：消费级无人机市场的霸主

深圳市大疆创新科技有限公司是全球领先的无人飞行器控制系统及无人机解决方案的研发和生产商，客户遍布全球 100 多个国家。它占据全球 70% 的无人机市场份额。无人机以前主要应用在军事方面，而大疆是第一个将无人机应用在商业领域并获得成功的企业。大疆无人机如今已被应用在农业、记者报道等方面，是可以"飞行的照相机"。

点评： 这家公司将目标受众从业余爱好者变成主流用户，而且它在这一过程中还能占据市场的主导地位，这种成功的案例在科技行业发展史上实属罕见。

2. 滴滴巴士：定制公共交通

继快车、顺风车之后，滴滴出行旗下巴士业务滴滴巴士也已上线。目前滴滴巴士已经在北京和深圳拥有 700 多辆大巴、1 000 多个班次。滴滴巴士是第一个尝试将巴士进行多场景应用的定制巴士。滴滴巴士是关于定制化出行的城市通勤定制服务。它根据大数据测算并推出城市出行新线路。滴滴巴士还将巴士进行多场景应用（比如旅游线路定制、商务线路定制等），有效扩展了巴士出行的场景。

点评： 城市通勤定制服务出现的时间并不长，却发展很快。它是关于定制化出行的一种初步尝试。事实上，做定制服务的门槛其实是极高的，而滴滴巴士母公司滴滴出行的互联网技术和用户基础为其创造了有利条件。

3. 百度度秘：表面上它陪你聊天，其实你为它消费

度秘是百度全新推出的、为用户提供秘书化搜索服务的机器人助理。度秘将人工智能带到了可以广泛使用的场景中，是百度强大的搜索技术和人工智能的完美结合体，可以用机器不断学习和替代人的行为。

点评： 提起百度就是竞价排名，如今度秘终于可以升级这个原始的广告模式了。百度推出的度秘是聊天机器人＋搜索引擎＋垂直类 O2O 的整合型产品。它把现在互联网最热、最精尖的技术全集合在了一起，将生态完善化繁为简，满足了"懒人"夙愿。

4. 人人车："九死一生"的 C2C 坚挺地活了下来

人人车是用 C2C 的方式来卖二手车，为个人车主和买家提供诚信、专业、便捷、有保障的优质二手车交易。它首创了二手车 C2C 虚拟寄售模式，直接对接个人车主和买家，砍掉中间环节。该平台仅上线车龄为 6 年且在 10 万公里内的无事故个人二手车，卖家可以将爱车卖到公道价，买家可以买到经专业评估师检测的真实车况的放心车。

点评： C2C 虚拟寄售的模式被描述为"九死一生"是因为：第一，二手车属非标品；第二，卖家和买家两端的需求是对立的；第三，国内一直缺乏第三方中立的车辆评估，鱼龙混杂。因此二手车 C2C 交易困难重重、想法大胆又天真。人人车不被看好却能逃过

"C 轮死"的魔咒，是因为其省去所有中间环节，将利润返还给消费者。

5. e 袋洗：力图用一袋衣服撬动一个生态

e 袋洗是由 20 余年洗衣历程的荣昌转型而来的 O2O 品牌，采取众包业务模式，以社区为单位进行线下物流团队建设，即在每个社区招聘本社区中 40 ～ 60 岁的人员作为物流取送人员。e 袋洗是第一个以洗衣为切入点进入整个家政领域的平台。e 袋洗的顾客主要是 80 后，洗衣按袋计费：99 元按袋洗，装多少洗多少。e 袋洗致力于将幸福感作为商业模式的核心和主导，推出新品小 e 管家，通过邻里互助去解决用户需求，满足居民幸福感。小 e 管家在小 e 管洗、小 e 管饭的基础上，计划推出小 e 管接送小孩、小 e 管养老等服务，以单品带动平台，从垂直生活服务平台转向社区生活共享服务平台，以保证 C2C 两端供给充足。

点评：e 袋洗在搭建成熟的共享经济平台后，不断延伸出更多的家庭服务生态链环节，打造一种邻里互动服务的共享经济生态圈。集合社会上已有的线下资源，通过移动互联网实现标准化、品质化转变，帮助人们在生活中获得更便利、个性的服务。

6. 众享网：全球首个多维共享增值服务平台

众享网是一个基于最新的移动互联网科技，颠覆传统商业模式和消费模式的创新型增值服务平台，涵盖 O2O 与 F2C 两大业务板块、结合独特的会员制体系，旨在通过线上和线下资源的高效整合与流通，为平台使用者带来便捷、高品质的生活消费体验与长期、稳定、高附加值的复合增值服务。它以众享网 App 和网上商城、线下体验中心为载体，采用独创的"O2O + F2C + 会员制"模式，为全行业的厂家、商家及消费者打造一个多维共享的增值服务平台。

众享网采用的"O2O + F2C + 会员制"模式，与单纯的 O2O 模式或单纯的 F2C 模式有明显的区别，更具整合性与黏性。通过对资源的高度整合，众享网能为消费者提供涵盖吃穿住行、教育、医疗、养老等所有生活所需的一切产品和服务。众享网的会员制，是通过将商家的返佣重新分配，二次返利给商家和消费者，这更是将消费者的短期利益与长久增值有机结合起来：会员不仅可以享受折扣优惠，还能获得额外的积分返点。众享网平台更是可以根据积分，为会员进行股权投资，可帮会员缴纳医疗补充险，解决医疗难的问题。

点评：什么是互联网 + ？什么是供给侧改革？众享网用它的创新模式给出了答案。如今互联网变得无孔不入，单纯的 O2O 与 F2C 都已显得过于局限，唯有跨界的高度整合与共享，才是真正的大格局、大利益。更了不起的是，众享网倡导厂家、商家和消费者通过分享自有产品、服务和信息等，实现资源的共享和增值，构建一个基于"资源共享、消费增值"的良性经济循环系统，将短期利益与长久增值巧妙地结合起来，这才是真正的可持续发展，这才是真正的绿色未来！

7. 干净么：餐饮界的 360，免费还杀毒

干净么是一个互联网餐饮安全卫生监管平台，基于移动互联网并连接各个环节、各个部门的第三方卫生监管平台，通过与政府、媒体、商家、用户等多方互动来进行监

管。目前在干净么的 App 上有几百万条数据，15 万家餐厅的食品安全等级评价。

干净么是第一家利用互联网思维来做食品安全的第三方平台，不仅对餐饮商家进行测评、监管，还包含学校、幼儿园、单位食堂等在内，用户可以查阅自己感兴趣商家的卫生安全等级，从而判断是否就餐。

点评："干净么"就好比餐饮界的 360，免费还杀毒，目标就是使餐饮行业进入良性竞争循环。食品安全需要社会共治，干净么就是连接政府、媒体和消费者的一个纽带。

8. 很久以前：不久的将来给小费将成为常态

很久以前是北京簋街一家烧烤店，店内推出的打赏制度被各大餐饮集团引用。它是第一家将餐厅给小费的形式进行互联网思维改良的餐厅。它的打赏制度是：打赏金额为4 元，打赏人是到店里用餐的顾客，被打赏人是前厅员工，包括服务员、传菜工、保洁人员、炭火工。它的打赏规则是：①前厅员工可以向顾客介绍打赏活动，但只能提一次；②前厅员工不能向顾客主动索取打赏。它的展现形式是：店内、餐桌展示牌及员工胸牌上印有活动内容——"请打赏：如果对我的服务满意"，吸引顾客眼光。

点评：可别小看了打赏这个小制度，已经有很多餐饮连锁巨头开始使用这种制度了。4 元钱顾客买不了吃亏、买不了上当，却买了一个好的服务，也给服务员多一个收入途径。你别觉得少，积少成多可是大大提升了服务员的积极性。

9. 多点（Dmall）：不是多点少点的问题而是快点

多点是一个以超市为切入口的 O2O 生活服务平台，将日常生活消费和生鲜产品作为突破口。多点的创新点与京东到家、天猫超市等截然不同。它与商超之间完成系统上的对接：可以通过深度整合的系统动态地获取商超库存价格等重要数据，同时多点通过数据分析及供应链控制能力，将 C2B 模式引入商超可以解决其生鲜进销问题。另外，多点自建物流，有自己的配送员。在用户下单后，多点会和合作商家一起分拣货物，然后送货上门。

点评：用户从下单到收货，全程所花时间不超过 1 小时，多点可以说是用户的网上超市，只不过模式比较轻，也比较快。

10. 云足疗：上门服务中的垂直环节

云足疗用户通过 App 或微信、电话预约，可以随时随地享受足疗、修脚、理疗服务。用户可以根据云足疗平台上的项目、价格、距离、籍贯等信息，选择符合自己要求的服务项目、服务师傅。

云足疗是第一家上门足疗的 O2O 平台。云足疗砍掉了足疗店等中间环节，让技师和顾客实现无缝对接，不仅解放了长期局限在足疗店的技师们，让他们获得了比同行更高的薪资，同时也让顾客体验到低价便捷的优质上门养生服务。云足疗率先实现了上门足疗服务的标准化，平台通过面试、实名认证、技能考核、系统培训等严格筛选，来保障上线技师的专业技能和高服务水准。

点评：云足疗属于上门服务中的垂直环节，在 O2O 垂直领域是值得开发的沃土。团队 15 年服务行业的线下实体店运营经验，是其能够在资本寒冬中获得融资的关键。

资料来源：引自 http://js.qq.com/a/20151225/037783.htm，有删改。

7.3.3 商业模式创新的趋势

互联网作为新经济的核心,已经并会继续对现存的商业模式、竞争规则等产生深刻的影响。从产业边界看,互联网经济向传统产业渗透、延伸,使产业边界由清晰变得模糊;从企业形态看,以资本为纽带的实体企业向以契约为联系的虚拟企业发展;从竞争模式看,从独立竞争向企业联盟、网络生态环境、平台商业模式竞争转化;从组织结构看,组织从正式结构向网络化非联盟转化;从信息占有看,信息从独占走向共享。

此外,基于面向未来的技术视角,企业特别需要注意的是在互联网环境下产业跨界、云计算技术、大数据技术、人工智能等对商业模式发展趋势的影响。

1. 云计算崭露头角

作为软件服务与云计算服务相结合的一种创新模式,工业软件云服务平台侧重工业软件资源的共享和应用。该平台集成了工业软件、云计算、制造技术与物联网等技术,能够以较低成本实现信息技术与产品设计、工艺规划、制造等活动的融合,并促进研发、设计、物流、商务等生产性服务业与企业个性化需求的无缝衔接。

云计算技术与工业领域的融合为企业打造了新的具有集成、开放、虚拟和自治特征的服务平台,同时也为制造业和生产性服务业创新发展提供了新思路,有助于解决当前制造领域产品多样化开发面临的资源共享和协作难题,提升产品附加值。正如企业 2.0 之父安德鲁·麦卡菲所言:云计算给企业带来的改变,相当于电力给人类带来的变革。如今,云计算正快速渗透到社会各行业各领域的信息化应用中,在工业领域的应用更是日新月异,成为推动工业化与信息化深度融合和工业转型升级的新引擎。

2. 大数据当仁不让

社交网络的兴起导致大量的 UGC(用户生成内容)内容、音频、文本信息、视频、图片等非结构化数据的出现。另外,物联网的数据量更大,加上移动互联网能更准确、更快地收集用户信息,比如位置、生活信息等数据。从数据量来说,我们已进入大数据时代。谁掌握了数据,谁就能掌握消费者需求,实现精准营销。国内网络广告投放正从传统的面向群体的营销转向个性化营销,从流量购买转向人群购买。

虽然大数据在国内还处于初级阶段,但是商业价值已经显现出来。首先,手中握有数据的公司站在金矿上,基于数据交易即可产生很好的效益;其次,基于数据挖掘会有很多商业模式诞生,定位角度不同,或侧重数据分析,比如帮企业做内部数据挖掘,或侧重优化,帮企业更精准地找到用户,降低营销成本,提高企业销售率,增加利润。未来数据可能成为最大的交易商品,大数据的价值是通过数据共享、交叉复用后获取最大的数据价值。未来大数据将会如基础设施一样,有数据提供方、管理者、监管者,数据的交叉复用将大数据变成一大产业。

3. 跨界融合快马加鞭

基于现代科学技术的发展和应用,未来社会产业跨界融合将会成为一种发展趋势,将会催生更多的新兴产业，如农业和旅游业的融合，产生观光农业这样的新兴产业。其他跨界融合有：金融和电子商务的融合，如阿里巴巴银行；线上线下的融合，如苏宁的云商模式。工业化与信息化深度融合的不断推进，将加快传统企业转型升级与新型工业化进程，设备、管理与信息化融合，促进信息化全面高度集成；云计算、云制造与物联网相结合构建服务型制造；新型工业化、商业模式、管理模式互相融合全面创新，从而实现我国制造业的深调结构与全面升级。

4. 人工智能方兴未艾

在人工智能时代，企业要想解决人类尚未解决的难题，就需要准备好无数种从技术到商业的解决方案。例如，在 B2B 领域，如何用 AI 对癌症做出精准预判和治疗；在 B2C 领域，如何用 AI 助力个人发展。一些商业解决方案的引领企业，它们往往率先采用新技术解决商业问题。例如，GE 用 AI 解决能源效率问题，阿里巴巴用 AI 解决城市交通拥堵问题，亚马逊用 AI 解决高效零售配对问题，IBM 用 AI 解决医疗问题，科大讯飞用 AI 解决教育问题，谷歌和百度用 AI 解决无人驾驶问题等。

将 AI 与智能手机结合，会给使用者带来很多便利。例如，当使用者身在国外时，他就会获得 AI 关于宽带使用或吃住行等方面的帮助，在翻译时手机就不只是一个简单的通话硬件，而是一个交流的伴侣。同样，亚马逊的 Alexa 音箱、科大讯飞的听见或灵犀等产品，不但是一个家庭的智能管家（帮助节能环保），还可以充当购物向导（让你更高效地消费）的角色，或生活助理（更方便潇洒地实现吃住行）的角色。

【**课堂练习 7-9**】你的项目如何与这些新技术产生联系？

延伸阅读

技术创新与商业模式创新

如果缺乏技术创新或相关资源，商业模式创新所带来的高速增长有可能是昙花一现。中国的团购风潮就是典型。从商业模式创新的角度看，团购是互联网商业模式的新物种，算得上是 O2O（Online To Offline）的典范。然而，团购并没有技术创新支撑，也没有其他资源能力构建起足够的门槛，成了简单的资本竞争，最终昙花一现。Groupon 在美国可以成功，是因为它有几方面的资源是国内模仿者所不具备的：强大的数据库基础、数据挖掘技术、美国对商业操作方法（实质上是商业模式专利）的一系列保护等。这说明，优秀的商业模式创新需要技术创新保驾护航。

那么，是不是技术创新更重要呢？技术创新往往伴随着更高昂的成本、稀缺的配套资源和低下的市场认同度。如果不搭配商业模式创新，技术创新就可能以失败告终。20 世纪 50 年代中期，美国市场上有两种成熟的复印技术，都存在复印质量差、复印效率低、无法持久保存等问题。商业模式则是经典的"剃须刀 + 刀片"模式：复印机设备微利销售以吸引更多客户购买，盈利的主要来源是持续销售高毛利的配件和耗材。后来，切斯特·卡尔森发明了"静电复印术"，这项技术几乎在所有指标上都打败了光影湿法和热干法：复印质量好、速度快，一天就能印数千张纸。卡尔森跟合作的哈洛德公司曾经找过柯达、通用电气和IBM寻求合作。这三家公司经过认真的调查研究，却得出了令人失望的结论：这项技术的市场前景并不乐观。"静电复印术"的生产成本高达2 000美元，远高于原有复印机300美元的售价，根本无法竞争。但最终，静电复印术成功了，原因是进行了商业模式创新——租赁服务模式。后来，哈洛德公司改名为施乐，年收入从1955年的2 100万美元增长到1972年的25亿美元。

技术创新是商业模式创新成功的基础，商业模式创新为技术创新打开了市场，两者的完美结合是形成企业核心竞争力的关键。苹果推出的"iProduct + iTunes + App Store"，就是产品创新、技术创新和商业模式创新的合璧；佳能推出了新发明的小型复印机，采取的恰恰是之前施乐所抛弃的"剃须刀－刀片"传统商业模式，旧瓶装新酒，照样后发制人。拥有5 000多项技术专利的利乐打入中国市场靠的是20/80的设备投资方案，客户只要付款20%，就可以安装设备，此后4年，每年订购一定量的利乐包装材料，就可以免交其余80%的设备款，这是一种商业模式创新。

资料来源：https://www.sohu.com/a/116560202_466932，有删改。

问题思考

1. 什么是商业模式？
2. 列举并解释三个你熟悉的商业模式？
3. 商业模式的价值逻辑是什么？
4. 商业模式画布九大模块是什么？
5. 验证商业模式的方法有哪些？
6. 请分析商业模式创新的思路。

实训活动

实训1：你知道哪些商业模式

通过头脑风暴的方式，把自己知道的商业模式列出来，然后与同学们分享。

实训2：商业模式设计与评价

1. 设计并创新商业模式，制作出商业模式画布

基于小组选择的创业项目，并根据本章的理论方法，设计并创新一个符合逻辑的商业模式，凝练概要并制作自己的商业模式画布，填写在图7-2中。

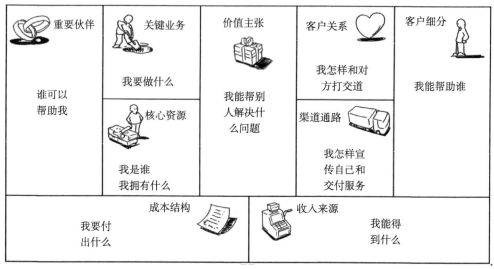

图 7-2　商业模式画布

2. 检验与评价商业模式，完善和改进商业模式画布

根据本章提供的方法，对上述设计的商业模式进行检验与评价。

实训 3：商业模式路演展示

商业模式评价表如表 7-1 所示。

表 7-1　商业模式评价表

项目描述	指标分值	得分	点评
	新颖性（25）		
	锁定性（25）		
	适用性（25）		
	效率性（25）		
合计			

实训 4：商业模式创新分析

广州万物生健康产业有限公司成立于 2015 年，注册资金 1 000 万元。公司与华南农业大学食品学院生物炼制实验室、生物质能研究所、天然产物研发中心合作研发，专注于天然微生态主题，研发出一系列富含天然活性成分的健康产品。项目由天然活性产物领域专家林俊芳研究员带队，由多名教授、工程师、博士、硕士组成的专家研发团队，凭借先进的理念、丰富的经验，将多年研发成果应用于健康产业。公司主营食品、保健品、护肤品三大领域，目前以线上与线下两种渠道做营销推广和产品销售，并已有两项专利被成功应用。

请同学们试分析《万物生》项目的商业模式，并给出评价；利用商业模式创新的逻辑与方法，构建一个创新的商业模式。

第 8 章

论证创业计划

本章概要

本章从创业计划的概念和作用入手，从创业计划的结构、撰写原则等方面进行阐述，提出撰写创业计划书的关键因素和应注意的问题，并对已经形成的创业计划书提出具体的评估方案，以检测创业计划书的科学性和可操作性。

重点难点

1. 重点：制订创业计划的作用和意义，论证创业计划的途径。
2. 难点：创业计划书的撰写方法，创业路演的技巧。

学习要求

1. 知识目标：了解创业计划的作用和主要内容。
2. 能力目标：掌握创业计划的信息搜索和论证途径，掌握创业计划的撰写与展示技巧。
3. 素质目标：能够意识到创业计划对大学生创业的重要推动作用。

案例导入

天地人企业管理咨询有限公司创业计划

1. 公司简介

天地人企业管理咨询有限公司始创于 2008 年，早期天地人公司从事大学生体验式训练及咨询，随着拓展训练的不断发展，于 2010 年成立了天地人企业管理咨询有限公司，成为在豫北地区率先将体验式学习与户外体验式培训紧密结合，服务于企业管理需求的专业体验式培训机构。

2. 产品与服务

公司主要产品是为培训者提供体能打造、生存训练、心理训练、人格训练、个人素质训练和管理训练等培训课程，其培训目标围绕着领导艺术、团队建设等现代管理的中心问题，结合企业的发展需要与参训者的人格特征，通过全方位的体验式培训，以全新的方式凝聚企业的向心力。

3.市场与竞争分析

随着社会的发展，人们生活和工作的节奏越来越快，身体与心理承受的压力也越来越大，造成人与人之间的沟通越来越少，工作效率降低。素质拓展能有效地缓解社会发展太快而导致的心理压力过大的情况。就行业内部的竞争来说，主要是从培训教官、培训内容、培训效果三个方面来体现。如何开辟新市场将是新一代拓展公司面临的重要难题。

4. 营销策略

（1）STP战略。

培训对象：社会各个阶层，针对不同的对象提出有针对性的培训方案。

目标市场：公司采用差异化目标市场策略，将目标市场划分为青少年素质提升训练、大学生素质拓展训练、企业新员工融入拓展训练、企业员工"三高"团队培训。

市场定位：河南省的素质拓展公司有300多家，其中郑州拥有200多家，构成了省内的拓展中心区域。而豫北地区的素质拓展公司大约有30家，相对于郑州地区来说豫北地区的竞争相对较小，公司的定位是打造晋冀豫地区体验式培训第一品牌。

（2）价格策略。根据主要成本、周边培训基地食宿标准、交通费用，公司主要采用对同一基地统一报价，不同基地差异报价的策略。

（3）宣传策略。公司将互联网、业务网、人脉关系网三者相互结合进行宣传。

5. 管理构架

公司成立初期，采取团队管理，创业团队核心成员6人负责相应的工作。创业团队成员之间相互协调、灵活分工，共同保证公司的正常运营。

6. 公司战略

公司以打造"晋冀豫地区最专业的户外体验式培训机构"为主要目标，采用"立足安阳向周边省市延伸"的战略，以安阳市场为切入点向外逐步拓展，在豫北乃至河南省内树立品牌，并依靠品牌在河北、山西等省快速拓展市场。

前期（第1～3年，开展顺利，成功达到预期目标）；

中期（第3～6年，正在进行，效果显著）；

后期（第6～10年，待进行）。

7. 财务管理

股本结构：公司注册资本100万元。

（创业人物简介：江毅，男，2010年毕业于安阳师范学院体育学院，安阳天地人企业管理咨询有限公司总经理、安阳市创业就业促进会党支部书记兼副会长、河南省教育厅大学生自主创业宣讲团成员、安阳市创业带头人。）

8.1 创业计划概述

【创业名言】

创业对大多数人而言是一件极具诱惑力的事，同时也是一件极具挑战的事。不是人人都能成功，也并非想象中那么困难。但任何一个梦想成功的人，倘若他知道创业需要策划、技术及创意的观念，那么成功已离他不远了。

——拉克

盲目创业、没有创业计划的人，就如同一个醉鬼，激情澎湃、义无反顾地把车开到沟里。

——佚名

只有先声夺人、出奇制胜，不断创造新的体制、新的产品、新的市场和压倒竞争对手的新形势，企业才能立于不败之地。

——黄汉清

8.1.1 创业计划概念

创业计划又称"商业计划"，是引领创业的指导性文件，是创业者具体行动的指南。创业计划是创业的行动导向和路线图，既为创业者的行动提供指导和规划，促使创业团队及雇员团结一心地工作，也为创业者与外界沟通提供基本依据。创业计划书的撰写可以迫使创业者系统思考新创企业的各个因素，促使创业团队定期沟通讨论将要从事的工作。在一般情况下，撰写创业计划书主要有两大原因：对企业内部来说，创业计划书为企业执行战略和计划提供了值得借鉴的"蓝图"，能够迫使创业团队一起努力工作，全力以赴地解决创业风险的各个细节；对企业外部来说，能够向潜在投资者和其他风险投资者介绍企业正在追寻的商业机会，赢得对方支持。

创业计划是对构建一个企业的基本思想以及与企业创建有关的各种事项进行总体安排的文件，它从企业内部的人员、制度、管理以及企业的产品、营销、市场等各个方面对即将创建的企业进行可行性分析。创业计划包含创业定位、营销计划、财务计划、组织管理等，用以描述创办一个新的风险企业时所有相关的外部及内部要素。创业计划有时也叫行路图。创业计划主要回答三个问题：自己现在在哪里？自己将去哪里？如何到达那里？计划可以是短期的，也可以是长期的；可以是战略性的，也可以是操作性的。尽管不同的计划服务于不同的职能，但所有的计划都有一个重要目的，即在快速变化的市场环境下，为创业者提供指导准则和管理架构。

8.1.2 创业计划的作用

计划是执行所有活动的第一步。如果没有计划和目标，那么在执行过程中，风险会相对提高。虽然创业计划并不一定能保证成功，但它可以提高创业成功率。

前程无忧网创始人甄荣辉说："事实上，成功一点都不难！最难的是：想成功，但没有计划！如果你有一个5年或者10年的成功目标，而且能够周密地计划，坚定地执行，那么因为计划，成功率还是很高的。"

创业计划首先是一种吸引投资的工具，同时也是确定目标和制订计划的很好的参考资料，是一个企业管理和操作的行动指南。

制订一个正式的创业计划需要时间、精力和资源。这种投资是为了获得回报，即发挥它的作用。创业计划的作用主要体现在以下两个方面。

1. 制定创业战略和验证可行性

创业计划的制订是建立在有效信息收集和分析的基础之上的。这些信息有助于确定商业机会的价值，有利于确定创业的宗旨、目标和途径。在制订创业计划时，创业者要确定收集信息的类型、收集信息的方法，从而分析创业的可行性。分析创业的可行性也是分析商业机会的价值，而明确创业的战略即确定如何实现商业机会的价值。

（1）分析商业机会的价值。信息用于管理不确定性，拥有必要的信息意味着可以减少创业的风险和提高成功的可能性。同时，在实现这个商业机会的过程中也存在风险。创业者在收集信息、分析信息以确定商业机会的价值时也要考虑存在的风险，并将价值与风险进行比较，以确定去实现这个商业机会的可能性，即明确机会的价值高于风险从而值得去追求。

（2）制定创业战略。创业计划的制订，有利于明确创业的战略，包括战略的内容和执行的过程。创业计划的制订过程回答了制定战略所需要的有关问题。创业计划对制定企业战略的作用体现在它对市场、顾客和竞争对手的信息收集和分析有助于回答以上问题。它提供了进行战略决策的基础。创业计划对信息的整合有利于进一步形成一个战略，而战略确定了企业的模式和方向。

2. 沟通的工具

创业计划是获取人力资源和资本的有效工具，它把新创企业的发展潜力、发展机会，通过明确的、有效的方式与内部和外部的利益相关者进行沟通。创业计划作为沟通的工具，其目的是为了取得共识，获得必要的支持。因此，创业者要通过创业计划与以下人员进行沟通。

（1）投资者。在创业初始期、发展期，外部融资是创业者面临的一项艰巨任务。创业计划要向潜在的投资者说明新创企业所具有的成长潜力、收益回报、面临的风险。由于创业者要与其他人和项目为争取有限的资金而竞争，面临具有丰富经验的投资者，因而创业者必须重视创业计划的制订。

（2）员工。员工是创业者所需要的重要人力资源，员工将其人力资本投资于新创企业，目的是获取投资回报及个人的发展。因此，创业计划要描绘新创企业的发展前景和成长潜力，使员工对企业和个人的发展充满信心，并为实现目标去努力工作。

（3）重要的客户。创业计划的沟通作用就是让客户充分了解相关信息，增强客户对企业和产品的信心，从而购买所提供的新产品，并为建立长期稳定的合作关系奠定基础。在提供同类产品的竞争者越多时，顾客承诺就越有价值。这时创业计划的质量及它的吸引力和可信度起着决定性作用。

（4）重要的供应商。供应商是否愿意以合作方式工作向新创企业提供资源，取决于其对新创企业及其前景的支持和信任程度。因此，创业者要通过创业计划使供应商对新创企业充满信心，这不仅能给企业带来所需要的资源，而且可以获取较好的供货条件。

一些创业者在创业前比较仓促，对创业项目的可行性进行调研的深入程度不够，这影响了创业过程的实施。创业者在创业初期，就要本着严谨、务实、科学的精神，制订较为详细的创业计划，为创业活动奠定良好的基础。

📥 延伸阅读

一切始于创业计划

艺电公司开发了许多大众游戏，包括模拟人生、哈利·波特、詹姆斯·邦德和 FIFA 足球等。仅在 2002 年，艺电公司销售量超过百万的游戏就有 16 种，公司年收入高达 17 亿美元，净利润超过 1.015 亿美元。艺电公司不仅开发电脑游戏，还有索尼公司的 PS2、任天堂公司的 GameCube 和微软公司的 Xbox 等控制台系统开发游戏。

事实表明，艺电公司的成功始于一份创业计划和特里普·霍金斯的愿景，即创立一家新式的电子游戏公司。

在第一家企业失败后，霍金斯进入苹果公司工作。在那里，他为个人电脑产业的出现而兴奋不已。尽管在苹果公司工作很舒服，但他仍决定再次创业。不过，这次他更加谨慎小心。他下决心创立一家电子游戏开发企业，并围绕创意制订了详细的创业计划。

霍金斯认识到，他需要一个真正的"大创意"以便使新企业有别于电脑游戏产业中的其他公司。事实上，他找到了三个大创意，围绕这三个大创意的创业计划，使艺电公司超越了当时软件出版商之间的趋同风潮。

数年后，霍金斯发现艺电公司最初的创业计划简直就是一个奇迹，因为它准确预测了公司的未来。他强调，在起步时就注定公司走向成功的是：战略愿景与发现错误、不断调整并执着行事能力的结合。

点评：创业计划描述了新企业计划的目标，以及新企业如何实现这些目标。创业计划是一份用于企业内外的两用文件。对企业内部而言，创业计划能帮助企业设计出实施其战略和计划的"路线图"；对于企业外部来说，创业计划向潜在投资者及其他利益相关者汇报企业试图追求的创业计划以及如何把握机会的行动计划。

资料来源：引自 http://www.doc88.com/p-994237976451.html，有删改。

8.1.3　创业计划中的信息搜集

1. 收集信息的方法

信息收集是使创意转化为现实的基础工作。

（1）根据创意，明确创业的目标。例如，创业者要清楚产品或服务以何种形式出现、目标顾客在哪里、产品市场在哪里。通过向目标顾客咨询他们如何看待产品或服务，了解他们的购买意愿，并了解有关人口统计的背景资料和消费者个人的意愿。另外，还需要了解有多少潜在顾客愿意购买该产品或服务，以及潜在顾客了解产品的途径、实施购买的途径等。

（2）从已有数据或第二手资料中收集信息。这些信息主要来自行业期刊、报纸、网络、政府部门、高校或专业咨询机构等。一般可以找到一些关于竞争者、行业、产品创新、顾客偏好趋向等方面的信息。这种信息的获得成本较低甚至是免费的，创业者应尽可能利用这些信息。

（3）从第一手资料中收集信息。收集第一手资料的途径如观察、访谈、上网、问卷调查、集中小组试验等。该种信息的获得一般来说成本都比较高，但信息价值较高。

2. 规避信息处理陷阱

处理好信息能帮助创业者降低创业风险，处理不当可能会延误良机或错失良机，甚至做出错误决策。因此，创业者在处理信息时要尽可能将错误极小化。

创业者由于容易受一些自身经验或认知方面的局限性，因而在处理信息时容易出现一些偏误。

（1）直觉推断。直觉是一种非逻辑思维。在面对问题和决策时，人总是倾向于以偏概全，且囿于记忆和可利用的信息限制。一般来说，人们的直觉推断是非常有用的，它大大减少了推断过程的复杂化。但是，有时直觉推断会导致严重的偏差，主要是因为生动的或非同寻常的信息比那些平淡的信息更容易被记起。创业者要克服直觉推断认知偏见，可以将自己的决策与一些平时偏理智、爱分析的朋友、同事、专家进行讨论，以避免直觉推断造成的决策失误。

（2）乐观性偏见。乐观性偏见总会令人觉得自己比别人幸运。这种认知偏误往往导致创业者更多地往乐观的结果上预期。即使被告知有风险存在，但大多数人总乐观地以为事态不会这么严重。这种乐观性偏见导致创业者决策时对风险估计不足，而更多地考虑利益。创业者要克服乐观性偏见，可以将自己的决策与一些较悲观、喜欢挑刺的人进行探讨，听听最坏的前景预测，以纠正自己过分乐观的想法。

（3）证实偏见。证实偏见是一种更愿意注意、处理和记忆能证实当前信念或假设的信息，而忽略那些不能证实当前信念的信息的倾向。这种认知偏见无意识地使创业者不断强化自己的信念或假设，而忽视创业中的风险。创业者要克服证实偏见，可以找一些与自己意见相左的人士谈谈自己的决策，与平时观点不一样的人士进行讨论，并特别注意这些人士的不同意见。

（4）控制错觉。控制错觉是指人们相信通过努力和隐忍，自己有控制周围事物的能力，可以控制自己的未来与命运。这样导致创业者过高估计自己的控制能力，而低估了经济环境、竞争对手和其他很多不可控因素的影响。创业者可以与周围保守人士讨论自己的决策，征求他们的意见，以纠正自己的过分冒险的错觉。

（5）早期偏好。早期偏好是指容易接受早期或开始时某个解释或决策的倾向，没有认真考虑、理性思考其他解释或决策而轻易地反对或拒绝；更确切地说，决策者更相信他们最初的解释或决策是正确的。这种早期偏好很容易使创业者陷入决策陷阱，造成决策失误。创业者要克服这种决策偏见，可以邀请外行的人或者新人参与讨论或决策，鼓励提出不同的决策方案，同时禁止对各种方案的任何批评。

（6）群体极化。群体极化是指在群体决策的过程中，人们往往向某个极端偏斜，比个人决策时更倾向于冒险或保守，没有达到最佳决策。群体成员在阐述论点、进行逻辑辨析时，通过群体使已存在的倾向性得到强化，使一种观点或态度从原来的群体平均水平加强到具有支配性水平的现象。在提出任何决策方案之前，创业者可以要求群体成员根据个人所知相关信息独立思考，书面提出自己的观点和方案，把各种信息和观点进行汇总讨论，避免决策时的群体极化现象。

（7）信息不共享。一些群体成员由于种种顾虑而不轻易发表自己的观点或意见，不愿意将自己拥有的信息与群体其他成员共享。对于创业团队来说，这种现象会令它们漏掉很多重要的信息，造成决策失误，给新创企业带来灾难性的后果。为了防止群体成员间的信息不共享，创业者平时在群体成员中要充分发扬民主作风，树立鼓励自由思考、鼓励反对意见、畅所欲言的观念。

【课堂练习 8-1】计划的重要性：请学生在黑白板和教室的地面上分别画出长度为 1 尺$^\ominus$、1 米和 5 米的线。画好后，请问哪些线最接近准确？用尺子现场测量并分析、思考原因。

活动总结：一般来说，越短越好把握，越长误差越大，由此引出计划的重要性，并总结计划写作的步骤与方法。让学生理解：以明确目标，订明确计划；以明确计划，定行动方案；以行动方案，定有效方法；以有效方法，见实际效率；以实际效率，见目标结果。

8.1.4 创业计划内容分析

一份创业计划应该包含公司介绍、产品分析、市场分析、竞争分析、营销策略、财务预算及风险评估等要素。公司介绍要对公司名称、性质、组织机构、发展目标做出介绍；产品分析要对产品和服务的创新点做出分析；市场分析要评估企业发展的宏微观市

$\ominus$　1 尺 ≈ 0.333 米。

场环境、分析项目的目标市场状况；竞争分析要分析企业在市场中的位置、当下以及潜在的竞争状况；营销策略要根据产品与消费者的特点，搜集市场信息、组建销售团队、制订销售计划，制订详细的策略计划，推广自己的产品，实现从产品到利润的转换；财务预算是要制定企业的资金预算，做好从前期资金筹集到企业实现盈利的收入与支出的预算，确保现金流稳定；风险评估是要对企业发展过程中可能出现的问题进行评估预测，做到风险规避。

制订创业计划，主要从以下七个方面着手。

1. 所在行业分析

行业分析应包括对该行业的展望，即该行业的历史成就和将来的发展趋势。创业者也应该提供对该行业新产品开发的看法。竞争分析也是其中的重要内容，创业者应该识别每个主要竞争对手，分析他们的优势与劣势，特别是分析竞争对手将如何影响本企业在市场上潜在的成功。

在进行行业分析时，下面是值得创业者考虑的关键问题：

（1）在过去的五年中，该行业的销售总额是多少？

（2）该行业预计的增长率如何？

（3）在过去的三年中，该行业有多少新进入的公司？

（4）该行业最近有什么新产品上市？

（5）最接近的竞争者是谁？

（6）你的企业如何经营才能超过该竞争者？

（7）你的每个竞争者的优势和劣势是什么？

（8）你的每个竞争者的销售额是在增长、减少还是保持稳定？

（9）你的客户的特点是什么？

（10）你的客户与你的竞争者的客户有什么区别？

2. 所创企业的描述

对新创企业进行的描述主要是明确企业经营的范围和规模。关键要素应包括产品和服务、企业的地点和规模、所需人员和办公设备、创业者的背景以及该企业的历史。

3. 生产计划

如果新创企业属于制造业，则必须制订一个生产计划，这个计划应该描述完整的生产过程。如果新创企业准备将某些甚至所有制造工序分包给其他企业，则应该在生产计划中对分包商加以说明。对于创业者自己将要实施的全部或部分制造工序，创业计划中需要描述厂房的布局、制造运营过程中所需要的机器设备、所需原材料及供应商的姓名、地址、供货条件、制造成本以及任何资本设备的将来的需求等。

如果新创企业是零售店或服务型企业，则这一部分计划内容为"经商计划"，其内容应包括对货物购买、存储控制系统以及库存需求等的具体描述。

这部分创业计划的关键问题有：

（1）你将负责全部还是部分制造工序？

（2）如果某些制造工序被分包，谁将成为分包者？（给出分包商的姓名和地址）

（3）为什么选择这些分包者？

（4）分包制造的成本怎样？

（5）生产过程的布局怎样？

（6）产品的制造需要什么设备？

（7）产品的制造需要什么原材料？

（8）原材料的供应商是谁？相应的成本怎样？

（9）产品制造的成本是多少？

（10）新创企业将来的资本设备需求怎样？

（11）如果是零售或服务型企业货物将从谁那里购买？

（12）存储控制系统如何运营？

（13）存货需求怎样？存货如何被促销？

4. 市场营销计划

市场营销计划是创业计划中的一个重要组成部分，它主要描述产品或服务将如何被分销、定价以及促销。营销计划是新创企业成功的关键。因此，创业者应该尽一切努力把该计划准备得尽可能全面而具体，以便投资者弄清新创企业的目标是什么，以及为了有效地实现这个目标将实施什么战略。

营销计划包括的内容有：

（1）市场机构和营销渠道的选择；

（2）营销队伍和管理；

（3）促销计划和广告策略；

（4）价格决策。

对新创企业来说，很难进入其他企业已经稳定的销售渠道中去。因此，企业不得不暂时采取高成本低效益的营销战略。营销计划应该每年制订，并把它当作制定短期决策的行路图。

5. 组织计划

组织计划主要描述新创企业的所有制形式，即新创企业的所有制将是独资形式的、合伙制的还是公司制的。如果新创企业是合伙制企业，计划中就应该加上合伙的有关条款。如果新创企业是一个公司，就应该明确被核准的股份份额、优先认股权、公司的经理及高层管理者的姓名、地址及简历。除此以外，还应提供组织结构图，用以表明组织内成员的授权及责任关系。

这部分计划需要创业者回答的关键问题有：

（1）组织的所有制形式是什么？

（2）如果是合伙制企业，谁是合伙者以及合伙协议的条款是什么？

（3）如果是股份公司，谁是主要的股票持有者以及他们拥有多少股票？

（4）发行什么类型的股票，以及发行了多少有表决权股和非表决权股？

（5）谁是董事会成员？（给出姓名、地址和简历）

（6）谁有支票签字权和控制权？

（7）谁是管理小组的成员？他们的背景怎样？

（8）管理小组的每个成员的角色和责任是什么？

（9）管理小组每个成员的薪水、红利或其他形式的工资怎样？

6. 风险估计

创业者有必要进行风险估计以便制定有效的战略来对付这些威胁。新创企业的主要风险可能来自竞争者的反应，来自自身在市场营销、生产或管理方面的弱势，来自技术进步带来的其产品的过时。创业者也有必要提供备选战略以应对上述风险因素的发生。

7. 财务计划

财务计划也是创业计划的重要组成部分，它表明新创企业所需要的潜在投资承诺，并表明创业计划在经济上是可行的。

财务计划通常要包括以下三个项目。

（1）新创企业开始三年中的预计销售额及相应的支出，其中第一年的有关预测还应按月提供；

（2）需要预测开始三年的现金流量，其中第一年的预测也要按月提供；

（3）需要预测资产负债表。

8.1.5　创业计划的论证途径

创业计划论证是对创业计划的项目做出的一个可行性的评估。创业计划论证考察的内容有执行总结、项目和公司、产品（服务）、市场分析与营销策略、经营管理、团队、财务分析、融资回报、可行性、计划书的写作。

1. 论证的内容

（1）如属科技创业：学生自己的科研成果，在导师指导下参与科研的项目，与导师合作的科研成果；

（2）技术优势明显：具有潜在的研发领先能力或自主知识产权；

（3）市场需求大：目标市场明确、潜在需求具有现实性；

（4）替代主流产品与模式：产品可以替代主流产品或模式；

（5）经济效益显著：销售量、利润、现金流量、回收期、报酬率；

（6）创业计划报告书文本突出：主题明确、结构合理、逻辑严谨、论证充分、分析规范、文字通畅、装帧整齐；

（7）团队优秀：专业结构合理、精干、合作性强、自信坚韧；

2. 从创业方案的主要性质论证

（1）是否具有可支持性（创业的动机与理念是什么）？

（2）是否具有可操作性（如何保证创业成功）？

（3）是否具有可盈利性（创业能否带来预期的回报）？

（4）是否具有可持续性（企业能生存多久）？

3. 从创业方案的效度论证

（1）论证创业项目的真实效度。创业项目是否真实可信，是否有详细的市场调查数据，项目的各种信息的准确程度等。

（2）论证创业项目的盈利效度。创业者一定要对项目的风险性进行充分的论证。对项目可行性的论证，论证内容包括选址、客户流量、营销周期、产品受欢迎程度、经营者的经营方式、雇员多少、业务熟练程度，估算其成本和投入产出。对于风险承受能力不足的中小投资者来说，投资安全是第一位考虑的因素；了解项目方在知识产权方面（技术、商标等）和品牌方面是否存在纠纷，是否拥有完全的所有权。

（3）论证创业项目的行为效度。项目运作是否规范，是否有统一的内外标志；操作流程是否规范；工艺流程是否规范、服务流程是否规范、章程是否规范等。

（4）论证创业项目的发展效度。从低层次看，项目在市场扩张上是否能够为投资者提供强有力的支持。从高层次看，项目是否拥有将事业做大的决心，是否拥有长期的战略规划。项目能否提供强有力的促销支持，如物质方面的支持和政策方面的支持。这些都对创业者的扩大经营起着直接的影响。项目能否持续提高自己品牌的价值，则对创业者能否进行有效的扩张产生间接的影响，项目产品创新的能力也决定着投资者跟随成长的结果。

（5）论证创业项目的人才效度。在对项目进行论证的时候，创业者除了要论证项目主导人的人品、性格、经历、知识结构、拥有的企业资源和社会资源外，还要着重论证项目方的团队，包括成员的素质、从业经历、从业经验、既往业绩、圈内口碑，在性格和专业上的互补性，团队的稳定性。

总的来说，创业者对创业项目方案的论证是一件非常细致的事情，需要创业者有很好的耐心和足够的敏感。为了降低创业风险，创业者需要仔细推演和论证，在此基础上修正自己的创业计划。

【课堂练习 8-2】请考虑创业计划是否可行，可通过以下几个方面进行评估。

1. 能否用语言清晰地描述自己的创业构想

同学们应该能用很少的文字将你们的想法描述出来。根据成功者的经验，不能将这一想法变成自己语言的原因大概是一个警告——还没有仔细思考！

2. 是否真正了解自己所从事的行业

许多行业都要求选用从事过这个行业的人，并对其行业内的方方面面有所了解。否则，创业者就得花费很多时间和精力去调查诸如价格、销售、管理费用、行业标准、竞争优势等。

3. 是否看到过别人使用这种方法

一般来说，一些经营红火的公司经营方法比那些特殊的想法更具有现实性。有经验的企业家中流行这样一句名言："还没有被实施的好主意往往可能实施不了。"

4. 创业想法能否经得起时间考验

当未来的企业家的某项计划真正得以实施时，他会感到由衷的兴奋。但过了一个星期、一个月甚至半年之后，他便会产生另外一个完全不同的想法来代替它。

5. 同学们的设想是为自己还是为别人

同学们是否打算在今后五年或更长时间内，全身心地投入这个计划的实施中去？

6. 是否拥有一个好的人际网络

开始办企业的过程，实际上就是一个组织人员（诸如供应商、承包商、咨询专家、雇员）的过程。为了找到合适的人选，同学们应该有自己的个人关系网。否则，将有可能陷入不可靠的人或滥竽充数的人之中。

7. 明白什么是潜在的回报

创业除了赚钱，还要考虑自我成就感、爱与团队。

8.2　创业计划的撰写

【创业名言】

任何时候做任何事，订最好的计划，尽最大的努力，做最坏的准备。

——李想

对于一个艺术家来说，如果能够打破常规，完全自由地进行创作，其成绩往往会是惊人的。

——卓别林

既然像螃蟹这样的东西，人们都很爱吃，那么蜘蛛也一定有人吃过，只不过后来知道不好吃才不吃了，但是第一个吃螃蟹的人一定是个勇士。

——鲁迅

8.2.1　创业计划书的构成

创业计划书通常包括封面（标题页）、保密要求、目录、摘要、正文（综述）、附录几部分。

1. 封面（标题页）

封面（标题页）可以放一张企业的项目或产品彩图，但需留出足够的版面排列以下内容：创业计划书编号、公司名称、项目名称、项目单位、地址、电话、传真、电子邮件、联系人、公司主页、日期等。

2. 保密要求

保密要求可放在封面（标题页），也可放在次页，主要是要求投资方项目经理妥善保管创业计划书，未经融资企业同意，不得向第三方公开创业计划书涉及的商业秘密。

3. 目录

目录标明各部分内容及页码，要注意确认目录页码同内容的一致性。

4. 摘要

摘要是对整个创业计划书的概括，目的在于用最简练的语言将计划书的核心、要点、特色展现出来，吸引阅读者仔细读完全部文本，因而一定要简练，一般要求在两页纸内完成。摘要十分重要，它是出资者首先要看的内容，因而必须能让读者有兴趣并渴望得到更多的信息，将给读者留下长久的印象。摘要应从正文中摘录出投资者最关心的问题，包括对公司内部的基本情况，公司的能力以及局限性，公司的竞争对手、营销和财务战略，公司的管理队伍等情况的简明而生动的概括。如果公司是一本书，它就像是这本书的封面，做得好就可以把投资者吸引住。

5. 正文（综述）

正文是创业计划书的主体部分，要分别从公司的基本情况、经营管理团队、产品或服务、技术研究与开发、行业及市场预测、营销策略、产品制造、经营管理、融资计划、财务预测、风险控制等方面对投资者关心的问题进行介绍，要求既有丰富的数据资料，使人信服，又要突出重点，实事求是。

6. 附录

附录是对正文中涉及的相关数据、资料的补充，作为备查。

8.2.2　创业计划书的撰写原则

1. 体现商业性

商业性是专业性的体现，创业计划书从封面设计到框架构思再到语言组织与内容表达等方面都应体现出商业性来，它不是学术论文，也不需要张扬个性，它是一份创业计划书，得让人从细节中"读"到创业者的专业性。

2. 调查为前提

一份创业计划书不应该是一个空中楼阁的架构，而是以事实为起点的发展计划。充分的市场调查是一个前提，可以为计划各个方面的完备提供参考依据。例如，只有对目标消费群体有清晰准确的认识，才能根据目标消费群体的消费特点制订合适的销售计划。产品所处的发展阶段、市场发展前景、竞争对手状况等都应通过调查形成真实的认识并在计划书中体现。

3. 核心问题分析解决到位

产品服务、市场机会、营销策略、财务预算、企业发展预期等是一份创业计划书的核心和关键内容，是评委关注的重点，也是理性分析创业活动应具备的。应该以实际调查为依据，运用恰当的工具手段，做出科学分析。例如，运用波特的五大竞争作用力理论，对供应商议价能力、购买者议价能力、潜在竞争者、替代品竞争者、行业内原有竞争者等要素做出分析，评价企业是否适合进入某个市场和产品领域，以及是否具有长期的竞争力。

8.2.3　创业计划书的写作

1. 摘要

摘要是为了吸引战略合伙人与风险投资人的注意而将创业计划书的核心提炼出来制作而成的，它是整个创业计划书的精华，涵盖计划书的要点。一般要在后面所有内容编制完毕后，再把主要结论性内容摘录于此，以求一目了然，在短时间内给使用者留下深刻的印象。

摘要如同推销产品的广告，编制人要反复推敲，力求精益求精，形式完美，语句清晰流畅而且富有感染力，以引起投资人阅读创业计划书全文的兴趣。摘要特别要详细说明自身企业的特别之处以及企业获取成功的市场因素。

2. 企业介绍

这一部分是向战略合伙人或者风险投资人介绍融资企业或项目的基本情况。具体而言，如果企业处于种子期或创建期，现在只有一个美妙的商业创意，那么，这一部分应重点介绍创业者的成长经历、求学过程，并突出其性格、兴趣爱好与特长，讲述创业者的追求、独立创业的原因以及创意如何产生。

如果企业处于成长期，应简明扼要地介绍公司过去的发展历史、现在的状况以及未来的规划，具体而言包括公司概述、公司名称、地址、联系方法，公司的业务状况，公司的发展经历，对公司未来发展的详尽规划，本公司与众不同的竞争优势，公司的法律地位，公司的公共关系，公司的知识产权，公司的财务管理，公司的纳税情况，公司的涉诉情况等。在描述公司发展历史时，正反的经验都要写，特别是对以往的失误不要回避。要对失误进行客观的描述、中肯的分析，这样反而能够赢得投资者的信任。

3. 管理团队介绍

管理团队是投资者非常看重的，这一部分主要是向投资者展现企业管理团队的结构、管理水平和能力，职业道德与素质，使投资者了解管理团队的能力，增强投资信心。

这一部分主要介绍管理团队、技术团队、营销团队的工作简历、已取得的业绩，尤其是与目前从事工作有关的经历。另外，可以着重介绍企业目前的管理模式，如果无特色，也可以不介绍，或者归入劣势部分。

在编写过程中，创业计划书必须对公司管理的主要情况做一个全面介绍，包括公司的主要股东及他们的股权结构、董事和其他一些高级职员、关键的雇员以及公司管理人员的职权分配和薪金情况，必要时还要详细介绍他们的经历和个人背景。企业的管理人员应该是互补型的，而且要具有团队精神。一个企业必须要具备负责产品设计与开发、市场营销、生产作业管理、企业理财等方面的专门人才。

此外，在这一部分上，创业计划书还应对公司组织结构做简要介绍，包括公司的组织结构图、各部门的功能与责任、各部门的负责人及主要成员、公司的薪酬体系等。

这一部分应让投资者认识到，创业者具有与众不同的凝聚力和团结战斗精神，管理团队人才济济且结构合理，在产品设计与开发、财务管理、市场营销等各方面均具有独当一面的能力，足以保证公司以后成长发展的需要。

4. 技术产品（服务）介绍

在进行投资项目评估时，投资人最关心的问题之一就是，企业的产品、技术或服务能否以及在多大程度上解决现实生活中的问题，或者企业的产品（服务）能否帮助顾客节约开支、增加收入，这是市场销售业绩的基础。

技术产品（服务）介绍一般包括以下内容：产品的名称、特性及性能用途；产品处于生命周期的哪一阶段，市场竞争力如何；产品的研究和开发过程；产品的技术改进、更新换代或新产品研发计划及相应的成本；产品的市场前景预测；产品的品牌和专利。

在这一部分中，企业家要对产品（服务）做出详细的说明，说明要准确，也要通俗易懂，让不是专业人员的投资者也能明白。一般产品介绍都要附上产品原型、照片或其他介绍。

此外，对于一些以技术研发为重点的高新技术企业来说，还要对相关技术及其企业研发情况进行分析，包括：企业技术来源、技术原理、技术先进性、技术可靠性；公司的技术研发力量和未来的技术发展趋势，公司研究开发新产品的成本预算及时间进度，技术的专利申请、权属及保护情况，技术发展后劲和技术储备等。这些分析能使投资者对公司的技术研发队伍的实力，公司未来竞争发展对技术研发的需要有所了解。

技术产品（服务）介绍的内容比较具体，因而写起来相对容易。虽然夸赞自己的产品是推销所必需的，但应该注意，企业家和投资家所建立的是一种长期合作的伙伴关系，空口许诺只能得意于一时。如果企业不能兑现承诺，不能偿还债务，企业的信誉必然要受到极大的伤害，这是真正的企业家所不屑的。

5. 行业、市场分析预测

行业、市场分析主要是对企业所在行业的基本情况，企业的产品或服务的现有市场情况、未来市场前景进行分析，使投资者对产品或服务的市场销售状况有所了解。这是投资者关注的重点问题之一。

行业分析主要介绍行业发展趋势、行业发展中存在的问题、国家有关政策、市场容量、市场竞争情况、行业主要盈利模式、市场策略等。

6. 市场营销策略

企业的盈利和发展最终都要拿到市场上去检验，营销成败直接决定了企业的生存命运。

在介绍市场营销策略时，创业者要讨论不同营销渠道的利弊，要明确哪些企业主管专门负责销售、主要适用哪些促销工具，以及促销目标的实现和具体经费的支出等。

中小企业可选择的市场营销策略有以下三种。

一是集中性营销策略，即企业只为单一的、特别的细分市场提供一种类型的产品（如制造汽车配件）。这种方法尤其适用于那些财力有限的小公司，或者是在为某种特殊类型的顾客提供服务方面确有一技之长的组织。

二是差异性营销策略，即为不同的市场设计和提供不同类型的产品。这种战略大多为那些实力雄厚的大公司所采用。

三是无差异性营销策略，即只向市场提供单一品种的产品，希望它能引起整体市场上全部顾客的兴趣。当人们的需求比较简单或者并不被人们认为很重要时，该策略较为适用。

7. 生产计划

生产计划旨在使投资者了解产品的生产经营状况。这一部分应尽可能把新产品的生产制造及经营过程展示给投资者，主要内容包括：

（1）公司现有的生产技术能力，企业生产制造所需的厂房、设备情况；

（2）质量控制和改进能力；

（3）新产品的生产经营计划，改进或将要购置的生产设备及其成本；

（4）现有的生产工艺流程、生产周期标准的制定及生产作业计划的编制；

（5）物资需求计划及其保证措施，供货者的前置期和资源的需求量；

（6）劳动力和雇员的有关情况。

同时，为了增大企业的评估价值，生产计划应详细、可靠。

8. 财务分析与预测

这一部分包括公司过去若干年的财务状况分析，今后三年的发展预测，以及详细的投资计划，旨在使投资者据此判断企业未来经营的财务状况，进而判断其投资能否获得理想的回报，因而它是决定投资决策的关键因素之一。

财务预测的依据、前提假设是投资者判断企业财务预测准确性和财务管理水平的标尺，也是投资者关注的焦点。其主要依据和前提假设是企业的经营计划、市场分析。财务分析预测在公司经营管理中具有重要地位，企业需要花费较多的精力来做具体分析，必要时最好与专家顾问进行商讨。

对于中小企业来说，财务预测既要为投资者描绘出美好的合作前景，又要使这种前景建立于坚实的基础之上，否则会令投资者怀疑企业管理者的诚信或财务分析、预测及管理能力。

9. 融资计划

融资计划主要是根据企业的经营计划提出企业资金需求数量、融资的方式和工具，投资者的权益、财务收益及其资金安全保证，投资退出方式等，它是资金供求双方共同合作前景的计划分析。

融资计划的主要内容包括：

（1）融资数额是多少？已经获得了哪些投资？希望向战略合伙人或风险投资人融资多少？计划采取哪种融资工具，是以贷款、出售债券，还是以出售普通股、优先股的形式筹集？

（2）公司未来的资本结构如何安排？公司的全部债务情况如何？

（3）公司融资所提供的抵押、担保文件，包括以什么物品进行抵押或者质押，什么人或者机构提供担保？

（4）投资收益和未来再投资的安排如何？

（5）如果以股权形式投资，双方对公司股权、控制权、所有权比例如何安排？

（6）投资者介入公司后，公司的经营管理体制如何设定？

（7）投资资金如何运作？投资的预期回报如何？投资者如何监督、控制企业运作等？

（8）风险投资的退出途径和方式是什么，是企业回购、股份转让还是企业上市？

这一部分是融资计划的主要内容，企业既要对融资需求、用途提出令人信服的理由，又要有令人心动的投资回报和投资条件，同时也要注意维护企业自身的利益。其基础是企业的财务分析与预测。

由于与资金供给方合作的模式可能有多种，因此创业者还需设计几种备选方案，给出不同盈利模式下的资金需要量及资金投向。

10. 风险分析

这一部分内容主要是向投资者分析企业可能面临的各种风险隐患、风险的大小以及融资者将采取何种措施来降低或防范风险、增加收益等，主要包括：

（1）企业自身各方面的限制，如资源限制、管理经验的限制和生产条件的限制等；

（2）创业者自身的不足，包括技术上的、经验上的或者管理能力上的欠缺等；

（3）市场的不确定性；

（4）技术产品开发的不确定性；

（5）财务收益的不确定性；

（6）针对企业存在的各种风险，企业进行风险控制与防范的对策或措施。

对于企业可能面临的各种风险，融资者最好采取客观、实事求是的态度，不能因为其产生的可能性小而忽略不计，也不能为了增大获得投资的机会而故意缩小、隐瞒风险因素，而应该对企业所面临的各种风险都认真加以分析，并针对每一种可能发生的风险做出相应的防范措施，这样才能取得投资者的信任，也有利于引入投资后双方的合作[22]。

11. 附件和备查资料

附件主要是对创业计划书中涉及的一些问题的细节和相关的证书、图表进行描述或证明，如企业的营业执照、公司章程、验资审计报告、税务登记证、高新技术企业（项目）证书、专利证书、鉴定报告、市场调查数据、主要供货商及经销商名单、主要客户名单、场地租用证明、公司及其产品的介绍和宣传等资料、工艺流程图、各种财务报表及财务预估表、专业术语说明等。它与创业计划书主体部分一起装订成册。备查资料只需列出清单，待资金供给方有投资意向时查询。

【课堂练习8-3】拟定执行概要：对于投资人或评委来讲，他们希望在概要中看到关于项目商业模式的明确论述，以及对于人员、技术和市场的总体情况，一个好的概要是能让投资人或评委了解这个项目的吸引力所在。项目概要的核心逻辑是该项目比较有创新性和商业价值，团队比较靠谱。

根据前期自己创业项目的论证情况，拟定一份项目概要，鼓励用图片加关键词的方式呈现。

1. 目标市场与用户分析

_____

2. 产品服务与技术研发

_____

3. 盈利模式

_____

4. 竞品与壁垒

5. 营销策略与销售实现

6. 团队状况及优势

7. 财务分析与融资需求

8. 项目进展与发展规划

8.2.4　创业计划书的评价与检测标准

1. 创业计划书的致命缺陷

（1）创业计划书只能反映某个时间点。创业计划书是静态的，而新创企业却一直在变化发展。对于新创企业来说，最好的做法是保留不同阶段的计划书，对照实际情况与创业计划书的内容的差异。有经验的投资者更关注一家企业过去的发展历程，而不是对未来的预测。

（2）创业计划书的内容纯属预测。大部分创业计划书中的财务数据是和实际情况存在一定脱节的，有时仅仅是个数字只能作为参考，并不一定符合实际情况的发展。比数字本身更重要的是获得这些数字的假设和方法，只有这样的假设才能产生真正能引起投资者兴趣的信息。

（3）创业计划书对创业理念的展示差强人意。大多数人都是视觉学习者。书面形式的创业计划书在介绍公司的价值定位和增长潜力时，不利于客户或投资者更好地理解公司的价值。

创业计划书的结构标准、统一，对于创业新手而言，制订创业计划书的过程有助于自己考虑公司的未来，是一次宝贵的经历。但对于已经具备创造奇迹的创意和动力，却因为缺少时间或技能，无法在格式化的书面计划书中清楚地表达自己创意的人来说，创业计划书便成了瓶颈。实际上，创意与动力更加重要。一位优秀的创业者应该更专注于自己的产品和客户，而不是死守一份书面计划书。创业者要让投资者和客户知道自己有能力稳妥地应对公司的发展变化。

2. 检测计划的 11 条标准

（1）"电梯"测验。大约在电梯运行一层的时间里，创业者用最简洁的语言告诉投资人自己项目的优势，以此来打动投资人。"电梯"测验是电梯销售演讲的演化。创业者需要一个电梯商业演讲，从而使自己清楚地知道通过什么方式赚钱，这要求创业计划必须简单明了。

（2）"最多三件事情"测验。创业者的成功取决于聚焦关键领域的能力。审视一个创业计划时，创业者需要问自己如下问题：决定自己成功的三件事是什么？自己具备必备能力吗？如果没有，怎么获得？

（3）"假如你是顾客"测验。创业者可以把自己当成潜在顾客，问自己一系列问题：自己会购买这个公司的新产品和服务吗？为什么？自己的独特优势是什么？购买产品时是否愿意付全价？购买是否便捷？

（4）"差异化和市场领导权"测验。成功需要创业者保持独特的优势，哪怕在很小的领域中，如果能保持领先者的位置，也能取得成功。

（5）"我会被包围吗"测验。在创业之前，创业者必须估计风险，要考虑自己是否能有效构建公司，有效阻止合伙人和供应商模仿自己。

（6）"成本翻番"测验。这个测验检查创业者犯错误的回旋余地。"成本翻番"的本质是：自己预料到会出现问题，每件事都比预期的费用要高，通常需要更多的代价实现收益。观察利润计划（自己预期的花费、预期收益、取得收益的时间）做出判断：如果"成本翻番"，这还是一份好的创业计划吗？如果第一年的收益只有预期收益的一半，成本又翻番，这还是一个好创意吗？

（7）留下"犯错误试验的空间"测验。好的商业创意通常留给创业者较大的犯错误的空间，给予创业者回旋的余地。在创业者投入时间和精力检测自己的公司前使用这个测验最有价值。

（8）"依赖性"测验。任何公司的重要风险来源之一就是对某个供应商或者某类重要顾客的巨大依赖。要自我判断：自己的公司是否严重依赖某个公司？这种依赖性会榨取自己的利润吗？有办法减少这种依赖吗？

（9）"多股收入流"测验。控制风险的传统方法之一是多样化。这涉及公司收入，是指公司从多个来源获得收益的能力。

（10）"脆弱性"测验。"脆弱性"测验是用来分析"最坏的情况是什么"的方法。做出如下判断：什么事情会让公司瞬间倒闭？如何预测竞争对手的反应？竞争对手依靠什么做出反应？自己的公司如何应对竞争对手的反应？

（11）"不只是一条路"测验。如果创业者的公司能够多元化发展，将更有可能成功。但如果创业初期多元化，很有可能分散企业和创业者有限的精力。

3. 评价维度与标准

由于产品（服务）的差异、创业环境不同、创业人员能力的差别等，所以要对创业计划书进行评价是比较困难的。目前，投资者和创业大赛的评委多采用量化打分来评定创业计划书。

参考以往比赛和专家的经验，将作为创业计划书的评价指标分为以下几个维度。

（1）执行概要。评价标准：简明、扼要、具有鲜明的特色。重点包括公司及产品

（服务）的优势、市场概况、营销策略、生产计划、创业团队的优势、财务预测、企业发展规划。

（2）产品（服务）。评价标准：如何满足关键用户需要、产品优势、进入策略、市场开发策略、专利权或著作权、政府支持、鉴定等级等。

（3）市场。评价标准：市场调查、市场容量与趋势、市场竞争状况、市场变化趋势及潜力、细分目标市场及客户描述、市场份额和销售额预测。

（4）竞争。评价标准：发展目标、市场定位、竞争对手分析、替代品分析、竞争策略的运用。

（5）营销。评价标准：产品开发、市场占有率提升措施、收入、盈亏平衡点、现金流量、市场份额、主要合作伙伴、促销方式、企业发展的总体进度。

（6）经营。评价标准：原材料的供应情况、工业设备的运行安排、人力资源安排等。这部分要求以产品或服务为依据，以生产工艺为主线，力求描述准确、合理、可操作性强。

（7）组织。评价标准：管理团队成员教育和工作背景、能力、经验、特长、股东持股情况、组织结构、团队组建及分工。

（8）财务。评价标准：营业收入和费用、现金流量、盈亏能力、持久性、固定和变动成本。

（9）总体评估。评价标准：条理清晰、简单明了、表述准确、重点突出、条理分明、数据翔实、论据科学。

依据上述指标设立相应权重，如表 8-1 所示。

表 8-1　创业计划书评价指标权重值　　　　　　　　　　（%）

评价指标	创意可行性	商业计划	合计
执行概要	2.0	2.0	4.0
产品（服务）	7.5	5.0	12.5
竞争	5.0	2.5	7.5
市场	10.0	5.0	15.0
营销	8.0	2.0	10.0
经营	2.5	2.5	5.0
组织	10.0	5.0	15.0
财务	8.0	5.0	13.0
总体评估	12.0	6.0	18.0
合计	65.0	35.0	100.0

8.3　创业计划的陈述

【创业名言】

想象力比知识更重要，因为知识是有限的，而想象力概括着世界上的一切，推动着进步，并且是知识进步的源泉。

——爱因斯坦

想出新办法的人在他的办法没有成功以前，人家总说他是异想天开。

——马克·吐温

这个世界并不在乎你的自尊，只在乎你做出来的成绩，然后再去强调你的感受。

——比尔·盖茨

8.3.1　参加大赛演练计划

大学生创业计划竞赛不是普通意义上的大学生的专业比赛，不是单纯的、个人的、集中在某个专业的学生竞赛，而是以实际技术为背景、跨学科的优势互补的团队之间的综合较量。竞赛的意义也不局限于大学校园，从某种程度而言，创业计划竞赛是高等院校与现实社会、大学生与企业之间的互动与沟通。

参加创业计划大赛，创业者将有以下收益。

（1）系统学习创业知识。参赛者在创作创业计划的过程中，一般可以通过大赛提供的系统培训，学习、交流机会，全面地接受创业者所应具备的知识和技能训练。

参赛者通过参加竞赛，可以获得对产品或服务从构想变为现实的全局把握。在完成创业计划的过程中，培养沟通能力、说服能力、组织能力。在接受挑战的过程中，增强创业的勇气、信心和能力。参加项目大赛的经历本身也是一种财富。

（2）磨炼创业团队。参赛者通过比赛，可以结识未来创业的合作伙伴，参赛小组的成员将最有可能在将来形成创业合作关系，开创成功事业。在此过程中，创业团队可以得到磨合，磨炼团队创业能力，形成创业凝聚力。

参赛者将有机会加入一个充满智慧和活力的小组，与小组伙伴携起手来，接受挑战。参赛者将体验到前进中相互激励的力量、交流中灵感火花的跳跃，以及成功时分享的喜悦。在这一过程中，参赛者会感受到团队精神的力量，培养创业精神。

（3）积累商业资源网络。参赛者通过比赛，可以结识风险投资家。一些风险投资家对创业大赛有浓厚兴趣，将对具有实际运作价值的作品进行投资可行性分析。参赛者可以向风险投资家充分展现自己的产品或服务的巨大市场前景，为进一步创业赢得资金。参赛者还将结识商界和法律界人士，为将来创业建立良好的商业关系网络。同时，很多新闻单位对创业大赛比较关注，可以借助媒体向社会推荐自己和产品整体形象，为未来创业搭建良好的媒体资源。

（4）验证完善创业计划。参加创业比赛的过程就是设计、论证、实施、优化完善创业项目的实施方案的系统过程。在参赛过程中，有创业团队的精心参与，有指导老师的专业指导，有大赛评委的精彩点评，有各参赛团队和参赛项目的交流，这些都是其他形式所不具备的创业论证优势。

8.3.2 创业计划的路演展示

1. 明确创业计划的展示对象

（1）企业内部（员工或股东）。表述清晰的书面创业计划，有助于澄清创业目标，协调团队的各项工作，增强团队凝聚力和行动力，激发团队一致行动向目标前进。

对于企业职能部门经理而言，通过分析各环节和未来战略目标的创业计划，他们能确保自己所做的工作与企业整体计划方向一致。

（2）投资者和其他外部利益相关者。投资者、潜在商业伙伴、潜在客户、前来应聘的关键员工等外部利益相关者是创业计划的第二类读者。

要吸引这些人，创业计划不要过分乐观，过分乐观会破坏创业计划的信度。

创业计划必须明确显示商业创意可行，并与那些风险更小的投资选择相比，商业创意能给潜在投资者带来更高的资金回报；对于商业伙伴、客户和前来应聘的关键员工而言，也须如此。

创业计划必须论证其商业创意的可行性，开发出一套行之有效的商业模式，并深入认识所处的竞争环境，还要注意所展现的事实，即用事实说话。

2. 向投资者陈述创业计划的技巧

（1）陈述准备。与投资者会面之前，创业者一定要准备好幻灯片，而且内容要以预定的陈述时间为限。

陈述的首要原则是严格遵守会议时间、地点安排，做好充分的准备。如果需要视听设备，应事先准备好。

注意事项：确保陈述流畅，逻辑清晰；幻灯片要简洁扼要；内容应通俗易懂（忌用过多专业术语）；陈述企业自身状况而非技术或产品细节；避免遗忘一些重要的资料。

（2）陈述的关键点以及陈述技巧。陈述仅需要使用 10～15 张幻灯片，不追求全面，要抓重点，尤其是投资者可能感兴趣的部分。

公司：用 1 张幻灯片迅速说明企业概况和目标市场。

机会（尚待解决的问题和未满足的需求）：这是陈述的核心内容，最好占 2 或 3 张幻灯片。

解决方式：企业将如何解决问题或如何满足需求，该项内容需要 1 或 2 张幻灯片。

管理团队：用 1 或 2 张幻灯片简要介绍每个管理者的资格和优势。

产业、目标市场：用 1 或 2 张幻灯片介绍企业即将进入的产业及目标市场状况。

竞争者：用 1 或 2 张幻灯片简要介绍直接竞争者和间接竞争者，并详细介绍企业如何与目标市场中的现有企业竞争。

知识产权：用 1 张幻灯片介绍企业已有的或待批准的知识产权。

财务：简要说明即可。强调企业何时盈利，为此要多少资本，以及何时实现现金流持平，最好用 2 或 3 张幻灯片。

资金需求、回购和退出战略：用1张幻灯片说明企业需要的资金数目及设想的退出战略。

3. 现场答辩与反馈

创业者要敏锐地预见投资者可能会提出什么问题，为此创业者就可以做好准备。

投资者可能会用很挑剔的眼光看创业计划，这时创业者可能会很泄气。其实，投资者仅仅是在做分内的事情，提出的问题可能会有很大的帮助，会给创业者很大的启发。

回答问题阶段非常重要，此时投资者往往考察创业者是否挖掘到问题的本质，以及对新创企业了解多少。

创业者现场回答投资者的问题时要注意：

（1）对投资者问题的要点有准确理解，回答具有针对性而不是泛泛而谈；

（2）能在投资者提问结束后迅速做出回答，回答内容连贯、条理清楚；

（3）回答问题要准确可信，建立在准确的事实和可信的逻辑推理上；

（4）特定方面的充分阐述，即对投资者特别指出的方面能做出充分的说明和解释；

（5）符合整体答辩的逻辑性要求，陈述和回答的内容有整体一致性；

（6）团队成员在回答时有较好的配合，能协调合作、彼此互补，对相关领域的问题能阐述清楚。

📥 延伸阅读

创业大赛项目路演注意事项

一、路演前的准备

（一）打印商业计划书

商业计划书要求内容完整、格式规范；图文并茂，多用表格与数据；字数要适当，不能过多或过少；其中尽量不要出现文字或格式上的低级错误。

商业计划书的执行概要是评委或投资人关注的重点，执行概要内容包括：公司的经营内容、产品或服务以及它解决了用户的什么问题；公司的商业模式；公司所处行业及细分领域、巨大的市场规模及美好的发展前景；公司相对于竞争对手的核心竞争优势；创业者和核心管理团队的背景及曾经取得的相关成就；公司的财务状况和对未来财务的预测。

（二）制作路演PPT

路演PPT的内容要与商业计划书保持一致，具体要求可以参考下文。制作PPT时需要注意的是：用词不能有错别字，词语必须前后关联；减少不必要的动画效果；便于制成PDF格式；注意配色、图表文字搭配和谐统一；能用图，少用表格，能用表格，少用文字，切忌用大段的文字；每页中的内容不要过多，保证必要的信息量即可；外观尽量丰富多彩，避免观众产生视觉疲劳。

（三）其他准备

有的项目需要现场提供产品或服务的样品，例如：一个开发的软件或一套设计的装置。有的比赛要求提供一条有关项目介绍的短视频（VCR）。此外还需准备 30 ～ 60 秒的开场白、路演 PPT 全部文稿、问题答辩数据库等。

二、路演 PPT 内容

（一）首页

首页包括项目名称及其他信息。项目名称尽量用一句话描述，例如，"小米电视：打造年轻人的第一台电视""阿里巴巴：让天下没有难做的生意"。其他信息包括参赛组别、参赛省份、所属高校、联系人姓名及联系方式等。

（二）正文

1. 分析行业背景和市场现状 –Why/Why Now ？（1 或 2 页）

（1）项目相关的行业背景、市场发展趋势、市场空间。 行业市场分析要具体且有针对性，与所要做的事要紧密相关，避免空泛论述。

（2）描述在目前的市场背景下，发现了一个什么样的痛点（市场需求点 / 机会点）。在分析时，如已有相关的产品或服务，请对已有的产品或服务做简要的对比分析，表明当前项目的差异化机会。

（3）说明目前是做该项目正确的时机。

建议：多用数据或案例说明。

2. 讲清楚要做什么 –What ？（1 页）

用一两句话讲清楚准备做什么事，最好能配上简单的上下游产业链图（或产品功能示意图、简要流程框图等），让人对要做的事一目了然。

建议：发挥专业特长，有创新内涵，不要简单追随投资热点；要注意聚焦，不要泛泛而谈。

3. 如何做以及现状 –How ？（6 页左右）

（1）讲清楚有什么样的解决方案，或者什么样的产品，能够解决痛点（市场需求点 / 机会点）的方案或者产品是什么，提供了什么功能？

（2）明确产品将面对的用户群是谁（要有清晰的目标用户群定位）。

（3）说明产品或解决方案的竞争力（为什么这件事情你能做，而别人不能做？或者为什么你能比别人做得好？你的核心竞争力是什么？项目与众不同的地方是什么？是否具备科技成果转化背景或拥有知识产权？）。

（4）说明未来如何实现盈利，即商业模式（如果商业模式还处于雏形阶段或者是太早期的项目，请说明产品 / 解决方案对用户有确切价值，且能做大规模的可行性）。

（5）对竞争对手的产品进行比较分析（选取关键维度对比分析，要客观、真实）。

（6）提出产品 / 解决方案的研发、生产、市场、销售等环节相关策略（如果项目处于早期创意阶段，该部分的市场、销售等不是重点，简要说明即可）。

（7）说明目前阶段已经达成的关键指标（产品、研发、销售等环节的进展，尽量用数据）。

4. 项目团队–Who？（1 或 2 页）

（1）团队的人员规模和组成。

（2）团队主要成员的分工、背景和特色，个人能力与岗位的匹配度。

（3）团队的核心竞争优势。

建议：科技成果转化项目，需说明科技成果的专利权人、发明人与团队之间的关系。

5. 财务预测与融资计划–How Much？（1 页）

（1）未来 1 年左右项目收支状况的财务预估。

（2）未来 6 个月或 1 年的融资计划（需要多少资金，释放多少股份，用这些资金干什么，达成什么目标）。

（3）目前的估值及估值逻辑（估值逻辑请说明是基于市盈率 × 利润，还是基于市销率 × 销售收入，还是基于对标估值等方式）。

（4）路演前的项目融资情况。

建议：不必写未来 3 年，甚至 5 年的财务预测，除非是已经非常成熟的项目。

三、演讲及答辩

（一）主讲人

主讲人一般是项目创始人或公司 CEO，如有特殊情况创始人无法上台，则由联合创始人或公司其他高管主讲。

主讲人本身要自信有力，着装要得体，妆容和发型也要合适。

主讲人需要控制好自己的语速，充分运用可用的时间。如想达到较好的演讲效果，主讲人需要先熟悉文稿，反复斟酌文字，然后在演练过程中不断对演讲稿和 PPT 进行更高要求的打磨。还要注意 PPT 翻页与演讲的配合，并适当地加入一些肢体语言，进行反复的全过程演练，直到找到最佳状态为止。

（二）答辩

主讲人应负责所有问题的回答，如果主讲人实在不能回答某问题，则由其负责分配由其他团队成员来回答该问题。

问题的回答要直接回应、尽量简短，切忌绕弯子、答非所问。如果遇到难以回答的问题，态度要诚恳谦虚、实事求是。

路演答辩中常见的问题有：项目核心价值；项目主体内容；潜在客户对项目的需求；项目对潜在客户的短期和长期价值；项目对投资人的短期与长期价值；项目对社会的短期与长期价值；项目的投资回报计划；项目的竞争对手及市场竞争策略；项目团队的精神与能力；项目团队的情感深度与契合程度；团队运营项目的核心能力；宏观政策与社会形势对项目的有利因素；项目风险的概率与规避方法；项目运营的稳定性与持续性。

资料来源：引自 https://www.jinchutou.com/p-50692557.html，有删改。

🔊 问题思考

1. 制订创业计划的作用和意义是什么？
2. 创业计划书中应包括哪些内容？
3. 如何评价创业计划书的质量？

⏱ 实训活动

创业计划的制订与路演

1. 基于商业模式画布，撰写创业计划（简版）

同学们已经有了项目、团队，评估了风险，论证了资源，设计并验证了商业模式，现在小组根据商业模式画布写一份简版的创业计划（图片＋关键词的 PPT）。

2. 基于创业计划，拟定路演策略，做好路演准备

认真思考并讨论创业计划的路演策略，确保自己掌握了创业项目的所有信息，然后凝练出创业计划的各个要点，以此来做路演训练。

3. 路演比赛

各小组同学们的 "CEO" 代表自己的创业团队陈述项目计划，进行路演展示比赛，时间不超过 8 分钟。你们准备用什么样的方式和策略去打动评委投资人，引起评委投资人的兴趣，进而获得融资机会呢？

4. 路演评估

在全部展示后，请将自己的笔记与 "演讲评估表"（见表 8-2）进行比较，同时完成对每个演讲的评估。

表 8-2　演讲评估表

项目	标准	评分	评论
创意	清晰易懂地描述产品或服务		
顾客	明确描述初始目标市场及其规模		
需求	明确陈述并理解问题或机会匹配		
商业模式	各个要素是明确理解的		
差异化	已经识别并证实了某些与目标顾客共鸣的独有特征		
团队	团队拥有所需的技能、资源和经验		
资金	融资计划是合理的，识别到了具体数量的资金需求		

5. 讨论与反思

针对每个路演，讨论以下问题：

（1）有人能描述产品或服务是什么以及如何发挥作用吗？

（2）谁是目标顾客以及要解决的问题是什么？

（3）这是个好机会吗？为什么？

（4）存在任何情境因素导致你相信这是一个好机会吗？

（5）该产品是独特的或与竞争产品以及其他替代产品有何不同吗？

（6）项目计划如何赚钱？

（7）团队的技能与企业的需求一致吗？

（8）启动新企业需要什么资源？

（9）你觉得信息沟通的方式如何？

（10）在给定的时间范围内，演讲者可以做些什么来改进演讲内容和沟通方式？

（11）之前的评估与运用"演讲评估表"之后的评估，有哪些区别？

Chapter 9
第 9 章

创办新企业

本章概要

本章的三节内容分别是企业相关概念及常识、新企业创办准备、注册新企业。企业相关概念及常识包括新企业相关概念与衡量标准、创办新企业的前提条件、企业创办税务常识等；新企业创办准备包括公司设立的前期准备、创办企业必须了解的法律；注册新企业包括企业起名与选址、企业注册流程及注意事项。

重点难点

1. 重点：创办新企业的前提条件，企业创办税务常识，公司设立的前期准备，选择企业的组织形式，企业起名与选址。

2. 难点：创办新企业的前提条件，企业起名与选址。

学习要求

1. 知识目标：了解新企业相关概念与衡量标准，了解创办企业的法律，掌握创办新企业的前提条件。了解公司设立的前期准备，掌握企业起名与选址方法。

2. 能力目标：具备创建新企业前的内外条件分析能力。

3. 素质目标：通过学习具备对新企业战略规划和战略分析的创业素质。

案例导入

新企业创建的合作纠纷

2017 年 5 月，甲、乙拟共同投资设立饮品有限责任公司，并就公司的基本问题达成一致意见，遂签订出资协议。协议的主要内容是：甲投资 35 万元，乙投资 45 万元；出资各方按投资比例分享利润、分担风险；公司筹备具体事宜及办理注册登记由甲负责。随后，乙将投资款 45 万元交付给甲，甲即开始办理公司设立登记的有关事宜，并产生了部分费用。

　　但乙在同年 7 月，以饮品市场利润率低为由通知甲暂缓公司的注册登记。同年 8 月，要求甲退回投资 45 万元。

　　甲认为，双方签订了协议，缴纳了出资，制定了章程，并产生了部分费用，即使未办理登记手续，只是形式方面有欠缺，事实上已经具备公司成立的基本条件。而且，双方所订协议是合法有效的，乙要求退还投资款，属于违约行为。所以甲主张双方应继续履行出资协议，由甲尽快办妥注册登记手续。

【课堂练习 9-1】案例中注册新企业面临哪些法律和伦理问题？如何解决？

9.1　企业相关概念及常识

【创业名言】

当信用消失的时候，肉体就没有生命。

——大仲马

　　如果大环境和小环境都自己去建设的话，我自身的能力、实力不具备。所以当时我们只有一个简单的想法，就是我把自己有限的资本或者力量聚焦到一个核心——如何去塑造品牌，把相关的交给社会来完成。

——周成建

　　如果把财富看得更广义一点的话，它应该意味着幸福才对。金钱不是最重要的，重要的是你是不是在做自己喜欢的事情，是不是有幸福的生活。

——李彦宏

　　在逆境的时候，你要问自己是否有足够的条件，当我身处逆境时，我认为自己有足够的条件，因为我勤劳、节俭、有毅力，我肯求知、肯建立信誉。

——李嘉诚

　　本节探讨有关新企业的相关概念与衡量标准，并对创办企业的前提条件、企业创办的税务常识等内容进行讨论。

9.1.1　新企业的相关概念与衡量标准

1. 相关概念

　　（1）新企业。新企业（新创企业）是指创业者利用商业机会并通过整合资源所创建的一个新的具有法人资格的实体，它能够提供产品或服务。新企业成立意味着以组织身份参与市场活动并开始实现创业机会价值。

　　（2）公司制企业。公司是现代社会中最主要的企业形式。它是以盈利为目的，由股东出资形成，拥有独立的财产，享有法人财产权，独立从事生产经营活动，依法享有民事权利，承担民事责任，并以其全部财产对公司的债务承担责任的企业法人。根据《公司法》，我国的公司分有限责任公司（包括一人有限责任公司）和股份有限公司两种类型。

（3）一人公司。一人公司是由一个股东出资筹建的承担有限责任的公司。其基本特征是：一个投资者是公司唯一的股东，是特殊有限责任公司，公司对债务承担有限责任；投资者是企业法人，而不是自然人；公司财产与个人财产严格分开，投资者只以投资额为限对公司承担责任。

（4）有限责任公司。有限责任公司指由 50 个以下股东出资设立，股东以其出资额为限对公司承担责任，公司以其全部资产对公司的债务承担责任的企业法人。

设立条件：股东符合法定人数；有符合公司章程规定的全体股东认缴的出资额；股东共同制定公司章程；有公司名称，建立符合有限责任公司要求的组织机构；有公司住所。

优势：创业股东只承担有限责任，风险小；公司具有独立寿命，易于存续；可以吸纳多个投资人，促进资本集中；多元化产权结构有利于决策科学化。

劣势：创立的程序比较复杂，创立费用较高；存在双重课税问题，税负较重；不能公开发行股票，融资规模受限；产权不能充分流通，资产运作受限。

（5）股份有限公司。股份有限公司是指公司资本为股份所组成的公司，股东以其认购的股份为限对公司承担责任的企业法人。根据《公司法》规定，设立股份有限公司，应当有二人以上二百人以下为发起人，其中须有半数以上的发起人在中国境内有住所。由于所有股份公司均须是负担有限责任的有限公司（但并非所有有限公司都是股份公司），所以一般合称"股份有限公司"。

设立条件：发起人符合法定人数；有符合公司章程规定的全体发起人认购的股本总额或者募集的实收股本总额；股份发行、筹办事项符合法律规定；发起人制定公司章程，采用募集方式设立的经创立大会通过；有公司名称，建立符合股份有限公司要求的组织机构；有公司住所。

优势：创业股东只承担有限责任，风险小；筹资能力强；公司具有独立寿命，易于存续；职业经理人进行管理，管理水平较高；产权可以股票形式充分流通。

劣势：创立的程序复杂，创立费用高；存在双重课税问题，税负较重；需定时报告公司的财务状况；公开公司的财务数据，不利于保密；政府限制较多，法律法规要求严格。

（6）合伙企业。合伙企业是指按照《中华人民共和国合伙企业法》（简称《合伙企业法》）在中国境内设立的，由各合伙人订立合伙协议，共同出资、合伙经营、共享收益、共担风险，并对合伙企业债务承担无限连带责任的营利性组织。

设立条件：合伙人应当为两个或两个以上的具有完全民事行为能力的人；合伙企业必须有书面合伙协议；有各合伙人实际缴付的出资；有合伙企业的名称、经营场所和从事合伙经营的其他必要条件。

优势：创办比较简单，费用低；经营上比较灵活；企业拥有更多人的技能和能力；

资金来源较广，信用度较高。

劣势：合伙创业者承担无限责任；依赖合伙人的能力，企业规模受限；容易因关键合伙人退出而解散；合伙人投资流动性低，产权转让困难。

（7）个人独资企业。个人独资企业是最为简单的企业组织形式，是指依照《个人独资企业法》在中国境内设立的，由一个自然人投资，财产为投资人个人所有，投资人以其个人财产对企业债务承担无限责任的经营实体。

设立条件：投资人为一个自然人；有合法的企业名称；有投资人申报的出资；有固定的生产经营场所和必要的生产经营条件；有必要的从业人员。

优势：企业设立手续非常简单，且费用低；所有者拥有企业控制权；可以迅速对市场变化做出反应；无须缴纳个人所得税，无须双重课税；在技术和经营方面容易保密。

劣势：创业者承担无限责任；企业成功过多地依靠创业者个人能力；筹资困难；企业随着创业者退出而消亡，寿命有限；创业者投资的流动性低。

（8）个体工商户。个体工商户是指生产资料归劳动者个人所有，以自己个人的劳动为基础，劳动成果由劳动者个人占有和支配的市场经营主体。

设立条件：有经营能力的城镇待业人员、农村村民以及国家政策允许的其他人员；申请人必须具备与经营项目相应的资金、经营场地、经营能力及业务技术。

优势：对注册资金实行申报制，没有最低限额基本要求；手续简单，费用低；税收负担轻。

劣势：信誉较低，很难获得银行大额贷款；经营规模小，发展速度慢；管理不规范，有的个体工商户甚至对经营所得和工资所得都不加以区分。

主要企业组织形式的优劣比较表如表9-1所示。

表 9-1   主要企业组织形式的优劣比较表

	优势	劣势
有限责任公司	创业股东只承担有限责任，风险小 公司具有独立寿命，易于存续 可以吸纳多个投资人，促进资本集中 多元化产权结构有利于决策科学化	创立的程序比较复杂，创立费用较高 存在双重课税问题，税负较重 不能公开发行股票，融资规模受限 产权不能充分流通，资产运作受限
股份有限公司	创业股东只承担有限责任，风险小 筹资能力强 公司具有独立寿命，易于存续 职业经理人进行管理，管理水平较高 产权可以股票形式充分流通	创立的程序复杂，创立费用高 存在双重课税问题，税负较重 需定时报告公司的财务状况 公开公司的财务数据，不利于保密 政府限制较多，法律法规要求严格
合伙企业	创办比较简单，费用低 经营上比较灵活 企业拥有更多人的技能和能力 资金来源较广，信用度较高	合伙创业者承担无限责任 依赖合伙人的能力，企业规模受限 容易因关键合伙人退出而解散 合伙人投资流动性低，产权转让困难
个人独资企业	企业设立手续非常简单，且费用低 所有者拥有企业控制权 可以迅速对市场变化做出反应 无须缴纳个人所得税，无须双重课税 在技术和经营方面容易保密	创业者承担无限责任 企业成功过多地依靠创业者个人能力 筹资困难 企业随着创业者退出而消亡，寿命有限 创业者投资的流动性低

2. 新企业的衡量标准

判断新企业成立主要有三个流派：产业组织学派、种群生态学派、劳动力市场参与学派。综合三个流派的观点，一般有三个维度衡量新企业的成立：存在雇用性质的员工关系、产生第一笔销售、注册登记成合法实体。

此外，在管理学研究中，有部分研究以企业成立的时间作为新企业界定的标准。全球创业观察（GEM）报告界定的新创企业，是指成立时间在 42 个月以内的企业。部分学者认为新企业跨度长短取决于所处行业、资源等因素，这个时间最短 3 ～ 5 年，最长 8 ～ 12 年。国内外越来越多的学者认为企业成立前 6 年是决定其生存与否的关键时期，因此以 6 年或更短时间界定新企业。另外，也有学者认为 8 年是企业创建后的过渡期，以 8 年为界。

9.1.2 创办新企业的前提条件

创业者成立新企业需要综合考虑一定的外部条件和内部条件，外部条件和内部条件是影响新创企业成败的关键因素。

1. 外部条件

外部条件包括创业者识别有利的商业机会并进行初步的分析评价、具备成立新企业的经济技术等外部环境、有能源和原材料等必要条件，而且对创业者所要进入行业的情况进行全面的分析，包括国家宏观环境的影响、产业政策、行业总体规模、区域行业规模和特点、盈利模式、劳动力供给、管理模式等。对行业有充分的了解才有可能降低风险。本小节讨论的外部条件主要是创业环境。

创业环境是指围绕创业企业成长而变化，并能够影响创业企业成长的一切外部因素的总和。它包括政治、经济、法律、科技、社会、自然等方面的因素，是这些因素相互作用和相互制约而构成的有机整体。如果说创业企业是从一粒"种子"开始萌芽并成长为国民经济的重要支柱的，那么它赖以生存的"土壤、阳光和空气"等环境因素则起到了重要的作用。

创业企业的创业环境是区域系统的一种表现。区域的性质、结构和发展水平，决定了创业环境的状态和变化规律，对创业企业的成长产生重要的作用和影响。创业环境是个空间概念，所在区域不同，内容也不同。区域经济、社会、人文、自然等地区差异，决定了创业环境的地区差异。

创业环境可以从多个角度进行分类。按创业环境的构成要素分，创业环境可以分为经济环境、政治法律环境、社会文化环境和自然环境等，其中经济环境又可细分为宏观经济环境和微观经济环境，宏观经济环境包括产业政策与融资环境。按区域层次，创业环境可以分为三个层次：一国或几类连片范围内的宏观环境，某个地区或者城市、乡镇而形成的中观环境，企业的文化氛围、团队精神和敬业精神等组成的微观环境。这三个层次的环境与其相对应的经济社会实体相呼应，都有不同的内容和特征。按软硬环境分为硬环境和软环境：硬环境是指有形的环境要素，包括物质环境和区位环境，如基础设施、交通条件等；软环境是指无形的环境要素，包括法律、经济、文化环境等。

毋庸置疑，创业环境对创业者来说是一件很重要的事情。试想，如果一个创业者对自己所在区域的创业环境与生存空间都不了解，那创业过程的结果会怎样可想而知——轻则遭遇许多麻烦和苦恼，重则导致创业失败。创业者要把创业环境看作一个有机整体，在创业选址等关键步骤上，要上升到企业生存和发展的战略高度来认识。

就我国目前的创业环境来说，有以下几点值得创业者关注。第一，我国各地区创业环境发展不平衡，东部地区比西部地区的创业环境要好，主要是因为西部地区思想观念陈旧、政策环境差、资金短缺、人才匮乏等，但这些不足正在逐步改善。第二，就我国的实际情况而言，长三角、珠三角和环渤海地区的创业环境较好，北京、上海和深圳则是创业条件最好的城市，这些地区的产业政策环境、融资环境和人力资源环境较好。第三，就同一地区而言，各类经济开发区、科技园区和孵化器的创业环境较好，主要体现在产业聚集效应、优惠扶持政策、创业文化氛围和基础设施完善等。

2. 内部条件

内部条件包括创业者具有一定的创业能力和素质、具有成为创业者的动机、掌握的资金资源、具有较小的创业机会成本、已经获得了某种特许权或者已经开发出了能够创造市场的产品或者成立新企业能够形成某种特有的竞争优势等。

（1）创业的激情。创业首先需要的是激情。有句话说得好"山高人为峰"，有了理想才有为之奋斗的动力，有了激情才能有百折不挠的勇气。有创业的激情就是认为这件事非做不可，激情是人的意趣和性情的自然表达，是创意的源泉，也是提升和凝聚人气的途径，有了激情才能迸发出无限的创造力。创业完全靠自我推动，创业之路充满了艰辛和困苦，各种意想不到的苦难都有可能出现。如果没有创业的激情，放弃是意料之中的。

（2）素质和专长。创业者首先要明白自己的特长在哪里，能做什么，不能做什么。从性格上来讲，是适合做领导者还是技术人员？是精于管理还是长于销售？从技能上说，熟悉哪一行业的管理和盈利模式？"做熟不做生"，选一个自己较为熟悉的行业，在业务的开展和经营中可以事半功倍，有效地识别和预防潜在的风险。如果不能这样选择，退而求其次，也需要选择一个自己热爱和具备兴趣的行业，兴趣和热爱可以给予创业者丰沛的动力去钻研和理解这个行业，而且还有可能迸发出业内人士所不具备的创新。

（3）资金状况。资金状况包括自有资金有多少以及能够吸纳的资金有多少。资金的多少决定了创业的抗风险能力。资金的投入包括前期投入和运营期间的流动资金。企业开张后要运转一段时间才能有销售收入。制造企业在销售之前必须先把产品生产出来，服务企业在开始提供服务之前要买材料和用品，零售商和批发商在卖货之前必须先买货。所有企业在交易达成之前必须花时间和费用进行促销，还需要资金用来购买原材料，支付租金、员工工资、办公和管理费用。因此必须预测，在获得销售收入之前，能够支撑多久。一般而言，刚开始的时候不可能达到盈亏平衡，流动资金要计划充裕些。本钱小做小生意，本钱大做大生意，空手套白狼不是谁都能做的，而滴水石穿、积少成多，小生意也有可能逐渐做成大买卖。

（4）资源状况。除资金以外，还能调动怎样的资源。俗话说"靠山吃山，靠海吃海"。资源包括人脉资源和行业资源。掌握了行业和跨行业的各种关系网，比如供货商、经销商、客户、行业管理部门都非常重要，对资源的合理配置能够带来意想不到的收益，很多创业者也是依靠这一优势成功的。

（5）团队构成。尽管相似或思维方式相同的人更容易成为好友，但是创业团队更需要互补型的人员，要有带头人、具有创新思维的人、能够平衡矛盾的人。需要注意的一点是，在性别上也应该有所搭配，"男女搭配，干活不累"虽然听来是一句玩笑话，但从心理学上来说有一定的道理。男性理性思维强，关注宏观多，女性感性思维强，关注微观多，具备形成良好配合的前提条件，如果组建成团队，应当能够形成一定的优势。

9.1.3 企业创办税务常识

1. 发票需仔细保管，丢失发票要罚款

向税务机关领用发票免收工本费，可丢失发票是要罚款的。

依照《中华人民共和国发票管理办法》，已经开具的发票存根联和发票登记簿，应当保存 5 年。保存期满，报经税务机关查验后销毁。丢失发票的，由税务机关责令改正，可以处 1 万元以下的罚款。

2. 报税不是申报纳税，每月操作不可忘

报税是报送税控装置或非税控电子器具开具发票的数据，未按期报送的，根据《中华人民共和国发票管理办法》第三十五条可以处 1 万元以下的罚款。

3. 不管有没有生意，都需要进行申报

有的纳税人认为有生意时要填报申报表，而没有生意或是不达起征点就无须申报。按时、如实申报是纳税人履行纳税义务、承担法律责任的主要依据，是税务机关税收管理信息的主要来源和了解纳税人的经济活动情况，掌握和分析税源的变化情况。如纳税人不申报，依照《中华人民共和国税收征收管理法》，情节严重的，税务机关可对纳税人处以 2 000 元以上 1 万元以下的罚款。

4. 企业申请"一般人"成功后不能取消

规模小的企业并不等同于税收上的"小规模纳税人"。

按照有关规定，即使销售额未达到规定标准，只要具备会计核算健全和有固定的经营场所两个条件，经过申请，可以获得一般纳税人资格，可以自行开具增值税专用发票。《中华人民共和国增值税暂行条例实施细则》第三十三条规定，除国家税务总局另有规定外，纳税人一经认定为一般纳税人后，不得转为小规模纳税人。

5. 购买虚假发票违法，达到一定标准坐牢

目前国税局的"金三系统"功能强大，发票电子底账全方位采集、查验、对比，任何一张假发票都不会遗漏，使用虚假发票抵扣的需补交税款，还有滞纳金和罚款，严重的要被移送公安机关追究刑事责任，因此得不偿失。发票开具要建立在发生真实业务的基础上，如果没有发生真实的业务，千万不要购买进项发票用于抵扣。

6. 关门不能一走了之，"任性"后果很严重

有些公司无法经营下去了，觉得反正也没欠过税，联系方式也改了，直接关门停业，不走正常的注销税务登记程序，也不再报税。这种行为要不得，殊不知，擅自走逃会被认定为"非正常户"，同时也会留下不良纳税信用等级，以后再注册或投资公司都会受到很大影响。同时，在非正常解除的环节，税务机关会根据纳税人逾期未申报的时间长短处以万元以下罚款。

7. 账簿调取有程序，移交税务要收据

按照《中华人民共和国税收征收管理法实施细则》第八十六条规定，税务机关有权调取企业账簿，但必须出具相关手续，否则属于越权。调取账簿是有时限要求的，调取当年账簿应在30天内归还，调取以前年度账簿应在3个月内归还。

8. 税务检查要出示税务检查证和税务检查通知书，未出示可拒绝

依据《中华人民共和国税收征收管理法》第五十九条和《中华人民共和国税收征收管理法实施细则》第八十九条，税务机关派出的人员进行税务检查时，应当出示税务检查证和税务检查通知书；未出示税务检查证和税务检查通知书的，企业有权拒绝检查。

【课堂练习9-2】新企业在报税方面应注意哪些事项？

9.2 新企业创办准备

【创业名言】

一致是强有力的，而纷争易于被征服。

——伊索

夫君子之行，静以修身，俭以养德。

——诸葛亮

公司是个是非地，商场是个是非地，商人是个是非人，挣钱是个是非事，变革的年代是是非的年代，怎么样在这么多是非里面无是非，这就要求人有非常好非常稳定的价值观。是非取于心，很多是非是心不平产生的。

——冯仑

充满着欢乐与斗争精神的人们，永远带着欢乐，欢迎雷霆与阳光。

——赫胥黎

最困难之时，就是离成功不远之日。

——拿破仑

新企业的创办组织形式选择、各项工作的前期准备以及对相关法律法规的了解，对企业的顺利注册和后续发展都有重要影响，本节主要对这些问题进行分析讨论。

9.2.1　选择企业的组织形式

一个新企业可以选择不同的组织形式，或者由一个独立体创办单一业主制企业，或者由几个人创办合伙制企业，或者成立法人公司制企业。无论选择怎样的形式，都必须根据国家的法律法规要求和新企业的实际，科学衡量利弊，决定合适的组织形式。

1. 不同形式的企业中创业者的权利与义务比较

（1）个人独资企业。个人财产与企业财产紧密相连，个人独资的所有者应当就个人独资企业的债务承担无限连带责任。

（2）合伙企业。对内关系主要由合伙协议所确定。对外关系，即合伙人与第三人之间的关系，在一般情况下，合伙人的个人财产与合伙企业的财产不发生联系，合伙人不对合伙企业与第三人的行为承担义务。

（3）有限责任公司。公司财产与股东的个人财产是严格分离的，公司股东只就其出资额为限对公司承担责任，而公司以其全部资产对公司的债务承担责任。创业者在有限责任公司的权利更体现为一种对内的股东权利。有限责任公司股东会由全体股东组成，股东会是公司的权力机构，享有广泛的权利。

2. 不同法律形式企业的利弊比较

（1）从新事业启动成本方面进行分析

个人独资企业 < 合伙企业 < 有限责任公司和股份有限公司

（2）从新事业的稳定性方面进行分析

个人独资企业 < 合伙企业 < 有限责任公司和股份有限公司

（3）从权益的可转让性方面进行分析

个人独资企业 > 合伙企业 > 有限责任公司和股份有限公司

（4）从获得增加资金的方面分析

个人独资企业 ＜ 合伙企业 ＜ 有限责任公司和股份有限公司

（5）从管理控制方面分析

个人独资企业 ＞ 合伙企业 ＞ 有限责任公司和股份有限公司

（6）从利润与损失的分配方面分析

个人独资企业 ＞ 合伙企业 ＞ 有限责任公司和股份有限公司

（7）从对筹资吸引力方面分析

个人独资企业 ＜ 合伙企业 ＜ 有限责任公司和股份有限公司

3. 企业组织形式的选择

创业者不但需要了解我国现有企业制度中可以选择的各种投资、创业形式，而且应当了解每种形式的优劣，从而选择一种合适的企业组织形式。通常而言，决定企业组织形式时应当考虑以下几个方面的因素。

（1）拟投资的行业。对于一些特殊的行业，法律规定只能采用特殊的组织形式。比如律师事务所只能采用合伙形式而不能采取公司制形式，而对于银行、保险等金融事业，法律则要求必须采用公司制形式。因此，根据拟投资的行业确定可以采取的企业组织形式是应当首先考虑的因素。对于法律有强制性规定的行业，只能按照法律规定的要求办理，对于法律没有强制性要求的，则需要根据实务中通常的做法以及创业者的特殊要求来确定组织形式。例如，近几年来创业投资领域内非常热门的私募股权基金，法律允许采用的组织形式包括公司制和合伙制，但是随着《合伙企业法》的修改，越来越多的私募股权基金采取了发达国家最为流行的做法，即有限合伙制的组织形式。

（2）创业者风险承担能力。对于创业者而言，其风险承担能力是其创业前必须考虑的重要因素之一。商业环境中存在各式各样的经营风险，而企业组织形式如何与创业者日后所需要承担的责任大小息息相关？正如前文所述，公司制企业的股东仅以其出资额为限对公司承担责任，公司以其全部的资产对公司的债务承担责任，因此公司制的企业的有限责任制度对于风险控制具有重大意义，而对于普通合伙企业以及个人独资企业，合伙人或者投资人则需要对于企业承担无限责任。如果选择普通合伙企业和个人独资企业组织形式，则创业者所必须承担的风险不仅限于目前投资数额，还包括全部个人财产，因此，采用这两种组织形式进行创业的风险相对较大。

（3）税务因素。由于不同的企业组织形式所缴纳的税不同，因此选择企业组织形式，必须考虑税赋问题。根据我国相关税法的规定，对个人独资企业和合伙企业生产经营所得计征个人所得税，其中合伙企业的投资者将全部生产经营所得按协议约定的分配比例，确定各自的应纳税所得额，分别缴纳个人所得税。而对于公司制企业，既要就公司经营所得缴纳企业所得税，又要在向股东分配利润时为股东代缴个人所得税，即按20%的税率缴纳个人所得税。因此从税赋筹划的角度而言，选择合伙企业以及个人独资企业，通常所需要缴纳的税赋较公司制企业更低。但是这并不能一概而论，对于一些特殊的行业,例如高新技术企业和微小企业,由于我国政府对其采取税收优惠政策,在享受到税赋优惠政策的情况下,公司制企业或许更加节税。

(4)未来融资的需要。企业组织形式对于未来的融资也具有较大的影响。如果创业者自身资金充足,拟投资的事业所需资金要求也不大,则采用合伙制或者有限公司的形式均可;但是如果日后发展企业所需要的资金规模非常大,则建议采用股份有限公司。

(5)经营期限的考量。对于个人独资企业,一旦投资人死亡且无继承人或者继承人决定放弃继承,则企业必须解散;合伙企业由合伙人组成,一旦合伙人死亡,除非不断吸收新合伙人,否则合伙企业的寿命也是有限的。因此,无论合伙企业还是个人独资企业,通常的经营期限都不会很长,很难持续发展下去。但公司制企业却完全不同,除出现法定解散事由或者股东决议解散外,原则上公司制是可能永远存在的。因此,创业时可以根据拟经营的期限来选择企业组织形式,若希望将该企业不断经营下去,则更建议采用公司制企业形式。

当然除了上述因素之外,还可以从投资权益的自由流通度、经营管理的需要等多个方面就企业组织形式的优劣进行分析和比较。总之,企业组织形式没有最好的,只有最合适的,创业者只有对自己的实际需要有充分的了解,才能选择出最合适的企业组织形式。

9.2.2 公司设立的前期准备

在成立创业公司前,所有的准备工作中最重要的是心理上的准备:创业是否真的是你想要的?你是否有足够的毅力与韧性忍受创业途中的磨难与煎熬?你是否有一颗足够强大的心去面对与克服创业途中重重的困难与挑战?你是否能够承受创业失败的后果?如果你对上述问题经过深思熟虑给出肯定的答案,就可以接着了解成立创业公司前从法律及实践操作角度主要的准备工作。

1. 公司的名称

准备 5 个备用的公司名称,可以按创业者个人偏好依次排列,因为按工商注册规定,企业名称先要经过工商查询后才能确立。建议名称起得有个性一点,这样容易通过,公司名称不要侵害第三方的商标、商号等知识产权。

在此提醒创业者注意,一旦公司名称确定,务必第一时间申请注册与公司名称对应的商标及域名,以免相关的商标与域名被第三方抢注。一旦公司想要的商标与域名被第三方抢注后,公司得花多倍的代价方能从第三方手中买回。

2. 公司的注册地址

从实践操作的角度来讲,建议创业者在选择与确定公司注册地址时,考虑拟注册地对企业的监管环境、服务态度与办事效率。就拿北京来讲,朝阳区以前是企业注册的首选之地,但目前越来越多的企业愿意注册在海淀区,因为海淀区的商务及工商等政府机构的办事效率明显高出许多。因为创业企业每一次的增资、转股、改制及其他工商记载事项或政府审批事项的变更都会涉及政府手续，因此，将公司注册在办事效率高且监管（服务）态度友好的地域会给公司后续的发展带来很大的便利。

3. 注册资本

在成立公司前，创业者得考虑清楚公司的注册资本金如何设定并为此准备好相关资金。

在目前实施的认缴登记制下，无须登记实缴资本，不再限制公司设立时股东的首次出资比例，不再限制公司股东的货币出资金额占注册资本的比例，不再规定公司股东缴足出资的期限，注册资本具体实缴的时间由全体股东在章程中约定。因此，创业者在设定公司注册资本数额时，已基本没有过多限制。

需要提醒创业者注意的是，注册资本的设定还得考虑公司业务自身的特殊性，有些行业对公司注册资本还是有特别要求的。举例来说，如果公司的业务需要 ICP 牌照，那么公司的实缴注册资本就不能少于人民币 100 万元，否则达不到申请 ICP 牌照的要求。

4. 出资形式

另一个和出资有关的、需要创业者在成立公司前考虑并做好相关准备的是出资形式。最常见的出资形式是货币出资，如果创业者只用货币来出资，准备工作就相对简单，筹好资金就行了。在条件合适时，创业者也可以用知识产权等非货币资产来出资，此时，创业者需要确保用来出资的知识产权的所有权是创业者所有且可以不带权利负担或瑕疵地过户给公司。另外，知识产权等非货币资产用来出资时需要评估，这方面创业者也需要有所准备。

5. 行业资质与证照

有些行业公司需要获得特定的资质或证照方可从事相关业务（例如不少互联网项目需要 ICP 牌照，教育咨询类的公司需要有关教育部门颁发经营许可证）。在成立公司前，创业需要了解公司拟从事的业务需要哪些资质或证照，公司获得这些资质或证照的可行性及难度，以及为了获得此类资质或证照公司或其股东需要满足何等条件等（例如申请 ICP 牌照要求公司实缴的注册资本不低于人民币 100 万元），并相应地做好相关的准备与安排。

6. 确定注册股东

在成立公司时，需要确定公司的注册股东。如果公司的注册股东就是公司的创业者自身，就不存在额外的准备工作。如因某种原因创业者本身不作为公司的注册股东，需要找其他人作为注册股东代其在公司持股的话，创业者需要做好如下准备工作：①选定代持人；②与代持人拟定并签署代持协议。为了避免或减少股权代持方面的风险，创业者需要在此方面有周密的思考与准备，不能马虎。

7. 创始股东协议

如果有两个或两个以上的创业者会成为公司的创始股东，则在成立创业公司前，各创始股东最好签署一个股东协议，约定清楚各创始股东在公司享有的权益（尤其是股权的授予与退回机制）、承担的责任、公司的治理机构与管理机制等。避免因事先约定不明，导致创业团队在创业过程中产生矛盾或利益冲突，使团队的凝聚力与战斗力减弱，甚至分崩离析。

8. 起草公司章程

起草公司章程需要注意的是，公司章程是股东一致意见的表示，只有股东会才有权力制定和修改公司章程。有限责任公司章程应当载明下列事项：（1）公司名称和住所；（2）公司经营范围；（3）公司注册资本；（4）股东的姓名或者名称；（5）股东的出资方式、出资额和出资时间；（6）公司的机构及其产生办法、职权、议事规则；（7）股东会会议认为需要规定的其他事项。

9. 起草新公司成立的决议

新公司成立的决议是公司设立的必要文件。新公司成立大会是由发起人主持召开的，组成人员是参与公司设立并认购股份的人，决议涉及公司住所、经营范围、注册资本、股东出资以及公司能否成立等有关重要事项。

【**课堂练习 9-3**】你认为创建新企业需要做哪些准备？

📥 **延伸阅读**

股东会决议

××年××月××日，××和××召开股东会议，全体股东××，实际参加本次股东会议××，符合股东召开的相关条件，会议就××提出的×××××问题进行了讨论，全体股东一致同意该提议，并形成如下决议。

决议内容：

1. 通过成立公司的决议

2. 通过公司章程的草案

股东签字：

9.2.3 创办企业必须了解的法律

在创业的道路上，法律是影响创业成功的极为重要的因素。例如，所从事的行业是否合法、企业的经营模式合法与否、企业融资合法与否、是否侵犯知识产权、合同协议是否合法、与员工是否签订劳动合同、是否购买社保等问题，都可能会成为创业道路上的致命因素。懂法、守法，坚持诚实、守信、公平等基本的法律、道德理念，在扬帆奋进的创业道路上，才会走得更扎实、更开阔、更成功。

1. 专利与专利法

《中华人民共和国专利法》是调整因发明而产生的一定社会关系，促进技术进步和经济发展的法律规范的总和。就其性质而言，专利法既是国内法，又是涉外法；既是确立专利权人的各项权利和义务的实体法，又是规定专利申请、审查、批准一系列程序制度的程序法；既是调整在专利申请、审查、批准和专利实施管理中纵向关系的法律，又是调整专利所有、专利转让和使用许可的横向关系的法律；既是调整专利人身关系的法律，又是调整专利财产关系的法律。其主要包括如下内容：发明专利申请人的资格、专利法保护的对象、专利申请和审查程序、获得专利的条件、专利代理、专利权归属、专利权的发生与消灭、专利权保护期、专利权人的权利和义务、专利实施、转让和使用许可、专利权的保护等。

《中华人民共和国专利法》于 1984 年 3 月 12 日第六届全国人民代表大会常务委员会第四次会议通过；根据 1992 年 9 月 4 日第七届全国人民代表大会常务委员会第二十七次会议《关于修改〈中华人民共和国专利法〉的决定》进行第一次修正；根据 2000 年 8 月 25 日第九届全国人民代表大会常务委员会第十七次会议《关于修改〈中华人民共和国专利法〉的决定》进行第二次修正；根据 2008 年 12 月 27 日第十一届全国人民代表大会常务委员会第六次会议《关于修改〈中华人民共和国专利法〉的决定》进行第三次修正。

2. 商标与商标法

《中华人民共和国商标法》是为了加强商标管理，保护商标专用权，促使生产、经营者保证商品和服务质量，维护商标信誉，以保障消费者、生产者、经营者的利益，促进社会主义市场经济的发展，特制定本法。其主要内容包括商标注册的申请，商标注册的审查和核准，注册商标的续展、变更、转让和使用许可，注册商标的无效宣告，商标使用的管理，注册商标专用权的保护等。

《中华人民共和国商标法》于 1982 年 8 月 23 日第五届全国人民代表大会常务委员会第二十四次会议通过；根据 1993 年 2 月 22 日第七届全国人民代表大会常务委员会第三十次会议《关于修改〈中华人民共和国商标法〉的决定》进行第一次修正；根据 2001 年 10 月 27 日第九届全国人民代表大会常务委员会第二十四次会议《关于修改〈中华人民共和国商标法〉的决定》进行第二次修正；根据 2013 年 8 月 30 日第十二届全国人民代表大会常务委员会第四次会议《关于修改〈中华人民共和国商标法〉的决定》进行第三次修正，2014 年 5 月 1 日起施行。

3. 著作权与著作权法

《中华人民共和国著作权法》是为保护文学、艺术和科学作品作者的著作权，以及与著作权有关的权益，鼓励有益于社会主义精神文明、物质文明建设的作品的创作和传播，促进社会主义文化和科学事业的发展与繁荣，根据宪法制定的法律。其主要包括如下内容：著作权，著作权许可使用和转让合同，出版、表演、录音录像、播放，法律责任和执法措施等。

《中华人民共和国著作权法》于 1990 年 9 月 7 日第七届全国人民代表大会常务委员会第十五次会议通过；根据 2001 年 10 月 27 日第九届全国人民代表大会常务委员会第二十四次会议《关于修改〈中华人民共和国著作权法〉的决定》进行第一次修正；根据 2010 年 2 月 26 日第十一届全国人民代表大会常务委员会第十三次会议《关于修改〈中华人民共和国著作权法〉的决定》进行第二次修正，2010 年 4 月 1 日起施行。

4. 反不正当竞争法

《中华人民共和国反不正当竞争法》为了促进社会主义市场经济健康发展，鼓励和保护公平竞争，制止不正当竞争行为，保护经营者和消费者的合法权益，制定本法。其主要包括如下内容：不正当竞争行为、对涉嫌不正当竞争行为的调查、法律责任等。

《中华人民共和国反不正当竞争法》于 1993 年 9 月 2 日第八届全国人民代表大会常务委员会第三次会议通过；2017 年 11 月 4 日第十二届全国人民代表大会常务委员会第三十次会议修订，2018 年 1 月 1 日起施行。

5. 合同法

《中华人民共和国合同法》为了保护合同当事人的合法权益，维护社会经济秩序，促进社会主义现代化建设，制定本法。其主要包括如下内容：一般规定、合同的订立、合同的效力、合同的履行、合同的变更和转让、合同的权利义务终止、违约责任、分类合同等。

《中华人民共和国合同法》于 1999 年 3 月 15 日第九届全国人民代表大会第二次会议通过，1999 年 10 月 1 日起施行。

6. 产品质量法

《中华人民共和国产品质量法》为了加强对产品质量的监督管理，提高产品质量水平，明确产品质量责任，保护消费者的合法权益，维护社会经济秩序，制定本法。其主要包括如下内容：产品质量的监督、生产者、销售者的产品质量责任和义务、损害赔偿、罚则等。

《中华人民共和国产品质量法》于 1993 年 2 月 22 日第七届全国人民代表大会常务委员会第三十次会议通过，1993 年 2 月 22 日中华人民共和国主席令第七十一号公布；根据 2000 年 7 月 8 日第九届全国人民代表大会常务委员会第十六次会议《关于修改〈中华人民共和国产品质量法〉的决定》进行第一次修正；根据 2009 年 8 月 27 日第十一届全国人民代表大会常务委员会第十次会议《全国人民代表大会常务委员会关于修改部分法律的决定》进行第二次修正。

7. 劳动法

《中华人民共和国劳动法》是为了保护劳动者的合法权益，调整劳动关系，建立和维护适应社会主义市场经济的劳动制度，促进经济发展和社会进步，根据宪法，制定本法。其主要包括如下内容：促进就业、劳动合同和集体合同、工作时间、工资、劳动安全卫生、女职工和未成年工特殊保护、职业培训、社会保险和福利、劳动争议、监督检查、法律责任等。

《中华人民共和国劳动法》于 1994 年 7 月 5 日第八届全国人民代表大会常务委员会第八次会议通过，1994 年 7 月 5 日中华人民共和国主席令第二十八号公布；于 2009 年 8 月 27 日第十一届全国人民代表大会常务委员会第十次会议通过《全国人民代表大会常务委员会关于修改部分法律的决定》进行修正，自公布之日起施行。

9.3 注册新企业

【创业名言】

万事皆由人的意志创造。

——普劳图斯

为了生活中努力发挥自己的作用，热爱人生吧。

——罗丹

老骥伏枥，志在千里；烈士暮年，壮心不已。

——曹操

生当作人杰，死亦为鬼雄，至今思项羽，不肯过江东。

——李清照

企业名称和选址对企业长远发展有较大的影响。一个好的名字，是朗朗上口的，蕴含丰富的寓意，契合公司理念等。企业的持续竞争力受到所处地区商业环境质量的强烈影响，选址对于创业成功的影响还体现在区域的竞争优势的独特性和集聚等效应。此外，新企业还需要了解有限公司注册流程和个体工商户注册流程。

9.3.1 企业起名

企业的名字虽然不能决定一个公司的成败，但对企业的长远发展有较大的影响。

1. 名称要有文化底蕴

有文化底蕴的好名字有助于增强公司的凝聚力，体现公司的文化特征。如果企业名称能够体现文化底蕴的话，无疑在同类公司中有一个强大的优势。公司名称应体现公司理念和服务宗旨，这样有助于公司形象的塑造，如盼盼集团，以我们的国宝大熊猫的名字命名，给人一种敦厚稳定的感觉，从而树立起良好的公司形象。

2. 名称与品牌商标统一

公司名称应与品牌、商标名称相统一，这样的公司名称有利于产品的推广，尤其是日化类企业，大众都是先熟悉产品，然后才知道生产它们的企业，如果品牌和企业名称统一，那么企业名称将会很快普及开来。如果公司所处的位置有历史渊源，不妨直接用地名为公司命名。比如泰山、杏花村等地名都有非常深厚的历史文化内涵，而且这些地名也是人们所熟悉和喜爱的，如果以这些地名命名公司，则十分有利于公司产品的推广。

3. 名称朗朗上口有个性

名称如果拗口，节奏感不强，不但不利于发音效果，也不利于传播，从而很难引起大众的共鸣。像"旺旺""娃哈哈"等企业都给人十分独特的印象，这样的企业名称往往能够让人过目不忘。

4. 名称寓意吉祥

企业名称寓意要吉祥，如"报喜鸟""金六福"等企业集团都有一个吉祥如意的名字。一个吉利的名字不但消费者喜欢，合作者也愿意接受。

5. 名称要有国际视野

随着全球经济一体化和跨国营销的发展，公司取名必须考虑全球通用的策略，尽量摆脱区域化。如果一味抱着企业立足的根据地来定制品牌，无异于画地为牢。许多公司之所以做不大，就是因为其品牌区域特色太明显。今天，全球各大跨国公司，均开始千方百计地摆脱区域性的色彩，都会将品牌融入当地人的生活。中国品牌也在为全球化做准备，"青岛电视机"改名为"海信"，"厦新"改为"夏新"便是考虑到日后品牌发展的需要。2003 年，联想将其英文标识从"Legend"更换为"Lenovo"，其中"Le"取自原标识"Legend"，代表着秉承其一贯传统，新增加的"novo"取自拉丁词"新"，代表着联想的核心是创新精神。更名的主要原因是全球化的结果，因为 legend 是一个英文单词，跟很多国家的产品有冲突。所以联想新创造一个单词，赋予它意义，并且世界各地的域名可以一次性注册而不会重复。

6. 名称彰显高雅品质

选用此方法命名可以彰显公司实力、品牌档次，也可以体现公司的与众不同。例如在小区命名的时候，"华府名邸"就彰显了很强的贵族气质，大大提升了小区的品质，同时提升了开发公司的实力印象。还有我们常见的"帝王酒店""皇宫大酒店""黄金酒""高端品质策划公司""贵人鸟公司"等也是如此。

7. 名称具有行业特征

时至今日，虽然岁月流去，但是一些记忆仍然留在人们心中，对于一些老字号的名称始终不能让人忘记。常见的"全聚德""同仁堂"等含有庄、号等老字号的公司、店铺可以给人一种浓厚的企业文化信息，更让人信赖。所以在给公司起名字的时候，可以根据行业考虑此方法进行取名。

8. 名称融入时尚气息

现在很多公司企业都把消费人群定位在年轻的白领一族身上，认为他们的消费能力强，工资水平高，那么在给公司起名字的时候也一定要考虑年轻人的心理特点。年轻人都喜欢时尚、追求新颖，所以在给公司起名字的时候一定要融入这些因素。例如"百盛""乐汇城""先天下""新柏"就给人一种很时尚的感觉。一些化妆品公司在这方面做得就很好，比如"妮维雅""珀莱雅""欧珀莱""水密码"等这些名字就要比"万紫千红"更具有吸引力，所以公司名一定要具有时代气息。很多公司名称发展到最后，其品牌意义已经淡化了，往往成为一个行业的符号。

9.3.2　企业选址

企业选址是关系企业成败的重要因素，也是创业初期就涉及的问题之一。创业者应该了解做出正确选址决策所需的信息和技能。企业位置分析是贯穿企业生命周期全过程的任务。人口的变化、消费者购买习惯的变化、新的交通运输方式和社区扩展方向等因素，都决定着企业选址是否合适。

对于某些类型的企业来说，位置选择非常重要，像零售商店和服务类企业，如服装店、干洗店等都要靠一定的客流量来生存。这类企业要想成功必须靠近它的顾客，而另外一些零售和服务类商店以及多数批发类企业，地理位置在吸引客户方面却没有那么重要。如果出售的产品成本较高（如家具等），则可用产品的质量招揽顾客。某些服务类企业，如会计公司、税务咨询公司等，即便是位于很偏僻的地方，仍然可以实现很高的营业额。因为消费者愿意花费时间去寻找这些企业的产品或服务。制造类企业、建筑公司及其他服务类企业，一般通过销售人员或广告寻找客户，不太在意用企业位置吸引消费者。这类企业在选址的时候，主要考虑的是成本、环境以及原材料供应等问题。

1. 企业选址的一般影响因素

（1）经济因素。在决定企业选址时，创业者应主要考虑经济方面的情况。为什么人们居住在这个区域？他们的生活水平如何？其他企业为什么要设在这里？要做一下行业分析：80%的人集中在同一行业还是少数几个行业呢？这个地区只有几家企业还是有很多企业呢？该地区各行业兴旺吗？该区域的企业活动具有季节性特点吗？企业正在搬出或者迁入吗？分析这些问题将会对你的企业产生哪些影响。

人们的收入水平决定对产品或服务的需求。创业者要收集有关所选地区人们收入的信息，包括家庭平均收入是多少，收入水平如何，就业或失业趋势如何。交通情况也是重要的经济因素。经济因素决定了当地的购买力即购买产品或服务的能力，通常可以由受雇用人数、家庭总收入、银行存款人均零售总额以及当地人口数量等情况来反映，这些数据一般与当地繁荣与否有关，很显然，企业主希望企业所在地区的人对其提供的产品或服务的购买能力不断提升。

（2）人口因素。创业者应该对可能成为其消费者的人群有所了解。比如要开一家时尚用品店就要了解哪里青少年最多，因为这个群体购买时尚用品最多，其他人口问题还包括：人口稳定性怎么样？人口迁入迁出有规律吗？人口数量是上升还是下降？如果某地区人口增长迅速，很可能有较多年轻家庭。

（3）竞争因素。收集竞争者的相关信息，对竞争者进行研究，要知道你有多少竞争者，他们都在哪里，还要知道过去两年内有多少与你业务相似的企业开张和关闭了，对间接竞争者（产品或服务与你相似的企业）的情况也要做研究。

有三种情况有利于开一家新企业：该区域内没有竞争者，竞争者企业管理很糟，消费者对产品的需求正在增加。同时，在评论竞争状况时，还必须考虑到企业主的能力：他是否工作勤奋、雄心壮志并且富有经验？如果是这样，那么他能够更为自如地（相对于不具备这些特征的人而言）应对竞争。

（4）个人因素。企业主个人的偏好与判断也是选择企业场所时的重要因素之一，企业主希望选址在什么地方？是小城镇还是大城市？喜欢靠近亲戚还是远离他们？喜欢暖的还是冷的气候？这些都会影响选址的决策。

（5）地理因素。对于那些限制在某些地理范围内销售某种产品或服务的企业来说，这个因素尤为重要。比如，天然滑雪场只能位于经常下雪的地方，船舶维修店的场所必须考虑靠近海域。

这方面的另一个考虑因素是与市场的接近程度，有些产品必须位于它们被销售出去的地区。比如，砖块生产需要靠近市场，因为它们非常重，如果长途运输将是极其昂贵的。还有一个重要的地理因素是劳动力的供应，有时候企业的场所是由能够找到足够的劳动力的地方确定的，如果具备特殊技能的人居住在北京、上海等地，那么选址也应考虑在这些地方。

（6）法律和法规。企业选址还必须仔细研究各种法规、法令和行为限制，企业的建设和经营经常会受到国家和当地法律的约束。企业应该进行分析，以确定它们对企业的潜在影响。比如，有关建筑、电、水管、防火、健康和其他方面的法律要求企业在建设和经营时必须符合特定的标准，从而保护公众的健康和安全。

此外，为了获得相应的资格，企业需要得到各种授权和许可，还必须获得销售和其他税务的许可。所有企业要考虑的基本因素还有租购期限或付费方式、停车场地和营运成本等。

2. 企业类型相关的选址影响因素

除了一般因素的影响，一些因素的重要程度取决于企业的类型，如零售类企业、批发类企业、服务类企业、制造类企业要考虑的因素都是不同的。

（1）零售类企业。对许多零售类企业而言，停车是否便利和道路交通情况是主要问题，但开在购物中心的商店很少遇到这种问题。零售店还要考虑周围店铺的业务类型。有研究表明，服装店就不适合设在加油站旁边。路过店铺的步行人数情况也是一个主要因素，可以问问路过这里的人是去公共汽车站还是去电影院，去看电影的人停下购买东西的可能性不是很大。

（2）批发类企业。批发商从制造商那里大批量地购进商品，然后再小批量地卖给零售商。批发类企业选择位置主要考虑两个问题：一个是要有良好的交通条件，像铁路、公路；另一个是要具有便利性，如在建筑、设备、公共设施等方面。没有这些便利条件，批发类企业就很难处理大量的货物。有些地方批发业务会有一些限制，要了解相关的规定。批发类企业也要尽可能地接近它们的客户。

（3）服务类企业。服务类企业应尽可能靠近大型购物中心，但像电脑维修店、干洗店、牙科诊所、修鞋店或者儿童看护等业务，就没有必要设在高租金地段。为了得到较好的服务，消费者情愿多花些时间多走点路，所以这类业务可以选择适当偏僻的位置。但在服务类企业中，位置好坏也会有很大的差别。干洗店靠近食品杂货店和药店，这就可能是个不错的选择，较大的客流和便利条件有利于干洗店取得成功。然而，类似的位置却不一定适合牙科诊所。

（4）制造类企业。制造类企业的选址不同于零售类、批发类及服务类企业。开办制造类企业时，要考虑交通状况和距离原材料的远近。其他需要考虑的因素还有离客户远近、设施情况及当地的规定等。在研究企业选址一般性和特殊性因素的时候，创业者既要考虑企业目前的需要，也要考虑将来的需要。

3. 创业选址的步骤

（1）市场信息的收集和研究。

首先，创业者应考虑从二手资料中收集信息，例如商贸杂志、图书馆、政府机构、大学或专门的咨询机构。

其次，创业者还应亲自收集新的信息，获取第一手资料，主要通过观察、上网、访谈、焦点小组、试验及问卷等，了解当地创业政策，收集当地孵化器、科技园、创业园、写字楼等对创业政策的支持方案与力度。例如，创业园每年对新企业实行一定的场地免租金政策。

最后，创业者要对收集到的各方面信息进行汇总、整理，然后可以对这些数据进行交叉制表分析。

（2）多个选点的评价。多个选点的评价包括：选择符合创业性质的设店区域，如是位于居民区、商店街，还是位于繁华商业中心；分析潜在顾客数量和客流规律；分析交通地理条件；分析竞争程度；分析其他因素确定最终地点。

（3）确定最终地点。创业者依据已经汇总、整理的市场信息，根据其所要进入的行业特点及自己企业的特征，借助以上一种或几种方法进行评估，最终完成选址决策，从而迈出创业至关重要的第一步。

9.3.3 企业注册流程及注意事项

"五证合一、一照一码"，即营业执照的注册号、组织机构代码证号、税务登记证号、统计登记证号及社保登记证号统一为一个登记码，标注在营业执照上。2016 年 7 月 5 日，国务院办公厅印发《关于加快推进"五证合一、一照一码"登记制度改革的通知》。从 2016 年 10 月 1 日起，"五证合一、一照一码"登记制度改革在全国范围内全面落地实施。从 2016 年 10 月 1 日至 2017 年 12 月 31 日为改革过渡期，原发营业执照继续有效，2018 年 1 月 1 日后一律使用加载统一代码的营业执照，未加载统一代码的营业执照不再有效。

2017 年 7 月 21 日《河南省人民政府办公厅关于推进三十五证合一改革的实施意见》要求，从 2017 年 8 月 1 日起，在企业、农民专业合作社"五证合一"改革和个体工商户"两证整合"改革的基础上，将涉及企业（包括个体工商户、农民专业合作社）登记、备案等有关事项和各类证照进一步整合到营业执照上，在全省范围内实施"三十五证合一"改革。

企业注册设立登记全程电子化，2017 年 10 月 30 日，全国 31 个省份已开通了网上企业登记系统，具备电子营业执照发放能力。企业登记全程电子化是指各类型企业的设立、变更、注销、备案等各个业务环节均可通过互联网办理。在此基础上，有条件的地区还可开展全程无纸化，让企业注册足不出户，完成从企业核名到材料提交、办理执照的全部过程，并拿到电子版的营业执照。企业注册设立登记主体包括各类型企业、农民专业合作社和个体工商户。工商部门现场办理和网上电子化办理企业注册登记平行进行，登记主体可以选择网上和现场办理任何一种注册登记方式。

1. 办理有限公司注册流程

（1）名称预先核准。确定公司类型、名字、注册资本、股东及出资比例后，可以去工商局现场或线上提交核名申请。

（2）登记申请。核名通过后，确认地址信息、高管信息、经营范围，在线提交预申请。在线预审通过之后，递交申请材料。

（3）受理审查。依据《公司法》《公司登记管理条例》对登记申请材料进行审查。

（4）领取执照。审查通过，发放营业执照。

2. 有限责任公司设立登记提交材料规范

（1）《公司登记（备案）申请书》。

（2）《指定代表或者共同委托代理人授权委托书》及指定代表或委托代理人的身份证

件复印件。

（3）全体股东签署的公司章程。

（4）股东的主体资格证明或者自然人身份证件复印件。

（注：股东为企业的，提交营业执照复印件。股东为事业法人的，提交事业法人登记证书复印件。股东为社团法人的，提交社团法人登记证复印件。股东为民办非企业单位的，提交民办非企业单位证书复印件。股东为自然人的，提交身份证件复印件。其他股东提交有关法律法规规定的资格证明。）

（5）董事、监事和经理的任职文件（股东会决议由股东签署，董事会决议由公司董事签字）及身份证件复印件。

（6）法定代表人任职文件（股东会决议由股东签署，董事会决议由公司董事签字）及身份证件复印件。

（7）住所使用证明。

（8）《企业名称预先核准通知书》。

（9）法律、行政法规和国务院决定规定设立有限责任公司必须报经批准的，提交有关的批准文件或者许可证件复印件。

（10）公司申请登记的经营范围中有法律、行政法规和国务院决定规定必须在登记前报经批准的项目，提交有关批准文件或者许可证件的复印件。

3. 股份有限公司设立登记提交材料规范

（1）《公司登记（备案）申请书》。

（2）《指定代表或者共同委托代理人授权委托书》及指定代表或委托代理人的身份证件复印件。

（3）由会议主持人和出席会议的董事签署的股东大会会议记录（募集设立的提交创立大会的会议记录）。

（4）全体发起人签署或者出席股东大会或创立大会的董事签字的公司章程。

（5）发起人的主体资格证明或者自然人身份证件复印件。

（注：发起人为企业的，提交营业执照复印件。发起人为事业法人的，提交事业法人登记证书复印件。发起人为社团法人的，提交社团法人登记证复印件。发起人为民办非企业单位的，提交民办非企业单位证书复印件。发起人为自然人的，提交身份证件复印件。其他发起人提交有关法律法规规定的资格证明。）

（6）募集设立的股份有限公司提交依法设立的验资机构出具的验资证明。涉及发起人首次出资是非货币财产的，提交已办理财产权转移手续的证明文件。

（7）董事、监事和经理的任职文件及身份证件复印件。

依据《公司法》和公司章程的规定，提交由会议主持人和出席会议的董事签署的股东大会会议记录（募集设立的提交创立大会的会议记录）、董事会决议或其他相关材料。其中股东大会会议记录（创立大会会议记录）可以与第3项合并提交；董事会决议由公司董事签字。

（8）法定代表人任职文件（公司董事签字的董事会决议）及身份证件复印件。

（9）住所使用证明。

（10）《企业名称预先核准通知书》。

（11）募集设立的股份有限公司公开发行股票的应提交国务院证券监督管理机构的核准文件。

（12）公司申请登记的经营范围中有法律、行政法规和国务院决定规定必须在登记前报经批准的项目，提交有关批准文件或者许可证件的复印件。

（13）法律、行政法规和国务院决定规定设立股份有限公司必须报经批准的，提交有关的批准文件或者许可证件复印件。

4. 办理个体工商登记注册流程

（1）申请。名称预先核准；申请人提交的文件、证件有：

1）《个体工商户开业登记申请书》；

2）《个体工商户名称预先核准申请书》及名称核准通知书；

3）居民身份证明；

4）经营场所证明文件；

5）经营范围中有法律、行政法规规定必须报经审批的项目，应提交有关部门的批准文件。

（2）受理。

1）以书面方式审查为主，涉及人民群众生命安全和环境保护等行业要进行实质审查；

2）审批窗口对形式要件初审后，如决定受理应出具书面凭证；

3）如不予受理应出具不予受理决定书，并告知申请人享有行政复议和行政诉讼的权利与时限。

（3）审批。

1）由注册部门领导审查申请材料；

2）领导签署意见。

（4）决定。

1）准予许可后到发照窗口；

2）如不予许可要做出书面决定，说明理由，并告知申请人享有行政复议和行政诉讼的权利与时限。

9.3.4　注册企业的伦理问题

1. 创业者与原雇主之间的伦理问题

尽管有些创业企业由学生或自我雇用者建立，但大部分新企业仍是由曾经从事传统职业的人所创建的。在辞职进行创业后，一些创业者出乎意料地发现，自己已置身于与前雇主公司敌对的境地。下面是辞职时必须遵循的两个最重要原则。

（1）职业化行事。职业化就是按职场行为与操守规范行事，是职业人训练有素的体现，在职业资质、职业态度、职业意识、职业道德、职业行为、职业技能等方面充分符合企业与职场的需要。职业化行为指的是创业者要以职业的态度和道德意识去处理与原雇用企业之间的竞争关系，而不能进行不正当竞争危害原企业的利益。

（2）尊重所有雇用协议。用人单位与劳动者往往在一份协议中约定保守商业秘密和竞业限制义务，比如订立《保密及竞业限制协议》，保密协议是指用人单位针对知悉企业商业秘密的劳动者签订的要求劳动者保守用人单位商业秘密的协议。在保密协议有效期限内，劳动者应严格遵守本企业保密制度，防止泄露企业技术秘密，不得向他人泄露企业技术秘密，非经用人单位书面同意，不得使用该商业秘密进行生产与经营活动，不得利用商业秘密进行新的研究和开发。竞业限制协议是指用人单位与劳动者约定在解除或者终止劳动合同后一定期限内，劳动者不得到与本单位生产或者经营同类产品、从事同类业务的有竞争关系的其他用人单位任职，或者自己开业生产或者经营同类产品的书面协议。创业者开办企业应当注意遵守这些协议，以防发生企业纠纷，维护企业和个人信誉。

2. 创业团队成员之间的伦理问题

创业团队成员之间的伦理问题主要包括如下几个方面。

（1）未来业务的发展方向或实质；

（2）创建者的身份和职位头衔；

（3）企业所有权的法律形式；

（4）股份分配（或所有权分割）方案；

（5）各创建者持有股份或所有权的支付方式（现金或血汗股权）；

（6）确认归企业所有的任何知识产权；

（7）回购条款，明确当某位创建者逝世、打算退出，或法院传票逼迫其出售股份时的处理方案。

3. 创业者和其他利益相关者之间的伦理问题

创业者和其他利益相关者之间涉及以下伦理问题。

（1）人事伦理问题。这类问题与公正公平对待现有员工和未来员工有关。不符合伦理的行为范围非常广泛，从招聘面试中询问不恰当问题到不公平对待员工的方方面面，其根源可能是因为他们在性别、肤色、道德背景、宗教等方面有所不同。

（2）利益冲突问题。这类问题与那些挑战雇员忠诚的情景相关。例如，如果公司员工出于私人关系以非正当商业理由将合同交给其朋友或家庭成员，这就是不恰当的行动。

（3）顾客欺诈问题。这类问题通常出现在公司忽视顾客尊重或公众安全的时候，例子包括误导性广告、销售明知不安全的产品等。

【课堂练习9-4】你对创业企业的伦理问题有何看法？

延伸阅读

创业违反竞业限制约定，应向原用人单位支付违约金

甄某于2009年12月入职天创公司，担任销售总监，每月工资15 000元，双方签订了《知识产权保护和竞业禁止协议》，约定甄某在聘用期限内及离职后一年内不得直接到与天创公司经营同类产品、从事同类业务的有竞争关系的其他用人单位，天创公司每月按离职前上一年度月平均工资的50%向甄某支付竞业禁止补偿费。如甄某违反竞业禁止约定的，应当向天创公司支付违约金，数额为竞业禁止补偿费的5倍。2014年3月甄某因个人原因向天创公司提出辞职。之后，天创公司发现甄某在2013年10月作为股东之一参与成立大地公司，尽管2014年2月甄某已将其股份转让给他人，但大地公司的网站上仍显示甄某为该公司销售总监。天创公司认为甄某违反竞业限制约定，起诉要求甄某支付违反竞业限制的违约金30万元。

在案件审理过程中，甄某主张未对大地公司实际出资，在从天创公司离职前早已退出，离职后只是在大地公司从事兼职工作，未正式入职。法院向社保部门和税务部门进行调查取证，调查结果显示大地公司在2014年6月为甄某做了社保增员，大地公司在2014年6～8月为甄某按员工代扣代缴了个税。

法院经审理后认为，天创公司与甄某签订的竞业限制协议是双方真实意思表示、未违反法律的强制性规定，应属合法有效。甄某在职期间即参与成立大地公司，社保缴纳记录和个税代缴记录显示甄某离职后已实际入职大地公司，这也与大地公司网站上所载的甄某为该公司销售总监的情况相印证。大地公司的经营范围、产品信息均与天创公司相重合，两家公司存在竞争关系。因此，甄某主观上存在明显违反竞业限制协议的意向并付诸实施，违反了与天创公司签订的竞业限制协议的约定，故甄某应支付违反竞业限制的违约金。至于违约金的数额，结合双方在竞业限制协议中约定的违约金标准、甄某销售总监岗位的重要性、甄某在职期间及离职后均违反竞业限制的持续时间、甄某违反竞业限制的主观恶意，法院对天创公司要求甄某支付30万元违反竞业限制违约金予以支持。

分析：用人单位与负有保密义务的劳动者，可以在劳动合同中约定竞业限制条款，也可以单独签订竞业限制协议，双方关于竞业限制的约定是合法有效的，对双方是有约束力的。劳动者在离职后，在有权要求用人单位依约支付竞业限制补偿金外，自身也应依约、诚信履行竞业限制义务，不得在与原用人单位存在竞争关系的企业就职，也不能

自行成立竞争企业，否则即应依据法律规定及协议约定，承担相应的法律责任。

资料来源：https://www.sohu.com/a/142677227_194393，有删改。

问题思考

1. 企业不同的法律组织形式各自有哪些特点？分别适合什么类型的新企业？

2. 外部条件和内部条件对新企业有哪些影响？

3. 企业组织形式选择需要考虑的因素有哪些？

4. 创建新企业需要了解哪些法律法规？它们对新企业有哪些影响？

5. 影响新企业选址的因素有哪些？

实训活动

实训 1：新建企业组织形式比较

请比较不同企业组织形式的优劣势，并举例填入表 9-2 中。

表 9-2　企业组织形式优劣势分析表

企业的组织形式	优势	劣势	举例
个人独资企业			
合伙企业			
有限责任公司			

实训 2：做一次新建企业顾问

导读：新建企业设立登记面临诸多风险，假如你是新建企业的法律顾问，请你依据所学知识和经验，查阅相关资料，为新建企业做一次风险防范分析，并提出建议方案。

企业设立时存在很多风险：

1. 虚假出资或股东出资不足；

2. 虚报注册资本；

3. 提交虚假材料，隐瞒重要事实；

4. 抽逃出资；

5. 企业注册文件瑕疵；

6. 企业在设立时还可能出现随意套用固定格式的公司章程；

7. 由企业代办机构代替制作并签署各类设立文书和股东会决议；

8. 随意安排选择企业法定代表人、董事或监事；

9. 为规避法律而确定隐名股东；

10. 为享受税收等优惠而向工商管理机关或税务机关虚假陈述企业注册地址等。

这些都将为企业后续经营留下风险和隐患。

问题：假如你是某新建企业的法律顾问，请你撰写风险防范的建议方案。

实训 3：企业取名与选址

1. 作为大学生创业者，你想自己开办一家幼儿园，请运用头脑风暴法，并依据所学知识查阅资料完成表 9-3 的幼儿园命名和选址活动。

表 9-3　项目命名选址分析表

项目	你的选项	原因
幼儿园命名		
幼儿园选址		

2. 你认为影响幼儿园选址最重要的因素是什么？为什么？

参 考 文 献

[1] 李家华，张玉利，雷家骕.创业基础 [M].北京：清华大学出版社，2015.

[2] 李时椿，常建坤.创业学：理论、过程与实务 [M]. 2 版.北京：中国人民大学出版社，2016.

[3] 徐俊祥，徐焕然.创未来：大学生创业基础知能训练教程 [M]. 2 版.北京：现代教育出版社，2017.

[4] 杨雪梅，王文亮，等.大学生创新创业教程 [M].北京：清华大学出版社，2017.

[5] 黄海荣，杨辉，等.大学生创新创业教育指导 [M].上海：上海交通大学出版社，2016：39.

[6] 邓汉慧，等.创业基础 [M].北京：北京大学出版社，2016.

[7] 陈德智.创业管理 [M].北京：清华大学出版社，2001：39.

[8] 卢翠翠.实用视角下的高绩效团队特质及其组建模型 [EB/OL]. 2006-04-06[2018-11-18].http://www.i.globrand.com/2006/29164.html.

[9] 张玉利，杨俊.企业家创业行为调查 [J].经济理论与经济管理，2003（9）：61-66.

[10] 杨芳，刘月波，刘万韬，等.大学生创新与创业教程 [M]. 2 版.天津：南开大学出版社，2016：111.

[11] 周冰.创业机会识别：概念和影响因素 [J].知识经济，2014（9）：17-18.

[12] 黄燕飞，秦艳霞，王鑫明，等.大学生创业教育（理论与实践）[M].上海：上海交通大学出版社，2015：60-61.

[13] 吴世珍，靳安广，刘泽玉，等.大学生创新创业教育教程 [M].沈阳：东北大学出版社，2016：98-99.

[14] 胡集峰，等.创新与创业基础教程 [M].北京：现代教育出版社，2017.

[15] 石友蓉.货运代理企业财务风险传导与控制研究 [D].武汉：武汉理工大学博士论文，2011.

[16] TIMMONS J A, SPINELLI S. New venture creation: entrepreneurship for the 21st century[M]. 8th ed. New York: McGraw-Hill, 2009.

[17] 周余.创业百道：创业者实战百科 [M].北京：电子工业出版社，2015.

[18] 陈工孟，等.创业基础与实务（上册）[M].北京：经济管理出版社，2016：228-233.

[19] 霍玉强，黎群.基于纵向一体化战略的商业模式研究 [J].中国经贸导刊，2010（13）：68.

[20] 李秀华，刘武，赵德奎，等.大学生创新与创业 [M].长春：吉林大学出版社，2015：266-267.

[21] 陆雄文.管理学大辞典 [M].上海：上海辞书出版社，2013.

[22] 李文胜，成波锦.创业基础 [M].西安：西安交通大学出版社，2015：172-173.

普通高等教育"十三五"应用型教改系列规划教材
财会系列

即将出版			
会计学基础：基于企业全局视角（李爱红）	财务会计	高级财务会计	成本核算与管理
管理会计基础与实务	税法基础	纳税实务：计算、申报、筹划	财务管理基础
中级财务管理	会计信息系统	生产运作管理	审计基础与实务
行业会计比较	VBSE跨专业综合实训教程	财务报告分析	Excel会计数据处理

推荐阅读

序号	书号	定价	书名
1	47474	35.00	客户关系管理：销售的视角
2	47911	39.00	个人理财
3	47354	30.00	管理沟通
4	48211	35.00	品牌管理(第2版)
5	48247	35.00	服务营销：理论、方法与案例
6	48630	35.00	统计学（第2版）
7	48770	30.00	财务管理学
8	49158	35.00	企业会计综合实训
9	48755	35.00	市场营销学
10	49351	35.00	国际贸易理论与实务(第2版)
11	49566	35.00	金融学（第2版）
12	49492	35.00	网络营销实务（第2版）
13	49871	35.00	商务礼仪实务教程
14	50456	35.00	企业资源计划（ERP）原理与实践(第2版)
15	50483	30.00	商务谈判与沟通
16	50601	25.00	应用统计学习题与参考答案
17	50645	35.00	组织行为学
18	51020	45.00	工程造价与控制
19	51344	35.00	策划原理与实践 第2版
20	51818	30.00	网络营销实务
21	52425	35.00	供应链管理（第2版）
22	52423	35.00	企业资源计划（ERP）原理与沙盘模拟：基于中小企业与ITMC软件
23	52483	35.00	广告理论与实务
24	53013	35.00	营销渠道管理（第2版）
25	53174	35.00	现代实用市场营销
26	53799	40.00	管理学
27	54022	35.00	公共关系学
28	54494	25.00	计量经济学基础
29	54631	29.00	科学技术概论
30	54639	35.00	物流管理概论
31	54660	35.00	物流系统规划与设计
32	54839	30.00	实用运筹学